普通高等院校网络与新媒体专业系列教材

Introduction to New Media

新媒体导论

喻国明　曲慧　编著

清华大学出版社
北京

内 容 简 介

本书是一本新闻传播学领域的基础教材，立足传播学、社会学与公共政策交叉领域，系统阐述新媒体研究的基础知识。全书通过 8 个章节展开：第 1 章"新媒体的演进"从技术演进三元论的视角回顾了媒介演进的技术逻辑，并将媒介演进过程看作社会与技术相互影响与作用的进程，对媒介演进进行深入分析；第 2 章"新媒体系统"从复杂系统和社会行动视角分析新媒体系统作为宏观与微观系统的复杂性；第 3 章"新媒体用户"和第 4 章"新媒体产业生态"分别从消费和生产的视角分析新媒体系统的特殊性；第 5 章"新媒体文化"阐述新媒体时代特有的文化现象和文化实践；第 6 章"新媒体与公共领域"和第 7 章"新媒体治理"均聚焦于新媒体对公共领域的影响，分别探讨了新媒体在发展过程中对公共领域的重大影响，包括其解构和重塑作用；第 8 章"未来新媒体与传播模式重构"作为展望和预测，对不断发生、发展的新现象、新话题展开剖析，探索未来新媒体发展的规律和逻辑。

本书具有跨学科视野，议题较为前沿。本书的编写兼顾学术性与实用性，每章设置习题与练习，适用于新闻传播专业的本科与研究生课程。教师可借助本书框架设计专题研讨或开展跨学科研究。

本书封面贴有清华大学出版社防伪标签，无标签者不得销售。

版权所有，侵权必究。举报：010-62782989，beiqinquan@tup.tsinghua.edu.cn。

图书在版编目（CIP）数据

新媒体导论 / 喻国明，曲慧编著. -- 北京 : 清华大学出版社, 2025.4.

(普通高等院校网络与新媒体专业系列教材). -- ISBN 978-7-302-69039-9

Ⅰ. G206.2

中国国家版本馆 CIP 数据核字第 2025PA8843 号

责任编辑：付潭蛟
封面设计：常雪影
责任校对：王荣静
责任印制：刘 菲

出版发行：清华大学出版社
网　　址：https://www.tup.com.cn，https://www.wqxuetang.com
地　　址：北京清华大学学研大厦 A 座　　　　邮　　编：100084
社 总 机：010-83470000　　　　　　　　　　邮　　购：010-62786544
投稿与读者服务：010-62776969，c-service@tup.tsinghua.edu.cn
质 量 反 馈：010-62772015，zhiliang@tup.tsinghua.edu.cn
课 件 下 载：https://www.tup.com.cn，010-83470332

印 装 者：天津安泰印刷有限公司
经　　销：全国新华书店
开　　本：185mm×260mm　　印　张：12　　字　数：261 千字
版　　次：2025 年 5 月第 1 版　　　　　　　　印　次：2025 年 5 月第 1 次印刷
定　　价：49.00 元

产品编号：100015-01

我们正处在从工业文明时代向数字文明时代过渡的深刻转型期,其间,充斥着创新经济学家熊彼特所谓的"断裂式发展"和"破坏式创新"。所谓"断裂式发展",是指按照传统逻辑去画延长线的做法已经难以为继,传统模式的发展已经中断和终结;而新的发展机会只有建立在对传统发展规则、模式和逻辑"破坏"的基础上,才会使真正的创新发展成为可能。这意味着我们必须走出传统实践与理论的窠臼所营造的"舒适区",去直面那些陌生的、充满不确定性的现实与变数。

而在所有的变数中,最大的变数就是以 ChatGPT 为代表的生成式人工智能。生成式人工智能是指基于算法、模型、规则,在没有人为直接参与的情况下生成图文、音视频、代码等内容的技术,包括生成式对抗网络(GAN)、生成式预训练变压器(GPT)、生成扩散模型(GDM)等技术形式。以 ChatGPT 为例,它是基于语言大模型的生成型、预训练的人工智能,其核心技术特性是"概率计算+标注训练"。生成式人工智能不同于以往为人们所熟悉的分布式人工智能,它本质上是一种建立在大模型和预训练基础上的运用海量数据生成的"文字接龙";标注训练则是为文本的生成"赋魂",即以深度学习的方式不断为文本的生成注入"以人为本"的关系与情感要素,进而提升文本表达的人本价值。特别值得指出的是,ChatGPT 作为一项划时代的智能互联技术,其突破点在于:以无界的方式全面融入人类实践领域(通用性),具有去边界、场景性、交互性和参与性等显著特征。

有研究表明,以 ChatGPT 为代表的生成式人工智能将成为未来社会的基础设施。我们可以看到,从 GPT-3.5 到 GPT-4,再到其作为自由插件的普及化,以及 Open AI 公司开发者大会所做的三件事(升级、降价、拓展生态),生成式人工智能正在迅速跨越对语义世界的整合与价值输出,成为人类实践全领域、全要素整合的促进者、设计者与运维者,成为深度媒介化社会的"操作系统"。由此,比尔·盖茨认为,未来所有的行业都会被 ChatGPT 这样的人工智能、大数据模型重塑一遍,这也意味着如果搭不上这班车,一切都会被颠覆。

从本质上说,生成式人工智能完成了对人类智力劳动的一种划类和分工,它剥离了智力劳动中逻辑的、理性的、可被数据描述的、可被算法解析的部分,而把非逻辑的、非理性的、无法用算法解析与表达的那些人的激情偏好和目标性的、画龙点睛式的赋魂之智,交给了人类来执行和主导。这实质上是对人本地位的进一步强调,而不是削弱。应该说,"人类增强"是生成式人工智能对人的又一次重大的赋能、赋权。从古到今,人类社会的政治、经济、文化都是精英主导型的。而生成式人工智能对于人类社会的最大颠覆在于增强了人类的平等性,拉平了人与人之间的能力差距,打破了精英和普罗大众之间的壁垒,使作为技术小白和外行的普通人实现了能力的巨大增强(论文、翻译、编程等)。这便令普罗大众能够跨越"能力沟"的障碍，有效地按照自己的意愿、想法来激活和调动外部的海量资源，形成强大、丰富的社会表达和价值创造能力。这是社会又一次在数字化、智能化加持下的重大启蒙（社会活力的重启）。因此，"人类增强"将终结精英治理的历史传承，"新常人政治"将会成为数字文明时代社会治理的基本特征。

具体地说，生成式人工智能的传播价值和社会影响是通过以下两个路径实现的。

1. 生成式人工智能作为智能主体，通过智能"替代"发挥作用。①生成式人工智能与人机协同：对个人思维活动的"替代"。一方面，思维将从人类独有的实践活动变成人机共同协作的活动，从前保留在个人大脑内的思考活动和交往活动可能经由生成式人工智能的互动性而外化出来；另一方面，生成式人工智能等技术的使用不会受到身体制约，也不存在因身体缺陷而导致的"遗憾"，由此生成的传播关系能更加靠近理想状态下的精神交往。由此，数字生命、机器生命与生物生命（即人体）的对话将得到充分实现，使"跨生命交往"成为可能。②生成式人工智能与新内容范式：对内容生产环节的"替代"。例如，内容表达体系从文字转向到图像转向再到视频转向的多模态内容表达体系，内容生产流程从直接内容生产转向数据挖掘与生产组织协调、提示工程生产等，内容价值从功能价值扩容为基于场景要素构建"人—内容—物"的场景、关系价值。

2. 生成式人工智能作为智能工具实现智能"增强"而发挥作用。①生成式人工智能与"能力沟"消弭：对个人认知力的"增强"。当生成式人工智能被用于辅助人类认知时，它可以通过技术赋能推动人类主体朝着创意密集型、想象密集型的智力增强主体进化。②生成式人工智能与信息失序：对内容产业噪声的"增强"。例如，由于数据集滞后和数据集错误，生成式人工智能可能产出更大规模的虚假信息，出现批量制造事实性错误信息的情况。同时，由于算法缺陷，生成式人工智能出现"人工智能幻觉"的次数更多，它更可能"一本正经地胡说八道"，以一种令人信服但完全编造的方式来表达自己，制造幻觉性虚假等。但复杂性范式启示我们必须辩证看待这种内容噪声，因为所谓噪声，本质上是人类认知扩容与创新的必要资源。

对于传播领域的实践而言，生成式人工智能下的传播变局主要表现为以下四个方面。①"换轨道"：社会的微粒化促成分布式社会的崛起。由于生成式人工智能对于个人的赋能、赋权，个人成为社会运作的基本单位。这种"元点迁移"下微粒化社会运作模式的改造、平民政治下社会沟通机制的重构（非理性、非逻辑要素成为社会沟通的前提和基础）、权力重心及指向都将发生革命性的改变。②"换场景"：体验时代到来。XR（扩展现实）技术的普及与 3D 全息场景的普遍化，引发传播逻辑中第一人称认知范式的转换，这便是传播场景的转换。③"换引擎"：构造传播和社会运作的核心逻辑进一步"算法化"。在算力、算法和大数据可以覆盖的绝大多数社会和传播的构造中，人们对于专业经验的倚重和信赖将让位于更加实时、更加精准匹配、更加全面、更加可靠和更加结构化的智能算法，并透过传播所有层面和要素的整合，成为传播和社会发展的关键引擎。④"换平台"：游戏将一扫传统概念中被污名化的样貌，成为全功能、全要素的未来主流媒体平台。研究表明：游戏作为一种虚实相融的混合媒体，将是承担未来传播的"升维媒介"，也是未来社会实践的主平台。特别是我国在全世界的游戏市场上所占的份额已经超过80%，这将是一个"中国传播"走向世界的、极具创新想象力的巨大舞台，相信我国的传媒工作者在这个舞台上能够赢得荣光。

《新媒体导论》作为一本以全新视角对新媒体领域知识体系及架构进行系统梳理的图书，以全新的逻辑框架、较为透彻的概念梳理、详尽的要点论述以及贴合实践的知识归纳，试图成为人们理解新媒体和把握传播发展的经典读本。马克思在一百多年以前给出如下论断："历史的逻辑从哪里开始，理论的逻辑就应该从哪里开始。"[①]这句话告诉我们，历史（实践）逻辑是学科建构逻辑最重要的对标物，社会科学的一切学术都应以实践的检验作为最高标准，理论不应是"卡拉OK"、自说自话的产物，高校的教材建设尤其如此。换言之，面对飞速发展的媒介与传播技术和大幅度扩展的实践边界，传播学科需要"回到原点""回到现场"，即新的传播现实需要我们用全新的理论逻辑与实践范式与之匹配。对传播学科的发展而言，我们需要重新定位学科的基础，重新确定学科的边界、要素、结构和相应的作用机制。这对于我们把握传播领域的现实发展和未来可能非常重要。《新媒体导论》这本教材恰恰是从"原点"和"现场"出发来构建网络新媒体理论逻辑体系的。

互联网信息技术是人类历史上继金属活字印刷术、蒸汽机、电力、计算机之后带来生产力与生产关系重大变革的科技发明。它引发了社会组织与结构之变，指向广阔的、有关社会政治/经济/知识/话语等权力主体、权力来源、权力行使方式与分布格局的变革。不可避免地，互联网也深刻改变了新闻传播的生态与格局，"中断或终结了新闻传播业传统发展方式与运作逻辑"。倘若要真正理解与把握互联网所开启的"百年未有之大变局"，并在新的格局下重新审视媒介与人、媒介与社会、媒介与权力的关系，寻求新时期社会传播的基本规律、运作机理与发展趋势，葆有新闻传播业的影响力，以及确立新闻传播学研究的安身立命之本，的确需要托马斯·库恩所言的一场科学思想的范式变革。具体地说，在传媒行业中，各要素都在经历深刻而快速的迭代。传统新闻学、传播学理论的现实解释力正在遭遇空前的挑战，《新媒体导论》正是这样一本尝试跳出传统理论范式与知识体系，致力于以"互联网的逻辑"梳理、整合、重构"网络与新媒体"这一前沿学科知识框架、思维体系与基本面向的创新性教材。

本书分为8章，包括基本概念的辨析、系统结构的搭建，以及传播技术、传媒用户、传播场景的变革和政治、经济领域的现象和治理。第1章从对媒体演进的社会逻辑、技术逻辑及媒介化社会的探讨入手，强调了以人为尺度的媒介演进方向；第2章从宏观社会信息系统与个人信息系统、复杂视角下的新媒体系统两个方面来分析新媒体系统；第3章从"作为个体与群体的用户""用户有限理性的本质""用户的赋权与确权""用户研究与大数据"及"用户洞察与行为流"五个方面分析了把握新媒体用户的方方面面；第4章探讨了新媒体产业生态，从新媒体生产、消费与产业样态等方面进行了分析；第5章阐述了新媒

---

① 中共中央马克思恩格斯列宁斯大林著作编译局编译. 马克思恩格斯选集(第二卷)[M]. 北京：人民出版社，1995: 43.

体的文化属性；第6章聚焦于新媒体与公共领域，分析了哈贝马斯公共领域的基本概念、新媒体与公共舆论、智能传播时代公共领域与信息安全，以及智能传播时代公共领域与公共健康；第7章描述了网络新媒体下的社会变迁与治理，如新闻生产与后真相危机、平台媒体与流量经济危机、虚拟现实与技术伦理危机等，并在此基础上论述了媒介化社会治理的机遇，以及科技伦理与人机关系的重构；第8章对于未来新媒体与传播模式重构等前沿研究进行了深入浅出的介绍，如作为媒介化社会未来生态图景的元宇宙、去中心化技术推动下的DAO媒体问题、人工智能技术推动下的智能传播和传播学研究范式的转型等。全书架构尽可能实现知识体系呈现的"丝滑"，即使是传播学和传媒经济学门外的"小白"也能零障碍地掌握主旨。

本书的编写者虽然署的是我和曲慧副教授的名字，但其中不少内容是我们学术团队的集体智慧结晶。我们要感谢给予我们宝贵支持与帮助的同事和朋友，感谢北京师范大学新闻传播学院的鼎力支持，感谢清华大学出版社的积极努力。希望本书的出版能够给予正在充满不确定性的大变局中探索和努力前行的人、那些身怀远大传播理想的学子某种学术上的帮扶和助力！

喻国明

于京师大厦"传播创新与未来媒体实验平台"

2024年12月

目录

第1章 新媒体的演进 ·· 1
    1.1 媒体演进的社会逻辑 ·· 2
    1.2 媒体演进的技术逻辑 ·· 6
    1.3 媒介化社会 ·· 11
    1.4 以人为尺度的演进方向 ·· 17
    名词解释 ·· 21
    论述题 ·· 21
    即测即练 ·· 21

第2章 新媒体系统 ·· 22
    2.1 宏观社会信息系统与个人信息系统 ···································· 22
    2.2 复杂视角下的新媒体系统 ·· 24
    名词解释 ·· 25
    论述题 ·· 26
    即测即练 ·· 26

第3章 新媒体用户 ·· 27
    3.1 作为个体与群体的用户 ·· 28
    3.2 用户有限理性的本质 ··· 39
    3.3 用户的赋权与确权 ··· 42
    3.4 用户研究与大数据 ··· 50
    3.5 用户洞察与行为流 ··· 56
    名词解释 ·· 64
    论述题 ·· 65
    即测即练 ·· 65

第4章 新媒体产业生态 ··· 66
    4.1 新媒体生产 ·· 66
    4.2 新媒体消费 ·· 74
    4.3 新媒体产业样态 ·· 84

名词解释 ··· 97
论述题 ··· 97
即测即练 ··· 97

第 5 章 新媒体文化 ··· 98

5.1 新媒体文化概述 ··· 98
5.2 新媒体文化的公众创造 ··· 102
名词解释 ··· 110
论述题 ··· 110
即测即练 ··· 111

第 6 章 新媒体与公共领域 ··· 112

6.1 哈贝马斯公共领域的基本概念 ··· 112
6.2 新媒体与公共舆论 ··· 116
6.3 智能传播时代公共领域与信息安全 ··· 122
6.4 智能传播时代公共领域与公共健康 ··· 124
名词解释 ··· 127
论述题 ··· 127
即测即练 ··· 127

第 7 章 新媒体治理 ··· 128

7.1 新闻生产与后真相危机 ··· 128
7.2 平台媒体与流量经济危机 ··· 137
7.3 虚拟现实与技术伦理危机 ··· 146
名词解释 ··· 153
论述题 ··· 153
即测即练 ··· 153

第 8 章 未来新媒体与传播模式重构 ··· 154

8.1 虚拟现实技术推动下的元宇宙 ··· 154
8.2 去中心化技术推动下的 DAO 媒体 ··· 163
8.3 人工智能技术推动下的智能传播 ··· 166
8.4 传播学研究范式的转型 ··· 169
名词解释 ··· 172
论述题 ··· 173
即测即练 ··· 173

参考文献 ··· 174

第1章 新媒体的演进

常常被视为技术自主论代表的凯文·凯利曾提出一种同时观照技术自主论（technological autonomy）与社会建构论（social constructivism）的技术演进分析框架——技术进化的三元力量。本章 1.1 节、1.2 节就以凯文·凯利提出的"技术进化的三元力量"为分析工具，首先，从偶然性、开放性条件角度，结合以往媒介技术发展的"实然状态"剖析其社会建构过程；其次，从必然性规律角度阐释媒介技术迭代的"应然状态"，即媒介演进的技术逻辑，并将媒介演进过程看作社会与技术相互影响与作用的进程，对媒介演进进行深入分析。本章 1.3 节聚焦当今时代的媒介发展，探讨整个社会因媒介而发生的重组与深刻变革。1.4 节展望探讨未来媒介演进方向，随着个人主体性复归，媒介演进朝着以人为尺度的方向发展。

每个时代都有它的新媒体，技术发展给媒体领域不断带来新的可能。

在加拿大学者马歇尔·麦克卢汉等媒介环境学派研究者看来，相较其他技术，媒介技术与社会的关系更显盘根错节。媒介不仅是"人的延伸"，给人类活动带来一种新的"尺度变化、速度变化和模式变化"[1]，而且是"社会关系的隐喻"，通过"一种'去蔽'的方法塑造'世界'，人在此'世界'中相遇"[2]。概言之，媒介作为一项在创造阶段拥有多种未定"可供性"的技术，从一项"可能的技术"最终变成应用期的"现实的技术"，并不必然仅仅受技术内生逻辑的牵引，还与外在的社会匹配条件有关。无论是将媒介演进视为"自主"的，抑或是"社会建构"的，都无法全面描绘媒介技术的演进过程，因为媒介技术与社会本就无法分离来谈，我们只能同时谈论"社会的技术"及"技术的社会"。我们对媒介的理解不应仅从实体技术的角度入手，而应从技术与社会的关系这一角度切入，把媒介技术看作人感知和经验外部世界的"中介"和"连接者"。[3]

常常被视为技术自主论代表的凯文·凯利在《科技想要什么》一书中对技术演进过程做了社会建构视角的修正分析，提出一种同时观照技术自主论与社会建构论的技术演进分析框架——技术进化的三元力量，如图 1-1 所示。具体来说，技术进化的三元力量之中，有三点值得考虑：一是必然性规律，指由技术结构带来的自发推动力量，这让技术进化经历一系列必然形态；二是偶然性条件，指历史和环境中与技术接入相关的事件、机会等条件；

---

[1] 马歇尔·麦克卢汉. 理解媒介：论人的延伸[M]. 何道宽，译. 北京：商务印书馆，2000：34.
[2] 安德鲁·芬博格. 海德格尔和马尔库塞：历史的灾难与救赎[M]. 文成伟，译. 上海：上海社会科学院出版社，2010：1.
[3] 喻国明，丁汉青，刘彧晗. 媒介何往：媒介演进的逻辑、机制与未来可能——从 5G 时代到元宇宙的嬗变[J]. 新闻大学，2022（1）：96-104+124.

三是开放性条件,指人类的自由意志和选择对技术开放多元性的塑造。①

图 1-1 技术进化的三元力量

其中,必然性规律是内在力量,偶然性条件与开放性条件是外在力量。只有在偶然性和开放性条件能够匹配媒介必然性规律的基础上,新媒介技术才能从"可能"变为"现实"。②

1.1 媒体演进的社会逻辑

1.1.1 媒介技术社会建构论的概念内涵

技术自主论主张把媒介技术看作自变量,把社会看作因变量,认为媒介技术有内在的发展逻辑,其发展一定程度上独立于人类社会。③技术社会建构论主张将社会看作自变量,将媒介技术看作因变量,认为技术演进方向受科学、政治、经济、伦理等外在环境作用④,强调媒介技术最终形态由"各种处在讨论中的技术知识,以及影响技术发展的社会行动者"共同决定⑤,没有一种媒介技术存在既定的进化路径。

"技术的社会建构"(social construction of technology,SCOT)理论的提出,为技术与社会之间的有序发展提供了视角与方法。SCOT 理论合理地解释了 13 世纪的厨房、18 世纪的炉灶和 20 世纪的导弹系统的社会建构,聚焦于媒介发展的"社会风土",通过对技术"相关社会群体"(relevant social group)的"灵活性阐述"(interpretative flexibility)(或称媒介技术的功能、作用阐释),说明技术的社会建构过程。⑥

SCOT 理论主张将技术的社会建构过程分为三个连续的阶段。

---

① 凯文·凯利. 科技想要什么[M]. 熊祥, 译. 北京: 中信出版社, 2011: 183-184.
② 喻国明, 丁汉青, 刘彧晗. 媒介何往: 媒介演进的逻辑、机制与未来可能——从 5G 时代到元宇宙的嬗变[J]. 新闻大学, 2022(1): 96-104+124.
③ Winner L. Autonomous Technology: Technics-out-of-control as a Theme in Political Thought[M]. Cambridge: MIT Press, 1978.
④ MacKenzie D, Wajcman J. The Social Shaping of Technology[M]. London: Open University Press, 1999.
⑤ Winner L. Upon Opening the Black Box and Finding it Empty: Social Constructivism and the Philosophy of Technology[J]. Science, Technology, & Human Values, 1993, 18(3): 362-378.
⑥ Bijker W E, Hughes T P, Pinch T J. The Social Construction of Technological Systems: New Directions in the Sociology and History of Technology[M]. London: The MIT Press, 2012.

第一个阶段是技术发明的初始阶段，其核心概念包括"相关社会群体"以及"阐释的灵活性"。一项技术在社会中的推广是通过相关社会群体的视角来描述的，但是不同的群体存在于不同的社会情境之中，对同样的物件也就会产生不同的叙述。第二个阶段是"阐释的灵活性"消失，技术物的构建过程逐渐走向"封闭"和"稳定化"阶段。第三阶段是将宏观的"结构"因素纳入对第二阶段稳定化的再讨论过程。在第三个阶段，某项技术物社会建构的完成意味着该技术框架成为社会中特定群体共享的统一范式，这也说明了各种社会因素如何共同完成对该项技术的"形塑"过程。[①]

接下来，借用平奇和比克对19世纪70年代自行车的发明与推广案例[②]，帮助人们更好地理解SCOT理论的三个阶段。

最早的自行车被设计为一种"高脚自行车"而推向市场，不同相关群体对该物品具有不同的阐释。年轻的男性骑手认为，这是一件充满男性气概的新型交通工具；女性消费者则认为，这是一种"不安全"的物品，因为骑行中女性长裙容易被绞入车轮；富家子弟认为这是能够在街头上吸引女性注意力的商品。第二个阶段是对自行车的阐释逐渐"闭合"的过程，人们对于该物件的表述经历了各种修饰词（如"小型敞篷车""安全自驾车"），并最终停留于"自行车"这一准确的表述。自行车技术设计本身也在灵活阐释性消失的过程中逐渐稳定化，如改进了座椅和轮子的设计等，逐步形成了当代自行车的雏形。最后一个阶段描述了自行车这一人工制品的社会建构过程，并且提供了为何多样化的竞争性描述会最终趋向闭合的社会学解释。[③]

因此，SCOT三阶段的阐释方法论为我们理解某项技术物的社会演化过程提供了一个完整的解释框架："（1）对技术物的社会学分析以及描述其中的阐释灵活性；（2）描述某件物品的社会建构过程；（3）对相关群体在建构过程中采纳的技术框架进行解释。"[④]

1.1.2　媒介技术的建构力量

在凯文·凯利看来，技术演进的社会建构力量涉及与历史、环境有关的偶然性条件，以及人（尤其是技术使用者、设计者等相关群体）的自由意志给技术带来的开放性。

1. 历史环境的偶然性扭曲

就偶然性条件来说，媒介技术发展受到现实物质条件、制度条件及人文条件的合力作用。物质条件主要指自然条件（如地域）、经济实力条件（如社会基础设施）等社会硬件

---

① 戴宇辰. 传播研究与STS如何相遇：以"技术的社会建构"路径为核心的讨论[J]. 新闻大学，2021（4）：15-27+119.
② Pinch T J, Bijker W E. The Social Construction of Technological Systems: New Directions in the Sociology and History of Technology[A]//The Social Construction of Facts and Artifacts: Or How the Sociology of Science and the Sociology of Technology Might Benefit Each Other[M]. Cambridge, MA: The MIT Press, 1989: 17-50.
③ 戴宇辰. 传播研究与STS如何相遇：以"技术的社会建构"路径为核心的讨论[J]. 新闻大学，2021（4）：15-27+119.
④ Bijker W E. International Encyclopedia of the Social & Behavioral Sciences[A]//The Social Construction of Technology[M]. Oxford: Elsevier, 2001: 15522-15527.

系统，这些条件给媒介技术带来根本约束力，决定技术实现的"基本盘"。以电视媒介应用的早期过程为例，只有地域、交通、模拟数字信号网等社会基础设施较为匹配时，电视媒介才有可能真正落地。制度条件包括政治、经济、媒介、技术相关制度条件，以及技术平台、企业组织形式等，对媒介技术落地形成"硬约束"，起到规定"使用底线"的作用。不同组织形式和政策条件会造就不同的互联网媒介产品。人文条件是指媒介使用者的教育程度、文化水平、媒介素养等因素，这是媒介技术落地的"软约束"。新媒介需与人文条件相匹配，否则在社会接入中易引发问题，导致技术使用效果的正负向偏倚。例如，不匹配时，社会可能出现低俗传播等问题。①也就是说，任何技术都负载一定的社会政治价值和伦理价值，技术的特质及其影响不是由技术本身的客观性决定的，而是取决于许多相关社会群体的解释框架。但究竟哪种解释被采纳，取决于技术开发的主体所处的社会政治、经济、文化制度的选择机制。②

2. 技术相关群体的开放性创造

就开放性条件而言，媒介技术的最终状态是在相关个体的使用和驯服（domestication）中形成的。个体的认知、态度和行为都会对媒介技术产生驯化作用，让媒介朝着人类想要的方向发挥作用。相关群体的灵活阐释在技术的社会建构过程中占据核心位置。③例如，对互联网媒介持正面态度的年轻人会开发出互联网媒介的多元功能，对互联网媒介持负面态度的老年人则会谨慎使用，无法呈现出其媒介开放性。作为"使用中的媒介"（media in use），驯化能让"个体参与、挪用，并将媒介技术带回家，让它们从陌生、存在威胁的新事物变得可接受和熟悉起来，嵌入日常生活中"④。媒介是人类社会实践的产物，新媒介的选择不仅受技术的影响，更重要的是受人的因素作用。麦克卢汉曾用"媒介是人的延伸"来阐述媒介与人的关系。⑤美国后麦克卢汉主义学者保罗·莱文森在此观点的基础上提出了"媒介进化的人性化趋势"，即媒介的发展越来越符合人类需求，出现便于人类使用的趋势。⑥媒介演进的逻辑与技术相关群体的开放性创造息息相关，符合人性化发展趋势。

1.1.3 媒介技术的建构过程

媒介技术从"新兴"走向"成熟"，始终伴随着社会的建构作用，因而原本应该平滑发展的技术演进曲线会因社会建构力量而有起有伏。高德纳咨询公司通过统计社会因素对

---

① 喻国明，丁汉青，刘彧晗. 媒介何往：媒介演进的逻辑、机制与未来可能——从 5G 时代到元宇宙的嬗变[J]. 新闻大学，2022（1）：96-104+124.
② 徐梓淇，刘钢. 从媒介的发展看技术与社会的关系：兼论技术决定论与社会建构论的贫困[J]. 社科纵横（新理论版），2010，25（1）：225-226.
③ 戴宇辰. 传播研究与 STS 如何相遇：以"技术的社会建构"路径为核心的讨论[J]. 新闻大学，2021（4）：15-27+119.
④ Silverstone R, Mansell R. The Politics of Information and Communication Technologies[M]. Oxford: Oxford University Press, 1996.
⑤ 马歇尔·麦克卢汉. 理解媒介：论人的延伸[M]. 何道宽，译. 北京：商务印书馆，2000.
⑥ 保罗·莱文森. 人类历程回放：媒介进化论[M]. 邬建中，译. 重庆：西南师范大学出版社，2017.

技术发展的影响数据，将技术的社会建构过程拟合为"技术成熟度曲线"（hype cycle），如图 1-2 所示，说明技术发展会被建构成四个时期："技术诞生期"（innovation trigger）、"泡沫巅峰期"（peak of inflated expectations）、"泡沫破裂低谷期"（trough of disillusionment）及"稳步爬升期"（slope of enlightenment）。①SCOT 理论从技术相关群体的灵活性阐释视角将该社会建构过程简化为三个阶段：发明、协商、稳定。②综合 SCOT 理论及技术成熟度曲线，我们可将媒介技术的社会建构过程理解成一个受社会条件及个体能动实践影响的成熟度建构过程。③

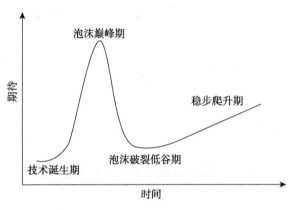

图 1-2　技术成熟度曲线

在媒介技术的发明阶段，相关社会群体主要指媒介技术的发明者、经营者等内缘核心群体。由于欠缺对新技术的了解，人们将旧媒介的功能向新媒介做惯性延伸，对媒介技术的灵活性阐释处于标准化范畴，此时媒介技术对物质及制度条件的匹配要求非常高。在媒介技术的炒作阶段，相关社会群体拓展至外沿群体，包括投资者及社会其他爱好者等。该阶段由于社会对新媒介技术关注过多，不同群体的灵活性阐释各异，对媒介技术的看法差异较大，使媒介技术获得了较大的灵活性。然而，由于社会经济、制度及人文条件仍处于旧媒介时代的现实局限下，它们无法满足突然"膨胀"的新媒介"落地"条件，期望破裂，外沿群体逐渐退场，媒介技术遇冷。此后，媒介技术的内缘核心群体开始针对"遇冷"现状进行反思，并对社会物质、制度、人文条件提出建设要求，随即政府入场牵头展开对媒介稳步发展的协商讨论，媒介技术进入协商发展阶段。经由协商，相关社会群体会对媒介技术的功能阐释由"灵活"走向达成共识，进而封闭。最终，媒介技术潜力闭合，从发明转向现实中的规模应用，如表 1-1 所示。

---

① Fenn J, Raskino M. Mastering the Hype Cycle: How to Choose the Right Innovation at the Right Time[M]. Boston: Harvard Business Press, 2008
② 戴宇辰. 传播研究与 STS 如何相遇：以"技术的社会建构"路径为核心的讨论[J]. 新闻大学，2021（4）：15-27+119.
③ 喻国明，丁汉青，刘彧晗. 媒介何往：媒介演进的逻辑、机制与未来可能——从 5G 时代到元宇宙的嬗变[J]. 新闻大学，2022（1）：96-104+124.

值得注意的是，SCOT 始终关注的是技术与社会的相互嵌入关系。这意味着不仅仅存在着"社会"（如社会群体、经济—政治力量、文化形式、意识形态等）、"形塑"技术的内在特质，同时技术（如技术的物质性特征、实践方式、社会组织形式等）也能够"构型"（format）社会。[①]

表 1-1　媒介技术变迁的实现机制

媒介技术发展阶段	相关社会群体	灵活性阐释	社会建构力量
发明阶段	内缘核心群体入场	标准化阐释	要求社会条件扶持
炒作阶段	外沿群体入场	多元化阐释	社会多元化建构
遇冷阶段	外沿群体退场	阐释走向"闭合"	社会条件不匹配，"过热期待"
协商发展阶段	政府入场，牵头引导内缘核心群体	验证发展所接受的灵活性阐释	社会力量协商建构
稳定应用阶段	政府牵头引导内缘核心群体，辐射外沿群体	阐释最终"闭合"	社会条件匹配新技术落地

1.2　媒体演进的技术逻辑

1.2.1　媒介技术自主论的概念内涵

传播场域如今面临巨大变局，唯有洞见传播的核心概念"媒介"之内核，厘清媒介技术演化的中心逻辑和应然状态，才能准确定位传播的其他问题。

《自然辩证法百科全书》对"技术决定论"的定义为："'技术决定论'通常指强调技术的自主性和独立性，认为技术能直接主宰社会命运的一种思想。技术决定论把技术看成人类无法控制的力量，技术的状况和作用不会因其他社会因素而变更；相反，社会制度的性质、社会活动的秩序和人类生活的质量，都单向地、唯一地决定于技术的发展，受技术的控制。"[②]

新闻传播领域的学者在讨论技术自主论时，认为该理论主张把媒介技术看作自变量，把社会看作因变量，媒介技术有内在的发展逻辑，其发展一定程度上独立于人类社会。[③]例如，麦克卢汉的"延伸论"就极为强调媒介技术的自主性及其对社会的作用力。他认为人类在机械时代凭借分解切割的媒介技术完成身体在空间维度的延伸；又在电力时代凭借电力媒介技术（electric technology）再次完成中枢神经系统的延伸；伴随新媒介技术创造，人类正在向着延伸的最后一个阶段——模拟意识延伸前进。当下颇受关注的网络视频直播，

[①] 戴宇辰. 传播研究与 STS 如何相遇：以"技术的社会建构"路径为核心的讨论[J]. 新闻大学，2021（4）：15-27+119.

[②] 于光远. 自然辩证法百科全书[M]. 北京：中国大百科全书出版社，1995：225.

[③] Winner L. Autonomous Technology: Technics-out-of-control as a Theme in Political Thought[M]. Cambridge:MIT Press, 1978.

本质上是基于自身媒介特性之于社会的一种改造性力量,已然成为网络场域中最具革命性的一种传播形态,是以传播逻辑对文化和社会产生的一种重新建构。一方面,它打破了围观与参与表达的界限,直至网络视频直播出现且普及后,以一对多,乃至多对多方式进行即时交互传播才成为每一位普通网民都能拥有的权利;另一方面,网络视频直播极大丰富了场景的构成形态与功能属性,构建了未来消费和生活的种种新场景。① 正是凭借自身简单而特别的媒介技术逻辑,直播引发了不同社会角色之间经由媒介交往和发生关系模式的变动,使得直播本身的媒介形式作用于人类社会形态的意义远胜于其传播的内容,甚至直接出现媒介所造就的行动场域与社会场域。②

1.2.2 媒介技术自主论新的发展视角

媒介既不是某一类具体的媒介或一种功能性的社会元素,也不是一种具象的、可以触摸的存在物。所谓的媒介技术决定论,是指人类被悬置于媒介技术创建的环境之中,其观念和行为受制于媒介化环境的限定,因媒介技术的变革而重构。任何一种成功的新媒介在登上历史舞台时,都会对当时的社会文化、社会观念产生冲击,进而促进社会发生观念与文化的变迁。③

首先,技术与人、组织和社会制度是互相渗透、密不可分的。法国媒介学家德布雷认为,媒介技术构成了一个整体媒介域。他指出:"媒介域这个字眼指的是一个信息和人的传递和运输环境,包括与其相对应的知识加工方法和扩散方法。……每个媒介域都会产生一个特有的空间——时间组合,也就是一个不同的现实主义。"④

其次,技术有自己进化的逻辑与方式。在现代性的社会关系中,技术从帮助人们开发和呈现世界转变为逼迫人类在设定的关系中生活。以今天的媒介技术为例,社交媒体的媒介化生存方式已经成为一种现代人无法躲避的生活方式,完全由不得个体选择,除非个体想远离其社会关系。⑤

1.2.3 媒介技术的必然逻辑

麦克卢汉的"延伸观"及莱文森的"补偿观"均显示了媒介观中最核心的观点,即认可媒介的人本主义,强调媒介演进的逻辑起点是人类本身。如彼得斯所言,媒介技术发明

---

① 喻国明,杨嘉仪. 理解直播:按照传播逻辑的社会重构——试析媒介化视角下直播的价值与影响[J]. 新闻记者,2020(8):12-19.
② 胡翼青,杨馨. 媒介化社会理论的缘起:传播学视野中的"第二个芝加哥学派"[J]. 新闻大学,2017(6):96-103+154.
③ 胡翼青. 为媒介技术决定论正名:兼论传播思想史的新视角[J]. 现代传播(中国传媒大学学报),2017,39(1):51-56.
④ 雷吉斯·德布雷. 普通媒介学教程[M]. 陈卫星,王杨,译. 北京:清华大学出版社,2014.
⑤ 胡翼青. 为媒介技术决定论正名:兼论传播思想史的新视角[J]. 现代传播(中国传媒大学学报),2017,39(1):51-56.

与应用的动力来源都是人类对自我与他人、私人与公共、内心思想与外在语词之间"交流"的渴望。① 以人类视角反观媒介演进史，可以发现它实际上是一段人类实践半径不断扩大的历史。把握人类自由度的拓展之势，就是把握住了媒介技术演进的内在规律。

关于"自由"的讨论，约翰·穆勒在《论自由》中这样定义："自由"意味着人类可以免于某种限制，这是人类在现实生活中能够自主选择的关键。② 所谓"自由度"，是人类在现实生活中能够免于或突破某种限制的程度与范畴。"程度"指向人类纵向的限制突破，"范畴"则指向人类横向的限制突破。人类的主体自由度是标示主体性强弱及主体与其他客体价值连接宽窄的统一哲学概念。③ 媒介演进之"应然"，即围绕赋予人类纵向、横向突破限制的能力和权利来发展。一方面，媒介技术的升级让人类愈加具备突破"物质个体"限制的能力，包括突破时间、空间、社会、身体等；另一方面，媒介技术的迭代愈加给予人类从微观走向中观、宏观社会关系的横向连接可能性。

1. 人的自由度的纵向发展

从纵向来说，媒介技术通过对"物质个体"的中介化来拓宽人类自由度。口语传播时代，媒介技术对人类物质个体的中介化程度最低，人们唯一可以借用的媒介技术就是自己的身体，此时人类几乎没有任何突破限制的能力。文字传播时代，纸张的发明与使用为传播提供了更经济便携的载体，人类首次具备突破时间限制的能力。随着印刷术的发明推广，人类借由印刷媒介实现时空穿梭，进一步具备空间层面的自由度。电子传播时代，音像技术因不受文化程度限制而打破阶级界限，具有即时性、同步性，媒介对时空的中介程度更深，人类拥有脱离社会阶层的能力，通过远距离传播创造更有想象力的环境。④ 到互联网传播时代，人类的自由选择更多——在"人人为我、我为人人"的关系网络中，每个人都可以重建社会资本，人类基于物质身体的身份特征都可以在媒介平台中重新建立。⑤ 进入 4G、5G 时代，媒介朝着再造"数字主体"的方向发展，不断为人与人、人与物，以及人与物理世界、心理世界提供联结，实现"我与超我"的对话。概言之，随着人类物质身体不断被中介的过程，媒介技术也沿着深化人类"空间—时间—关系—身份—身体"自由度的方向渐序向前。

2. 人的自由度的横向扩张

就横向而言，媒介技术通过对社会关系的"再组织"拓展人类的活动半径，在更广的

---

① 约翰·杜翰姆·彼得斯. 对空言说：传播的观念史[M]. 邓建国，译. 上海：上海译文出版社，2017.
② 约翰·穆勒. 论自由[M]. 顾肃，译. 北京：译林出版社，2011.
③ 朱高建. 试论主体的自由度[J]. 重庆邮电大学学报（社会科学版），1993（2）：1-4.
④ Best K. Redefining the Technology of Media: Actor, World, Relation[J]. Techné: Research in Philosophy and Technology, 2010, 14(2): 140-157.
⑤ Lievrouw L A. New Media, Mediation, and Communication Study[J]. Information, Communication & Society, 2009, 12(3): 303-325.

范围内将各种行动者联结起来。个体的连接边际越广,个体的自由度就越高。[1]口语传播时代,人类的连接半径较小,几乎只能与自己身边的亲朋个体交流,媒介的连接力局限在近距离、实体空间中一对一的微观层面。文字传播时代,媒介通过报纸、图书将较远距离的人们连接在一起,人们可以通过与他人的文字交流进入中观的群体交往层面。随着电子传播时代、互联网传播时代的深入发展及媒介化社会的到来,媒介技术从以往孤岛式、散落式的社会关系组织形态朝着重新连接一切的方向改变,媒介以社会宏观"操作系统"的模式将所有个人纳入宏观的社会关系网络中,将连接拓宽至宏观层面。未来,在深度媒介化社会中,个人横向连接的半径相较如今将得到质的提升,无处不连接,无处不到达。如尼葛洛庞帝所言,媒介通过社会关系的再造"赋权"个体,让人们能够在数字化生存中找到超越以往任何一个时代的主体性和自由感。[2]

未来媒介会在既有互联网媒介技术的存量基础上,全面、整合地拓展人类自由度,它已初步具备互联网提供的基础建设、用户生态、产业集群等存量条件。Web1.0时代,互联网发展主要着眼于基础设施建设与软件服务完善[3],集中在产业端蕴蓄。Web2.0是面向用户的,新技术在向用户端转移和普及的过程中出现。Web3.0为包含5G在内的新媒介技术做产业上的准备,初步呈现出全要素聚合的样态。一旦Web3.0的产业准备搭建完成,Web4.0聚焦无限渠道、无时无刻、无限内容的互联网生态级系统也将来临,未来媒介也将落地。

以此为基础,未来媒介的着力点在于以更整合、更全面的方式拓展人类自由度。传统的、相对散落的媒介总是通过对个体某一方面的拓展来延伸人类活动半径,因而传统媒介对个体的赋权总是以分割感官为前提的,个体很难在媒介世界中获得如同真实个体般的全感官体验,无法实现向人的"感觉总体"回归。[4]但是在全要素整合的新互联网系统中,人类更希望在媒介中得到全感官复制的体验,感受到"镜像"般的数字孪生世界。换言之,未来媒介致力于让个体超越"分割式"的赋权,得到"感觉总体"的全部赋权,在数字世界中以完全的个体形态探索更多的实践空间。当前,互联网业界已经将对未来媒介的种种期许和想象放置在"元宇宙"(metaverse)之上。从媒介逻辑来看,元宇宙确实为理解未来媒介提供一种可能的方向,但正如前文所述,未来媒介的实现仍需接受社会选择的考验。目前,"元宇宙"还处于从发明向炒作过热阶段发展的过程中。不论是历史环境的限制还是用户的能动性限制,它都让真正意义上的"元宇宙"无法在短期内落地实现。这项技术

---

[1] De Zúñiga H G, Copeland L, Bimber B. Political Consumerism: Civic Engagement and the Social Media Connection[J]. New Media & Society, 2014, 16(3): 488-506.

[2] 尼古拉斯·尼葛洛庞帝. 数字化生存:计算不再只和计算机有关 它决定我们的生存[M]. 胡泳,范海燕,译. 海口:海南出版社,1997.

[3] 伯纳多·胡伯曼. 万维网的定律:透视网络信息生态中的模式与机制[M]. 李晓明,译. 北京:北京大学出版社,2009.

[4] 约书亚·梅罗维茨. 消失的地域:电子媒介对社会行为的影响[M]. 肖志军,译. 北京:清华大学出版社,2002.

从可能走向现实，仍有一段漫长的社会嵌入的道路要走。因而，虽然"元宇宙"满足了我们对未来媒介嬗变逻辑的想象，但就媒介演进机制来看，我们还需着眼那些能让"元宇宙"越过技术泡沫破裂低谷的社会性条件及个体能动性实践，这才是我们面向未来传播的着眼点和着力处。

1.2.4 必然逻辑下的演进趋势

人追求自由，必然陷入某种不自由。鲍尔格曼曾从双重视域的角度提醒研究者在考察媒介应然之态时应该"既看到它带来的解放，也看到它制造的控制；既看到其中潜在的民主，又看到那些因为媒介被剥夺了的权利"[①]。进言之，媒介围绕人类自由度逻辑前进的过程并非线性发展的，相反，从历史来看，其前进趋势偶尔会带有反复。

媒介演进中的反复实际上是有目的地回溯，是媒介为求得人类自由度在其他维度的拓展，而一定程度上，这是一条舍弃人类在某一维度所取得的既有自由度的路径。具体来讲，在口语传播时代，由于没有其他具备时空传递性的媒介可供使用，人类处于高度部落化、面对面交流的群体传播中。随着印刷媒介、大众媒介对个体自由度的横向解放，一种线性的、逻辑的、阶层化、精英化的传播模式逐渐解体了从前紧密连接的人类群体，进入"去部落化"时代；直到数字传播时代，媒介技术复现人类从前面对面交流的状态，才使人类社会又开始"重新部落化"。[②]概言之，当个体连接其他行动者的横向能力愈强时，反而不得不在一定程度上牺牲突破"物质个体"的纵向能力。例如，选择进入某个传播群体或组织，舍弃媒介对物质个体身份和阶层的解放。

这意味着必然性逻辑的前进趋势是杂合式的，要么增加新自由度，要么牺牲旧自由度。虽在不同维度的自由度上有得有失，但总的来看，新媒介较旧媒介总是能够获得更高的自由度总量，推动媒介在反复与曲折中周期性挺进。

总体而言，媒介演进机制是应然与实然相互作用、技术与社会互构的过程。首先，新媒介是旧媒介围绕人类自由度新需求出现的"变异"。新媒介在旧媒介已有的技术存量上发展而来，"变异"的牵引力是人类在新时代的自由需求。如莱文森在媒介补偿观中所言，新媒介总是在传承旧媒介所有功能的基础上延展新功能。例如，5G这一看似革命性的媒介技术，也是在从1G到4G互联网媒介渐进和累积的发展中产生的。

其次，新媒介变异将受到社会现实条件及媒介相关群体的能动选择。同一时间内，具有相似功能的新媒介和旧媒介展开竞争，争夺自然、市场、政府及用户群的支持。不同媒介技术会因多元的社会建构力量呈现出不同的发展成熟度，唯有能满足人类未来自由需求的媒介才有可能越过技术泡沫破裂的低谷，成为社会改造力量；反之，其他媒介技术将"灭

---

① Borgman C L. Designing Digital Libraries for Usability[J]. Digital Library Use: Social Practice in Design and Evaluation, 2003: 85-118.

② Moran E, Gossieaux F. Marketing in a Hyper-social World: The Tribalization of Business Study and Characteristics of Successful Online Communities[J]. Journal of Advertising Research, 2010, 50(3): 232-239.

绝"、消失。

最后，成功进入稳步发展期的新媒介将与社会一同"协进化"。新媒介与支持它的社会环境互相维持、促进，媒介以自身逻辑使社会向有利于其延续、传承的方向改变。施蒂格·夏瓦将这一阶段称为媒介化（mediatization）阶段，新媒介通过"吞并"部分的传统权威，成为社会的"行动者"之一。[①]直到社会发展过程中人类产生新的自由度渴望，新一轮演进将再度出现。

1.3 媒介化社会

在现代社会，无论身处何地，从事什么样的工作，我们的活动，甚至每一个动作、社会性诉求，几乎都被媒介所浸透。媒介的连接作用无时不有，无处不在。这就是我们通常所指的"媒介化"。所谓"媒介化"，就是由于媒介影响的增加，社会的方方面面和各行各业发生了按照传播逻辑重组的全新变化。

1.3.1 媒介化社会的定义

过去我们一提到传播，一提到媒介，指的是对内容资讯的传播、连接、沟通等。事实上，互联网作为数字媒介出现后，与过去大众媒介不同的是，它的这种连接不仅作用于内容资讯的连接、传播和彼此之间的沟通，而且在更大程度上，它远远超越了内容的范畴，已经开始作用于整个社会的连接、结构性重组和基本运作。社会运作的方方面面都已经发生或者正在发生按照传播逻辑、传播模式、传播机制进行重新建构的变化。这就是所谓的"媒介化社会"。[②]

媒介作为连接人类的"中介物"，已经不仅仅是作为内容资讯的中介者，而是成为新社会形态的构建者。我们今天看到的各种直播带货，其注重的不是过去传统商业所说的地块、客流等，更大程度上，它注重的是传播机制的流量、文化、趣缘、连接、关系属性等因子。如在以直播带货为代表的新商业建构中，流量、圈层、身份认同、大数据洞察等成为其中的核心要素，而流量和过去讲的客流差不多是一个概念，它对一种商业模式带货效果，以及销售品类选择具有深刻的，甚至决定性的影响。[③]这是一种全新的商业模式，而这种商业模式里浸透着传播逻辑、传播机制和传播法则。

1.3.2 媒介融合推动媒介化社会的形成

"媒介融合"（media convergence）这一概念最早由美国麻省理工学院的普尔教授提出，

[①] Hjarvard S. The Mediatization of Religion: A Theory of the Media as Agents of Religious Change[J]. Northern Lights: Film & Media Studies Yearbook, 2008, 6(1): 9-26.

[②] 喻国明. 元宇宙：社会的深度媒介化[J]. 现代视听, 2022（6）：32-40.

[③] 喻国明. 有的放矢：论未来媒体的核心价值逻辑——以内容服务为"本"，以关系构建为"矢"，以社会的媒介化为"的"[J]. 新闻界, 2021（4）：13-17+36.

是指各种媒介呈现出多功能一体化的趋势。有学者认为，媒介融合中的技术融合、内容融合与服务融合推动了媒介化社会的形成。①首先，媒介融合趋势为媒介化社会提供了技术支撑。当今社会的媒介融合之势加速了社会的媒介化进程，无论是不断革新的媒介技术，还是不断求变的媒介内容，抑或是不断提升的媒介服务，它们都以融合为基点，参与到受众对社会信息的选择和接收之中，社会信息系统获得了前所未有的建构机遇。媒介融合还表现为媒介技术要素的结合和汇聚。从口语传播、印刷传播、电子传播到新媒体传播，传播媒介和技术始终呈叠加性状态发展。任何新媒介都不可能完全取代已有的旧媒介，也不是"1+1"的简单叠加，而是每一种要素的有机结合，实现从量变到质变的飞跃。其次，媒介融合也体现为媒介内容的融合。彭兰教授指出，数字化使各种媒体产品有了共同的平台基础，这带来了将多种传播文化媒体的产品集中到一个共同渠道的可能性。业务形态的整合，也将使各种不同媒体的内容产品最终汇聚为一个大市场，原有媒体市场的界限可能不再那么分明。②除了媒介的技术融合和内容融合之外，当今的媒介融合也拓展到媒介服务领域，从而使媒介信息的生产和消费均发生了深刻变革。媒介融合推动了社会的大融合，使整个信息传播过程发生了翻天覆地的变化。从信息的采集、生产、传播，到接收，包括用户的媒介接触方式、媒介使用行为等，媒介融合已经深深地参与到信息传播的每一个环节。媒介技术融合、内容融合和服务融合三个层次，成为媒介化传播格局形成与发展最为核心的技术支撑，也成为媒介化社会形成的基本推动力。③网络技术所带来的社会媒介化进程的加速的确使媒介化社会初具雏形，但只有媒介技术发展所带来的"媒介融合"，才能够从更深层的意义上建构媒介化社会的社会意义和个体意识，并引起媒介生产方式的革命，成为推动媒介化社会形成的核心动力。④

1.3.3 元宇宙：人类社会的深度"媒介化"

元宇宙是互联网、虚拟现实、沉浸式体验、区块链、产业互联网、云计算及数字孪生等互联网全要素的未来融合形态，又被称为"共享虚拟现实互联网"和"全真互联网"。由此可见，元宇宙不是某一项技术，而是一系列"连点成线"技术创新的集合。它集区块链技术、交互技术、电子游戏技术、人工智能技术、网络及运算技术等各种数字技术之大成，是集成与融合现在和未来全部数字技术的终极数字媒介。因此，它将进行现实世界和虚拟世界的连接革命，进而构建超越现实世界的、更高维度的新型世界。本质上，它描绘和构造了未来社会的愿景形态。同时，元宇宙从互联网发展终极形态的技术意义上，定义了今天的技术迭代和产业的发展方向。因此，我们必须面向未来，深入认知和理解元宇宙，探究元宇宙构造的未来媒介化社会的生态图景，把握未来传播发展的换轨升级。

---

① 张晓锋. 论媒介化社会形成的三重逻辑[J]. 现代传播（中国传媒大学学报），2010（7）：15-18.
② 彭兰. 媒介融合时代的合与分[J]. 中国记者，2007（2）：87-88.
③ 张晓锋. 论媒介化社会形成的三重逻辑[J]. 现代传播（中国传媒大学学报），2010（7）：15-18.
④ 孟建，赵元珂. 媒介融合：粘聚并造就新型的媒介化社会[J]. 国际新闻界，2006（7）：24-27+54.

①为更好地解析元宇宙这一终极数字媒介的基本样态,本节将从内在核心逻辑、基本要素架构、关键操作路径三个方面渐进阐释元宇宙,以期较为全面地介绍元宇宙形塑的未来传播图景。

1. 传播权力的回归是数字时代媒介进化的根本逻辑

知旧方能见新。把握未来媒介的发展趋向,首要的是厘清媒介进化的内在规律。正如加拿大学者麦克卢汉的媒介延伸论所揭示的,媒介是人体的延伸,是人与外在世界的联结。可以说,媒介技术的起点和终点都是人类,人类自身就是最原初和最核心的媒介。以此为视角复盘媒介技术演进,可以发现,不同于分割身体感官、传播权力外化的各项前序媒介技术,数字媒介技术通过再造"数字躯体"具身的新型主体,质变性地增强人的主体性,实现传播权力的回归。主体性的持续增强或者个人传播权力的不断强化,是各种数字媒介技术发展演变中不变的主线。

传统的传播学主流对媒介的释义已稍显过时与狭隘。实证主义传播学以及法兰克福学派认为,只有被专业地用于信息传递的那些传播介质形态才被称作媒介。媒介是一种传递信息或价值观的中性工具②,是一种显现的实存。这种实存的媒介观正在遭遇解释力危机——在现代传播技术带来的信息洪流中,媒介与非媒介已没有排他性限制。在数字革命的推动下,媒介已经广泛存在,因此,需要一个更具包容性的媒介释义来匹配这一现实。实际上,麦克卢汉的媒介延伸论已经为重新理解媒介提供了具有洞见性的思路。麦克卢汉提出"媒介是人的延伸"时强调,"延伸人体的都是媒介",包括口语、文字、衣物、住宅、货币、时钟在内的所有人造物(artifact),其均在延伸人通过天赋的身体功能感觉和经验外部世界能力的意义上,构成"媒介"的能指。简言之,可以把媒介广泛地理解为勾连人与世界之间关系的桥梁,它是人感知和经验外部世界的"中介",即"连接者"。必须指出,不单单是麦克卢汉意义上的增强肉体和神经系统力量与速度的各种人造物,"人"本身在制造器物之前也是"媒介"。自人类诞生之日起,人就以身体感官感知世界,借助肢体(如表情、手势)开展社会交往。可以看出,媒介的意义不在于其外在的质料和形式,而在于其居间性,即关系连接性。它不是或主要不是指器物本身(报纸、广播、电视等器物不过是连接关系的承载者,并不是这种连接关系本身),而是由其关联的全部关系和意义的总和。因此,不能跳脱关系性谈媒介,或者说,对媒介的理解不能脱离人的存在——人通过使用媒介而使媒介成为"媒介",即媒介之所以成为"媒介",正是人赋予的结果。换言之,媒介不是由媒介机构和媒介实体定义的,而是由媒介使用者基于交互和关系进行界定的。

总体而言,更具包容性的媒介认知范式在揭示媒介技术泛在(人与社会联结的各种手段)的同时,也凸显了人类在其间的中心地位——人自身(身体—心灵)便是人接入世界

---

① 喻国明,耿晓梦. 元宇宙:媒介化社会的未来生态图景[J]. 新疆师范大学学报(哲学社会科学版),2022,43(3):110-118+2.

② 钱佳湧. "行动的场域":"媒介"意义的非现代阐释[J]. 新闻与传播研究,2018,25(3):26-40+126.

的媒介的发端，其后的任何技艺，无论是语言、文字、影像还是网络，都是人的延伸，都由人界定；在这个意义上，人即最原初、最核心的媒介。①

延伸性的媒介观为归理人类社会中不断更新的媒介技术指引了基本方向：立足人的主体性，思考各种媒介技术之于人的意义。由是观之，任何一种媒介技术都是对人的社会关系与关联的形式构造，任何媒介技术的升级换代都为人类社会的连接提供新的方式、新的尺度和新的标准，即人类社会关系的再造及基于这种社会关系再造的资源分配。②

历史地看，在前技术时期，人类除了身体外没有任何传播技术，需要亲身参与在场的交流，凭借语言进行跨越空间的交流，凭借记忆进行跨越时间的交流。此后，在数字技术出现之前，各种技术一直在模仿人体的感知模式，即对人类身体感觉器官进行分割，将每一个感官从身体的整体性中剥离再加以延伸。正如美国学者霍尔强调的，"书籍使人的声音跨越时空。货币是延伸和储备劳动的方式。运输系统现在做的是过去用腿脚和腰背完成的事情。实际上，一切人造的东西都可以当作是过去用身体或身体的一部分所行使的功能的延伸"③。不断"外化"的"器官"虽然可以不断扩展社会交往的广度与深度，但这些模拟技术不断外延，以至于媒介与主体的连接在化约中被削弱，传播的权力、交往的选择在一定程度上被"寄存"或者"委托"于外，其中的典型代表就是"代理"大众群体社会交往需求的专业性、精英化的大众传播机构。因此，长期以来，社会传播的权力由专业媒介把控，以一对多的大众传播模式勾连社会关系。④

不同于前叙媒介技术的"模拟身体"，数字技术更多的是"再造身体"，即正在为每个人"计算"出由数据/信息构成的、可被高度解析的"数据躯体"，由此带来的是对主体的重塑与增强——人作为主体的感知、行动都可以被算法捕捉并制造成数据继而加以利用，借由"数据躯体"，人成为能够超越人类身体局限，在赛博空间内外拓展人类能力的新型主体。⑤具体而言，无论是计算机、智能手机、可穿戴设备等数字终端技术，还是互联网、物联网、移动互联网等数字网络技术，抑或是虚拟现实、增强现实等数字仿真技术，数字媒介技术始终围绕增强人的自主性、能动性和创造性发展，不断将传播或者社会互动的权力交还于每个人。"无名者"不仅得以在社会传播大图景中"被看见"，还能够依据"留痕"更精确地"被解析"，"极大地推动了更多植根于本地的、更加个人化的交流与传播的实现，它使得人们可以随时随地与其他传播者展开包括图像、文本及声音在内的交流沟

---

① 喻国明，耿晓梦. 元宇宙：媒介化社会的未来生态图景[J]. 新疆师范大学学报（哲学社会科学版），2022，43（3）：110-118+2.

② 喻国明，耿晓梦. 元宇宙：媒介化社会的未来生态图景[J]. 新疆师范大学学报（哲学社会科学版），2022，43（3）：110-118+2.

③ 埃里克·麦克卢汉，弗兰克·秦格龙. 麦克卢汉精粹[M]. 何道宽，译. 南京：南京大学出版社，2000.

④ 喻国明，耿晓梦. 元宇宙：媒介化社会的未来生态图景[J]. 新疆师范大学学报（哲学社会科学版），2022，43（3）：110-118+2.

⑤ 孙玮. 赛博人：后人类时代的媒介融合[J]. 新闻记者，2018（6）：4-11.

通，也使更多的物理距离或社会意义上的远程操作变得可能"，即对每个人而言，交流的潜能被激发和调用，传播的诉求被洞察和满足。

在这个意义上，美国未来学家尼古拉斯·尼葛洛庞帝曾预言，数字化生存天然具有"赋权"的本质，在数字化的未来，人们将找到新的希望与尊严。[①]事实也正是如此，以算法为统领的新一代数字信息技术对社会中相对无权的个体和群体的赋权超越了以往任何时代，正在更深刻地开发个体的主体性，带来一场传播权力的革命性回归。

2. 以有机整合互联网全要素实现数字化社会的"再组织化"

不同于其他各项传播权力离身的媒介技术，数字信息技术直接赋权于主体，还社会传播选择权于个体，带来传播权力的质变性转移。从这一角度看，区别于其他各项媒介技术，数字信息技术必定带来更深刻的社会交往形态变迁。

进言之，新一轮科技革命催生的"新"媒介的特征在于它是一种更具统领作用的媒介——在大数据、云计算、人工智能等多种数字信息技术发展浪潮下，万物互联逐渐成为现实，这个联结人与人、人与物、物与物的数字化智能网络将媒介分布并整合到多个对象和场景中。简言之，数字媒介——数字网络及运行其上的智能算法——联结并改造"旧"的媒介。因此，相较于传统的、散落的媒介，作为一种更高意义上的媒介，数字媒介以重新连接一切的方式，成为社会结构化中更具基础性的建构力量。正是洞察到数字媒介的这一更具基础性的建构力量，欧洲媒介研究学者、媒介化理论的奠基人安德烈亚斯·赫普主张发明一个新名词——"深度媒介化"，以反映目前面对的新的媒介化现象。质言之，以互联网和智能算法为代表的数字媒介作为一种新的解构社会的力量，其作用于社会的方式与以往任何一种"旧"媒介都不同，它下沉为整个社会的"操作系统"，引发的社会形态变迁更具颠覆性，进而推动社会进入深度媒介化时代。

值得肯定的是，联结起人与人、人与物、物与物的数字媒介，不仅激发了个人的能动性与创造性，更前所未有地激活了原本散落在各处的传统社会无法有效利用的各类微资源，使其被发现、挖掘、聚合、匹配。借助互联互动，个体能够在组织框架之外找到替代性资源与渠道，获得更多的自由度，彼此之间产生自由的连接和多样的互动。在这一意义上，数字媒介推动社会进入以个体为基本运作主体的"微粒化社会"。同时，随着传统社会组织单位失去中心地位与控制力，原有的自上而下、由少数资源控制者集中主导的社会系统，逐渐演变为离散的、由个体力量主导的复杂交互网络。西班牙学者曼纽尔·卡斯特将信息时代的社会结构形态概括为"网络社会"（network society），即不同于农业社会的差序格局与工业社会的团体格局，新信息技术范式带来的是扁平化的分布式社会，表现为去中心化的网络格局。概言之，以互联网为代表的数字媒介将社会的基本互动单位由组织降解为

---

① 尼古拉斯·尼葛洛庞帝.数字化生存:计算不再只和计算机有关 它决定我们的生存[M].胡泳,范海燕,译.海口:海南出版社,1997.

个人,以去组织化的方式重塑社会交往,使社会形态呈现微粒化和网络化。

在互联网去组织化的进程中,它已经孕育了多种服务于社会形态再组织化的手段。例如,能够构建虚拟交互场景的虚拟现实技术,能够快速实现供给与需求对接的智能算法推荐,等等。不过,这些新手段对社会关系的重新连接是相对离散、各自发展的。如今,对传统社会的解构已基本完成,社会关系的再组织化成为媒介发展需要解决的主要矛盾,下一代数字媒介的根本任务在于重新架构社会形态,即需要将当前基础性的、粗放式的社会联结加深、加厚、加高。当在线成为常态,紧要的是将各种线下社会关系进一步向线上社会迁移,即再组织线上社会生活。在这一意义上,下一代媒介变革是充分勾连现实世界与数字世界更加深刻、更高层次的社会联结革命。

概言之,传播技术的每一次改进都会带来社会联结方式的改变与拓展。互联网技术以前所未有的力度,深刻解构传统社会。在完成随时随地与任何人的联结、带来微粒化的分布式社会形态之后,未来数字媒介的使命在于再一次升级社会联结,即再建一个全新的数字化社会。①

3. 去中心化地扩展现实是推进元宇宙构建的关键操作路径

从推动互联网全要素有机融合的战略选择看,未来传播形态升级需要抓住两个操作重点:一是虚拟现实(VR)、增强现实(AR)、混合现实(MR)等扩展现实(XR)技术将成为主要的社会表达方式,沉浸传播将是社会互动的基本范式;二是传播权力将继续向"超级主体"回归,强参与将成为未来媒介传播的基本准则,终极数字媒介生态的实现需要共建、共治与共享。

网络基础设施的升级(5G 商用、6G 研发)带来了移动通信网络性能的飞跃——高速率、低时延和大连接,将为新兴的沉浸技术释放更多潜能。所谓沉浸技术,包括模拟产生一个虚拟世界,为用户提供感官模拟体验的虚拟现实技术,通过计算机生成的虚拟信息和对象叠加在现实世界中,被人类感官所感知的增强现实技术,以及将真实世界和虚拟世界混合在一起产生新的可视化环境的混合现实技术。这些沉浸技术可统称为扩展现实技术,即通过计算机技术和可穿戴设备产生一个真实与虚拟组合的、可人机交互的环境。VR/AR/MR 等扩展现实技术将推动人类社会迈进高度智能化与实时交互的沉浸传播时代。与非沉浸传播相比,沉浸传播具有感官沉浸与实时参与的特征,具有以人为中心、无时不在、无处不在、无所不能的传播功能;它拥有超强的时空调用能力,即能够跨越时间、空间障碍,将过去与未来、宏观与微观、远方与近处等带到眼前。同时,传播也将真正实现"我的场景我做主",即信息由传播者与接收者共同创造,共同拥有沉浸式体验,更容易实现交互双方的"共情与共振"。可见,扩展现实媒介及其营造的沉浸传播能够展现更强

---

① 喻国明,耿晓梦. 元宇宙:媒介化社会的未来生态图景[J]. 新疆师范大学学报(哲学社会科学版),2022,43(3):110-118+2.

的横向联结：不仅可以像传统媒介那样连接人与信息、人与人，还可以联结人与物、现实世界与虚拟世界，以及人的物理世界与心理世界，等等。此外，也可以通过场景触发用户的服务需求，让汇聚各种资源的关键节点变现。

扩展现实沉浸传播的另一个侧面是主体性的继续强化，即参与社会传播互动的选择权继续向个体回归，个体拥有更大的自主性——可一如既往地自主选择接收信息，享受个性化的内容与服务。更重要的是，借助扩展现实的手段，人们进行内容生产的自由度大大提高，更准确地说，是从内容生产到场景构建，即个体进行社会传播交往的场景很大程度上由自己把控。换言之，不同于以往社会性传播中个人始终处于客场的位置，扩展现实的新场景是个人的主场。在这一意义上，未来传播的绝对主角是被再次深度赋权的社会个体。①

数字化、网络化、智能化、虚拟化技术革命的发展，其底层逻辑正是为每个在传统社会的普通人赋能、赋权，并强化人的主体地位——使人的意志与情感及其关系成为一种重要的线上力量的源泉，使人的社会资源的调动禀赋不断增强、社会实践的半径不断扩大。②以人为本，既是未来传播的核心逻辑，也是判别传播领域未来发展有价值、健康可持续的价值准则。因此，面向元宇宙与未来媒介传播，我们要始终以人为基础，让技术能更好地服务于人的需要，以人本思维引领未来传播。③

1.4 以人为尺度的演进方向

媒介是连接人的全部社会关系的纽带，媒介迭代之"新"就意味着为这个纽带的连接提供了新的尺度、新的内容和新的范式。未来媒介演进逻辑将从"场景时代"发展到"元宇宙"，再到"心世界"，实现对人的社会实践自由度维度的突破。④

1.4.1 媒介是连接人的全部社会关系的纽带

麦克卢汉"媒介是人的延伸"的论断，为我们重新理解媒介提供了启发性的思路。在麦克卢汉看来，"所谓媒介即讯息，只不过是说任何媒介（即人的任何延伸），对于个人和社会的任何影响都是由于新的尺度产生的；我们的任何一种延伸（或曰任何一种新的技术），都是要在我们的事务当中引进一种新的尺度。任何媒介或者技术的'讯息'都是由它引入

---

① 喻国明，耿晓梦. 元宇宙：媒介化社会的未来生态图景[J]. 新疆师范大学学报（哲学社会科学版），2022，43（3）：110-118+2.

② 喻国明. 传播学的未来学科建设：核心逻辑与范式再造[J]. 新闻与写作，2021（9）：5-11.

③ 喻国明，耿晓梦. 元宇宙：媒介化社会的未来生态图景[J]. 新疆师范大学学报（哲学社会科学版），2022，43（3）：110-118+2.

④ 喻国明. 未来媒介的进化逻辑："人的连接"的迭代、重组与升维——从"场景时代"到"元宇宙"再到"心世界"的未来[J]. 新闻界，2021（10）：54-60.

的人间事物的尺度变化、速度变化和模式变化所决定的"①。这就意味着，媒介是人感知和经验外部世界的"中介"，即"连接者"。它不是或主要不是指器物本身（如报纸、广播、电视之类不过是这些连接关系的承载者，并不是这种连接关系本身），而是由其关联起来的全部关系和意义的总和。从本质上说，任何一种媒介技术都是对于人的社会关系与关联的形式构造，人的任何社会关系的发生、维系与发展都依赖于作为中介纽带的媒介。因此，人类社会的一切媒介，本质上是其社会关系的隐喻，它构造了社会，其任何意义上的变化与迭代，则在相当大的程度上引发和促成社会的变革与迭代。

由于信息技术的革命，传播媒介的迭代也在以一种更高、更快、更强、更聚合的方式进行。在万物皆媒的时代，媒介正在由传递信息的工具转向关系的纽带，由此，媒介的形式外延被大大拓展：任何一个客观存在于人们周围的"物"（一张餐桌、一个教育系统、一杯咖啡、一个图书馆的阅览室、一个油墨盒、一台打字机、一套集成电路、一间歌舞剧场）都可能传达信息，但它们不是自然而然地成为"媒介"的，其成为媒介的关键取决于所关联的社会要素对于此一场景下人的重要与必要程度，以及这个人基于这种关系认知与感觉基础上的决策。由此，所谓媒介不再只由媒介机构和媒介实体来定义，而是由媒介使用者基于关系的认知来界定了。什么能够以更高、更快、更强、更聚合的方式来帮助人们认知和定义这些关系的价值及重要性、紧迫性呢？显然，基于数据与人工智能技术的算法恰恰能将所有这些内外部关系关联起来，进行重要性和必要性评价，并提供这种可供特定场景中的人选择与决策的"中介物"（即媒介）。因此，我们说"算法即媒介"，这是未来媒介的基本形式。②

1.4.2 "场景时代"

当互联网发展的"上半场"完成了随时随地与任何人的联接之后，互联网的"下半场"要解决的问题关键就在于，人们要在随时随地进行任何信息交流的基础上，进一步实现在任何场景下"做事"（将几乎所有在线下所做的事搬到线上来做，并且更有效率、更加精彩、更具想象力地实现）的突破。这已经成为人们普遍认知的互联网发展的下一站——"即将到来的场景时代"③。

关于"场景"理论，最具贡献的学者是梅罗维茨和斯考伯等人。梅罗维茨突破了戈夫曼所理解的场景就是教堂、咖啡馆、诊室等物理隔离地点的空间概念，积极导入了"信息获取模式"——一种由媒介信息所营造的行为与心理的环境氛围。这不是一种空间性的指向，而是一种感觉区域。斯考伯等人的考察则是对场景理论的又一次发展。梅罗维茨区分

---

① 马歇尔·麦克卢汉. 理解媒介：论人的延伸[M]. 何道宽，译. 北京：商务印书馆，2000.
② 喻国明. 未来媒介的进化逻辑："人的连接"的迭代、重组与升维——从"场景时代"到"元宇宙"再到"心世界"的未来[J]. 新闻界，2021（10）：54-60.
③ 罗伯特·斯考伯，谢尔·伊斯雷. 即将到来的场景时代[M]. 赵乾坤，周宝曜，译. 北京：北京联合出版公司，2014.

了"作为文化环境"的媒介场景与"作为内容"的具体场景，但缺乏足够论述，也难以解释互联网时代空间与情境、现实与虚拟、公域与私域等诸多场景的重叠耦合。媒介革新的本质是技术的发展。斯考伯提出，互联网时代的内容（context）应该是基于移动设备、社交媒体、大数据、传感器和定位系统提供的一种应用技术，以及由此营造的一种在场感。① 应该说，斯考伯对"场景"的定义，同时涵盖了基于空间的"硬要素"和基于行为与心理的"软要素"。这种具体的、可体验的复合场景，与移动时代媒体的传播本质契合，也更加强调了"人"作为媒介与社会的连接地位。在碎片化的移动互联时代，用户更加需要的是：以人为中心、以场景为单位的更及时和更精准的连接体验。通俗来讲，互联网要开始满足用户在不同场景下的个性化需求。那么，随着"智能终端"、"社交软件"、"大数据分析"、"地图"（定位系统）、"传感设备"五个要素的不断普及，这件事情成为可能。互联网公司正在线下大规模部署"传感设备"。用户携带"智能终端"进入该区域，"智能终端"和"传感设备"将相互感应，从而获取用户进入的场景。用户在场景里面的行为会被数据化，进行长时间的"大数据积累和分析"，公司就会知道不同用户的行为习惯。当越来越多的信息与服务依赖场景这一变量时，场景也就成为信息、关系与服务的核心逻辑，并成为上述要素连接的纽带，进而成为新入口②。

显然，我们即将走出"唾手可得的信息时代"而进入基于"场景"的服务时代。在这个永远在线的社会，场景时代的大门已经开启，未来的每个人、每个产业以至于每种社会存在形式都会受到场景时代的深刻影响与改变——以场景服务和场景分享为人的社会连接的基本范式，可以实现人的具身以"在场"的方式参与"任意"的现实实践中。这是媒介作为"人的关系连接"在现实世界的最高形式。③

1.4.3　媒介进化的本质

元宇宙作为一种未来媒介的形式，是未来媒介发展"向外"（现实边界），是在开疆拓土。它主要体现在以下两个方面。

首先，它突破了人类社会实践现实空间"亘古不变"的限制，可以有选择地自由进入不受现实因素限制的虚拟空间。无论是出生的年代、国家、家庭，还是职业、年龄、性别等，人们都可以"重新"选择，并按照选定的角色拥有一重甚至多重虚拟空间中的生命体验，实现自己人生中的价值创造。这是对人类受困于现实世界的一种巨大解放，并且生命的体验空间得到了近乎无限的拓展，而人的内在特质、个性与能力也可以在这种全然不同的世界里得以释放和价值实现。

其次，它将实现人类在虚拟世界中感官的全方位"联接"。目前，互联网技术只是实

---

① 蔡斐. "场景"概念的兴起[EB/OL]. http://www.cssn.cn/zx/201704/t20 170422_3495245.shtml.
② 红色数据线. 对《如何理解互联网进入了场景时代？其中的"场景"该如何理解？》问题的回答[EB/OL]. （2021-01-13）[2023-12-01]. https://www.zhihu.com/question/28337838/answer/86696005.
③ 喻国明. 未来媒介的进化逻辑："人的连接"的迭代、重组与升维——从"场景时代"到"元宇宙"再到"心世界"的未来[J]. 新闻界，2021（10）：54-60.

现了部分信息流的线上化,在虚拟世界的连接中,人类感官的听觉与视觉率先实现了突破,而嗅觉、味觉及触觉等感官效应目前还只能在线下实现和得到满足。在未来发展中元宇宙一个关键维度上的突破,就是将致力于实现人的嗅觉、味觉及触觉等感官效应的线上化。虽然实现这些突破还有很长的路要走,但是,当人的感官全方位地实现线上化时,元宇宙作为人类生活全新空间的魅力将全方位地超越现实世界。

元宇宙通过无限丰富的虚拟世界的创造,几乎满足了人类社会实践中所有"对外"延伸的想象力需求,但"向内"则表现为人体内部"心世界"的深层次重组。

所谓人的认知,则是从外界感知信息(比如"五感"),基于这些信息及其加工建立心智模型,并使用这些心智模型做出判断和决策。换句话说,人的认知就是构建和操作心智模型。人跟动物最大的区别是反事实思考——思考没有感知、没有发生的事,反事实思考就是构建模型。所以,人是具有想象能力、会构建模型的动物——想象大于事实,心智模型大于真实世界,因此就有了"三个世界,三种模型"的理论,如图1-3所示。

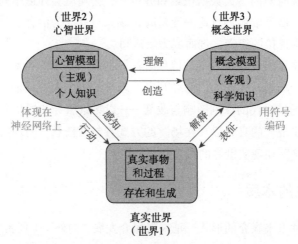

图1-3 心智世界、概念世界、真实世界的关系

在上述模型中,真实世界就是我们现在所处的现实世界,概念世界透过技术的革命性发展将逐步构建起元宇宙,心智世界就是我们此处探讨的"心世界"。在现实世界中积累知识、技术和想象力,在构造元宇宙的同时,它也会反作用于人的心智世界,促使其构造发生变化乃至出现革命性的创新。人类心智的构成要素、结构方式以及运行机制,迄今为止被牢牢地限制在既有的状态和逻辑上,几乎没有创新和改造的任何自由度,更不用说是革命性的突破了。但是,随着人类脑科学、基因技术及相关能力的增强,它们会不会在到达文明发展的某个临界点时,具有反向自我设计和改造的能力呢?这种通过媒介技术的革命所获得的自由度对于人类来说意味着什么呢?这会是媒介与人类的最终宿命吗?细思恐极,但逻辑上成立。①

---

① 喻国明. 未来媒介的进化逻辑:"人的连接"的迭代、重组与升维——从"场景时代"到"元宇宙"再到"心世界"的未来[J]. 新闻界, 2021(10): 54-60.

总的来说，借由不断迭代的互联网技术与形态的联通性，未来媒介将不再是（或主要不是）一系列固定的"实体"，新的媒介形态是由算法编织并赋予权重的一种"网络"，是一个复杂系统。算法在改写传播领域现实状况的同时，也在重新构建起一套全新的传播规则，同时让参与其中的个体以这种方式重新审视、体验和消费乃至创造这种全新的传播。从微观层面对于人的重建，从宏观层面对于社会现实的重构，这两者的交织形成了算法构建的未来传播。人要在算法的世界中认识自己和数字世界的区别与联结，把握自己在现实环境中的主体价值，将人的价值与伦理赋予算法和未来媒介的再造之中，实现人与技术的共生发展。这便是未来传播和虚拟媒介（元宇宙）的约略图景。①

1. SCOT 理论
2. 技术成熟度曲线
3. 媒介融合
4. 媒介化社会
5. 场景时代

1. 简述技术相关群体的开放创造如何成为技术演进的社会建构力量。
2. 阐述未来媒介的特点与演进逻辑。
3. 论述媒介技术的演进趋势。
4. 论述元宇宙是人类社会的"深度媒介化"。

扫描此码 自学自测

---

① 喻国明. 未来媒介的进化逻辑："人的连接"的迭代、重组与升维——从"场景时代"到"元宇宙"再到"心世界"的未来[J]. 新闻界，2021(10)：54-60.

第2章 新媒体系统

移动互联时代，移动互联网用户正在依照自己的喜好，建立异构化的信息渠道与媒介使用时空，即与庞大的社会信息系统（social information system，SIS）相区别的个人传播系统。媒介渠道不再有清晰的边界，这一"边界"正在由宏观系统和个人系统共同界定。由于新媒体系统是由大量的用户和海量信息组成的复杂网络，"涌现"现象日益突出。本章2.1节介绍了宏观社会信息系统与微观个人信息系统。个人传播系统的边界性构成了对整体社会信息系统的框选效应，并随着复杂的社会性因素不断流动。尽管社会信息系统的发展日新月异，但个人传播系统的变迁有其特有的逻辑性、异质性和不确定性。两者之间的互相作用是当下网络新媒体系统多维特征的基本逻辑起点。2.2节从复杂视角窥探新媒体系统。一方面，在复杂系统中，个体决策通常被视为一种基本的行为单位，整个系统的行为则是大量个体决策相互作用的结果；另一方面，传播行为的社会性影响通常通过群体实现，而"在线群体"作为行为发出的主体不是一群人的简单聚集，而是更趋近于一种社会行动，一个复杂系统。

一个不可忽视的事实是，当下的新闻传播渠道已经与信息传播系统融为一体，个体通过移动智能终端接入互联网，在个人所选择的信息源中自由切换时空与内容。网络化传播时代与线性传播时代最根本的区别在于，社会信息系统的绝对复杂化与个人传播系统建立模式的不可捉摸。

与大众传播时代的"框架理论"相反的是，当前，个人正在被授权，通过挑选媒介渠道，不断建立个人框架。媒介系统的整体变迁，从有限输入源、有限时空选择、有限内容，到无限渠道、无时无刻、无限内容，加之个体化框架的内置，形成一个纯粹的复杂系统，这是传统线性传播的大众媒介研究工具所不能解释的。

2.1 宏观社会信息系统与个人信息系统

2.1.1 社会信息系统

系统是一组相互连接的事物，在一定时间内，以特定的行为模式相互影响。信息系统是由计算机硬件、网络和通信设备、计算机软件、信息资源、用户、规章制度组成的，以处理信息流为目的的人机一体化系统。社会信息系统，即社会整体信息系统的集合。

在人类历史中，人类一直在改进对于周围事物和信息的获取能力与吸收能力，同时设法提高自身传播信息的能力、速度，增强信息传播的清晰度和便利性，不断加深对信息传播的技术和方法论的思考，使信息传播成为社会发展的生产性要素。

社会信息系统具有如下 4 个本质特征。

（1）社会信息系统是一个开放性系统。

（2）社会信息系统是由各种子系统相互联结、相互交织而成的整体。

（3）社会信息系统是一个具有双重偶然性（double contingency）的系统。双重偶然性，是指传播双方都存在不确定性，传播所做出的选择有被拒绝的可能。

（4）社会信息系统是一个自我创造、自我完善的系统。

人类社会的信息系统分为个人传播系统和组织化传播系统。组织化传播系统又可分为内部传播系统和公开传播系统，后者主要体现为大众传播媒介系统。它借由互联网与万维网的快速成长、全球通信的便捷，以及新闻与信息在全世界以惊人的速度与强度传播而构建形成。

这种无处不在的连通性有两个方面的含义：首先，是相互连接关系背后的结构。其次，是系统内部个体行为之间的相互依存性。因此，任何人的行为结果至少潜在地依赖其他人的联合行为。[①]对于媒介这一系统，讨论的重点常常不在于网络结构本身，而在于它所带来的另一种复杂性，即网络作为一个大型的、由各种关联成分构成的总体，以一种难以预知的方式，反作用于中央权威行动的复杂性。

在互联网技术为个人公开传播并选择接受公开传播提供更多可能的现实条件下，个人传播系统就成了决定整个信息传播有效触达的"最后一公里"。

2.1.2　个人传播系统

传播学奠基人之一的卡尔·霍夫兰曾提出"个人差异论"来阐述对受众的选择性和注意性理解。个人差异论认为，在大众传播提供的信息面前，个人由于需要、习惯、信念、价值观、态度、技能等多方面因素的差异，会对信息做出不同的选择和理解。如果说在大众传播时代的相对局限的内容中，这种个人差异主要体现为对统一的大众媒体信息的理解偏好，那么在移动互联网支持下，个人智能终端的接触方式将更多的"个人差异"指向理解之前的"接触与选择"。正如牛津大学互联网研究中心提出的：下一代互联网用户最重要的特征，是对媒介资源的自我配置。

研究表明，人们用来指导自己决策的心智模式，在应对系统的动态行为方面具有天生的缺陷。人们通常持有一种基于时间层面、因果关系而非回路的观点，而忽略了反馈的过程，意识不到行动与反应之间的时间延迟，在交流信息时也未能理解存量和流量，并且对于在系统进化过程中可能改变反馈回路强度的非线性特征不敏感，因此可能产生"系统思考缺乏症"。[②]这将导致个人传播系统的建立是盲目的、有缺陷的、有限理性的。

---

① 大卫·伊斯利, 乔恩·克莱因伯格. 网络、群体与市场：揭示高度互联世界的行为原理与效应机制[M]. 李晓明, 王卫红, 杨韫利, 译. 北京：清华大学出版社, 2017：178.

② 德内拉·梅多斯. 系统之类：决策者的系统思考[M]. 邱昭良, 译. 杭州：浙江大学出版社, 2012：21.

正如行为经济学对经济学研究范式转换的根本假设"有限理性"一样，当人们有足够的权限行使非理性本质时，"后真相"的出现并不难理解。随着主流媒体的权威消解，人们失去了对基础价值与同一秩序的基本共识，使得在信息传播过程中真相有时变得不再重要，重要的则是情感和观点。后真相时代，真相并没有被篡改，也没有被质疑，只是变得次要了，网民不再相信真相，只相信感觉，只愿意去听想听的和去看想看的东西。这导致假新闻、谣言以及非理性宣泄等问题甚嚣尘上。个体是否使用媒介完全取决于是否对自己有用，是否符合自我的价值感知。

"个人信息世界"理论提出：个人空间、时间、知识三个边界限定了信息主体活动领域，在这里，信息主体通过其信息实践从物理世界、客观知识世界、主观精神世界的信息源中获取信息，汲取信息效用，积累信息资产。[1]这一概念首次将个人作为信息主体，而非经济主体、社会主体加以观察。信息主体受资源、机会、社会流动、教育模式等因素的限制，只能构建狭小的个人信息世界边界；而狭小的个人信息世界边界又反过来限制信息资源的获取和利用。在这个过程中，个人信息世界至少在一定程度上产生了"井口"效应，让身置其中者只能看到一部分"天空"（部分可及信息源）。因此，个人传播系统的边界性构成对整体社会信息系统的框选效应，并随着复杂社会性的因素不断流动。尽管社会信息系统的发展日新月异，但个人传播系统的变迁有其特有的逻辑性、异质性和不确定性，两者之间的互相作用是当下网络新媒体系统多维特征的基本逻辑起点。

2.2 复杂视角下的新媒体系统

"涌现"近年来被用于描述一种系统级别的现象，是一种复杂的现象，涉及技术、社会、文化等多个方面。它改变了信息传播的方式和格局，对现代社会产生了深远的影响。它是由许多相互连接的个体行为相互作用而产生的，但并不是每个个体的行为都可以单独解释这个宏观的现象。在新媒体系统中，"涌现"的现象尤为突出，因为新媒体系统是由大量的用户和海量信息组成的复杂网络。

2.2.1 个体决策与复杂性

在复杂系统中，个体决策通常被视为一种基本的行为单位，整个系统的行为则是大量个体决策相互作用的结果。一方面，个体决策受到复杂系统的影响。在复杂系统中，个体通常面临多样化的选择，这些选择可能会受到系统内部各种因素（如其他个体的行为、环境变量等）的影响。因此，个体在做决策时，需要考虑这些因素，从而使其决策行为具有一定的适应性和鲁棒性（健壮性）。另一方面，个体决策也会对复杂系统产生影响。在复杂系统中，个体的决策会影响其他个体，从而使得整个系统的行为发生变化。因此，个体决

---

[1] 于良芝. "个人信息世界"：一个信息不平等概念的发现及阐释[J]. 中国图书馆学报，2013(1): 4-12.

策在一定程度上能够塑造复杂系统的行为,影响其演化活动。

在新媒体传播系统中,用户被视作节点,个体选择对整个新媒体系统的复杂性有着决定性的影响。这是因为,在复杂网络中,节点之间的相互作用和连接关系构成网络的基本结构,节点的行为则会影响这些连接关系和整个网络的行为。从复杂系统的角度来看,新媒体系统可以被视作一个由海量用户和海量信息组成的复杂网络。每个用户都可以被视为一个节点,他们的行为(如发布、转发、评论等)都可以被视为节点之间的连接关系。这些连接关系会不断地变化和演化,从而使得整个新媒体系统的行为也具有复杂性和不确定性。这种复杂性来源于用户的个体选择。在新媒体系统中,用户可以自由地选择其行为,包括发布什么信息、转发哪些内容、与哪些人互动等。这些选择可能会受到用户个人兴趣、偏好、情感、认知等多种因素的影响。因此,用户的个体选择不仅具有多样性,还具有不确定性。这种多样性和不确定性,使得新媒体系统的行为难以预测和控制。

理论研究也证实了这一点。例如,复杂网络理论研究发现,网络节点的行为和连接关系可以通过演化动力学模型来描述和分析。这些模型揭示了节点之间相互作用的过程和机制,从而使得我们能够更好地理解新媒体系统的行为。另外,大量社交媒体研究也发现,用户的个体选择会受到社交网络中社会行为的影响和情感的驱动。

2.2.2 群体行为与复杂性

传播行为的社会性影响通常通过群体实现,而在线群体作为行为发出的主体,不是一群人的简单聚集,而是更趋近于一种社会行动、一个复杂系统。或许在线下,个体决策产生的蝴蝶效应是偶发的,但在天然赋予个人、事件、群体、争端以"可见性"(visibility)的社会化媒体中,个别行为所引发的社会性在线观望在某种程度上拓展了公共领域的内涵,因而传播行为中的"个别"和"异常",显得比其他领域行为的"异常值"更加不可忽视,更具备传统博弈论中所说的从微观动机演变为宏观行为的可能。典型的行为如在线群体极化,信息科学领域给出的理论视角就是"信息级联"(informational cascades)。信息级联往往是由缺乏大量非公开信息的个体(甚至有时他们拥有这些信息)密切关注他人的言辞或行为所蕴含的信息开始的。产生群体极化的关键是有限的信息和有限的、具有一定倾向的论点池的存在。①信息级联带来两个重要的后果:第一类,不同的发言顺序会改变讨论的结果;第二类,信息级联可能会导致一个完全理性的群体发现个体单独行动时本来可以避免的错误。②这为在线群体的复杂行为提供了有益的解释。

名词解释

1. 个体差异论

---

① Leslie R C. How Change Happens: Why Some Social Movements Succeed While Others Don't[M]. New Jersey: John Wiley & Sons Inc., 2018: 16-35.

② 奥利维耶·西博尼. 偏差:人类决策中的陷阱[M]. 贾拥民,译. 北京:中国财政经济出版社,2022: 163.

2. 信息级联
3. "个人信息世界"理论

 论述题

1. 结合本章内容，简述后真相时代假新闻、谣言以及非理性宣泄等问题甚嚣尘上的原因。
2. 阐述在新媒体传播系统中，个体选择如何影响新媒体系统的复杂性。

 即测即练

第3章

新媒体用户

新媒体时代，受众正经历主体性变迁，大众受众时代已然逝去，拥有个人传播权的用户是新型受众，同时需要有新的审视视角。本章 3.1 节介绍了作为个体与群体的用户，阐释了在移动互联网技术逐渐普及之后，在受众被空前赋权的状态下，用户逐渐成为节点化的个体，并催生出"自组织"的共同体。3.2 节揭示了用户有限理性的本质，个人的"永久在线"与指导决策的心智模式的天然缺陷，导致个人媒介系统在建立时是盲目的、有缺陷的、有限理性的。从 Web 1.0、Web 2.0 再到 Web 3.0，技术发展迭代背后的逻辑是用户自主权的不断增加。3.3 节介绍了新的媒介环境中用户的赋权与确权。3.4 节从智能算法技术的应用出发，揭示了算法时代作为节点的网络用户的"数据化"，数据与算法为用户带来诸多便利，也带来了研究用户的新框架。我们在享受数据红利的同时也需要警惕数据化带来的"信息茧房"和隐私风险。3.5 节梳理了当前用户研究的主要方法与应用趋势。如何更好地测量用户的媒介体验与行为，在任何阶段都是传播学面临的最大挑战之一。

本章我们将重新审视传统观念中的受众概念如何被继承和转化，在网络新媒体系统中成为被赋权、确权、自组织、不断进化和流动的要素。首先，从媒介研究的角度来看，互联网作为新的权力来源，它对于个体与自组织群体的激活，更多地为社会中的"相对无权者"进行赋权，使权力和垄断资源从国家行为体向非国家行为体转移。其次，在媒介消费层面，依托移动互联网技术和社交媒体建立起来的关系网络，个体正在经历前所未有的高权力认知时代。其形式表现为：个体不再是媒介消费的终端，而是在个人消费的同时，成为产消者，拥有自门户，担当互释人。再次，受众权利的空前提高并不等于个体对个人传播系统的全面掌控，事实上，众多事件表明，网络新媒体用户在获得极高赋权的同时也存在着众多被动与不自治。"积极自由"是做什么的自由，强调参与权；"消极自由"是免于做什么的自由，强调选择权。最后，人类的重大改变与人类的连接方式相关，如果我们再以"上帝之眼"鸟瞰全球人际关系网络图的动态变化，原本只因面对面互动而存在的亲缘小团体，因为符号的出现而有了跨时间与空间的弱连带。随着文字的出现，这些小团体开始"自组织"出更大范围的小型子系统，子系统间也有了一定的连接。

新媒体技术提供了各种新平台，由此我们可以观测到很多不同种类的用户行为。但受众研究的基本问题并没有变，即受众是主动的还是被动的、理性的还是非理性的、不同受众的活跃程度，以及不同受众的理性程度等。这些问题之前一直未能得到很好的解答。现在面临的新情况是，我们有了很多数据来帮助回答这些问题。"数据化生存"为用户研究提供了新的视角，但也将用户变成连接个体的"数据"，人们都经历着更大的数据风险。媒介的碎片化使用、多任务使用、交互化使用、沉浸式使用，给受众行为带来了测量难题，用户行为的泛在化和复杂性，导致出现了难以获取全部数据的问题。本章梳理了当前用户研究的主要方法与应用趋势，如何更好地检验用户的媒介体验与行为，在任何阶段都是传播学面临的最大挑战之一。

3.1 作为个体与群体的用户

目前，在受众研究领域，人们逐渐认可大众受众时代已逝去。那么，对于新媒体时代的受众，该如何描述呢？近年来，国内学者做了很多概念上的尝试。夏德元将新受众概括为"电子媒介人"，称他们是"手持大把电子媒介、随时发布信息并被众多电子媒介信息所浸没、成为媒介化社会电子网络节点的新人类"。[①]何威提出了"网众"的概念，用于概括全部网络化用户的集合。[②]李沁用"沉浸人"和"泛众"来解释新传播环境中的人，并提出在沉浸传播中，"人是终极媒介，是真正的超媒介，也是未来生物媒介的主体"。[③]曹家荣将定义受众的视角扩展至科技哲学的"后人类"视域之中，将人定义为每一段"人—科技物—世界"关系之中的"混杂主体"。[④]

在移动互联网技术逐渐普及之后，在受众被空前赋权的状态下，用户逐渐成为节点化的个体，推动社会网络的动态变化，催生了"自组织"的共同体。

3.1.1 作为个体的用户：进化的受众

移动互联技术正在破除大众媒介在时间和空间上的垄断，同时不断赋予个体更大的权利和自由，促使他们从"受众"角色向"用户"转变。随着数字技术发展和用户自主性增强，社会上衍生出数字原住民、搜索一代和超级个体等概念。用户在数字网络中，逐渐成为具有独立存在感的节点。

1. 超级个体

世界各国的传播学者都在个体化问题上发表自己的看法。简·梵·迪克认为，"在个人主义的当代进程中，网络社会的基本单位已经变成了与网络相连的个人"，"网络是个体化的社会搭档"。[⑤]喻国明等认为，"互联网的本质就是激活了个人为基本单位的社会传播构造"，"技术对社会中相当于物权的个体和群体的赋权超越了以往任何一个时代，曾经面目模糊的原子个体，正在以另一种方式连接和聚合，改变社会机构与权力格局"。[⑥]显然，个体化

[①] 夏德元. 数字时代电子媒介人的崛起与出版新视界[J]. 学术月刊，2009（9）.
[②] 何威. 网众与网众传播：关于一种传播理论新视角的探讨[J]. 新闻与传播研究，2010（5）.
[③] 李沁. 沉浸传播的形态特征研究[J]. 现代传播，2013（2）.
[④] 曹家荣. 混杂主体：科技哲学中的"后人类"[J]. 政治与社会哲学评论（台北），2016（6）.
[⑤] 简·梵·迪克. 网络社会：新媒体的社会层面[M]. 蔡静，译. 北京：清华大学出版社，2014: 5-6.
[⑥] 喻国明，马慧. 互联网时代的新权力范式："关系赋权"——"连接一切"场景下的社会关系的重组与权力格局的变迁[J]. 国际新闻界，2016（10）.

是媒介研究不可忽视的变革。

与哲学和社会学领域作为共同体对立面的"个体"概念不同，媒介研究领域探讨的"个体"更多地是指媒介终端使用者，是不同媒介终端选择、接收、使用和再传播信息的个人，甚至是指使用者和终端的叠加。没有使用任何媒介终端的人，在传播关系中的功能和作用，大多时候不在媒介传播理论的讨论范围之内。依托技术的巨大进步，个人与技术终端之间的关系更加密切。这种叠加之后的"个体"具备空前的自主性和传播权。在这里，笔者尝试称为技术和人性复合了的"超级个体"（mega-individual）。

国际电信联盟发布的《衡量数字化发展：2022年事实和数字》报告显示，当前全球互联网人数约53亿，约占全球人口的66.25%。[1]而We are social和Hoot suit联合发布的 *Digital 2022: April Global Statshot Report* 指出，全球社交账号注册用户数量已达46.5亿。[2]由于个人社交关系中媒体的嵌入，每个"超级个体"都可能为一个热点话题的瞬间崛起贡献重要的力量。被空前赋权的"超级个体"是流动的，是产消者，是自门户，是互释人。

"超级个体"的流动性是指用户在互联网环境中不断改变位置，小到日常的交通位移，大到旅行、移民。在该过程中，信息"摘取"自互联网，又"播种"回互联网，不断地在流动的受众中继续移动，真正地随时随地、随取随用。与特定场景、特定节奏的消费媒介信息完全不同，流动的受众不但在物理上是移动的，而且在心理上是急切的、跟随的，甚至是非理性的。

产消者强调的是个体对于信息的生产和消费将更为主动，也更有权利；生产者和消费者的界限开始模糊，二者或将融合。自门户是指所有个体均可以通过社会化媒体拥有个人门户，它既是个人接入信息平台的入口，也是很多人在虚拟世界互相认识的第一张名片。互释人指的是当关系介入信息传播网络之后，每个人都从互相关注的其他人那里获得信息，也随时为相连接者提供信息。

总之，移动互联时代，用户个体都是个人门户的编辑，同时也是他人信息渠道的把关人。受惠于移动接入技术的普及，这样的角色可以在任何空间和时间完成，是每个移动互联时代用户在个人工作时间之外的"兼职身份"。如此空前赋权的受众就是我们所定义的"超级个体"。

2. 数字原住民

新媒体技术的迭代升级也带来了网络与媒介阶梯下受众世代的裂变。每当谈及数字技术的发展对不同年龄段人群的影响时，数字原住民（digital natives）、数字移民（digital immigrants）这对概念都会进入我们的视野。

最初提出这对概念的是教育家马克·普伦斯基。2001年，他在发表于《地平线》杂志上的文章中提出伴随着电脑、电子游戏、音乐播放器、手机等新媒体技术而成长起来的一

---

[1] 国际电信联盟. 衡量数字化发展：2022年事实和数字[R]. 2022.

[2] We are social & Hoot suit. Digital 2022: April, Global Statshot Report[R]. 2022.

代叫作"数字原住民";与之相对应地,并不出生于数字时代,但是逐渐接受了各项新媒体技术的人则叫作数字移民。[①]相比之下,数字移民的特征是"将数字技术当作工具"。例如,打印出纸质版做修改校对,再使用电子版传输;先检查使用手册,再一步步理解新工具……与数字技术同步长大的数字原住民,是完全可以做到无纸化办公、在数字工具面前丢掉说明书的,他们是秉持"使用中学习"(learning by doing)基本态度的全新群体。

对人群做这样的划分,其背后的假设是在信息技术伴生下生长起来的年轻人与年长一辈的人在许多方面存在差别。

首先,两代人对于新媒体技术的采纳速度明显不同。在创新扩散理论(innovation diffusion theory)和技术接受模型(technological acceptance model)等关于用户与技术产品关系的理论框架中,年龄都是十分重要的影响因素。例如,在创新的扩散过程中,年轻人一般是创新的引领者和早期采纳者;就技术接受而言,年轻人对技术产品的感知易用性和感知有用性高于年长的人,使用意愿更强,使用行为也更显著。

其次,年轻一代的注意结构也与年长一辈有所不同,或者说数字原住民所偏好的媒介样态不同于数字移民。相较于单向的传输媒介,年轻人更偏好具有互动性的媒介。尽管有许多关于年轻一代注意力持续时间(attention span)缩短的顾虑之声,但是实际上,年轻人对于游戏的注意时间可以延续很长,所以实际上不是年轻人失去了长久集中注意力的能力,而是他们有选择地付出自己的注意,承载他们注意的媒介不同于年长人群。

最后,数字原住民对技术环境的期待也不同于数字移民。他们所期待的互联网使用体验,是无缝的、流畅的、个性化的,掌控权完全在自己手上。因此,他们对于交互界面出现卡顿、推荐内容不合胃口等问题的容忍度较低。

3. 搜索一代

与"数字原住民"相呼应的一个概念是"搜索一代",指的是出生于 1993 年以后的互联网时代中最早接触到以谷歌为主的搜索引擎的一代。他们的成长环境被描述为拥有"沉浸、丰富、互动媒介的文化"。研究人员基于这一概念开展了大量关于新媒体发展对少年儿童的影响的研究,但对"搜索一代"的基本态度存在差异。在有的研究中,"搜索一代"是熟练使用网络的代名词;而在有的研究中,青少年对搜索引擎形成了强烈的依赖,他们快速而肤浅地浏览,不消化,也不做停留。

不过,"搜索一代"的提出与其说是为了描述某一现象,不如说正是为了回应这样的疑问:"搜索一代"在获取信息的方式、对信息呈现方式的偏好等方面,是否有别于互联网前时代的人?问得更具体一些,"搜索一代"究竟确实存在,还是一个伪命题?来自伦敦大学学院(UCL)信息行为与评估研究中心(CIBER)的伊恩·罗兰德博士指出,关于年轻用户的"迷思"有很多。例如,年轻用户永远保持在线,他们擅长与技术打交道,善于寻找信息,对延迟持零容忍态度。但是在关注代际差异的同时,我们也不应将当下的年轻一代

---

① Prensky M. Digital Natives, Digital Immigrants[J]. On the Horizon, 2001, 9(5): 1-6.

"特殊化"。实证调查发现,大多数年轻人并不了解自己的信息需求,也不擅长筛选分辨信源。他们在执行搜索任务时浅尝辄止,花在评估信息价值上的时间通常很短,满足于字面上符合搜索需求的内容,只是浏览(view)而并非阅读(read)。作者因此提出,"这一代年轻人太不一样了"这样的观点是站不住脚的。虽然这一研究是在2009年进行的,如今的社会已经从 PC 时代全面迈入了移动互联时代,但是这一研究对新技术下的代际差异所持的谨慎态度也是本书所认可的。因此,我们一方面承认代际之间的内容消费习惯和兴趣话题存在差异,另一方面对信息处理方式与能力的代际差异持审慎态度。

在有关信息系统的研究中,信息行为可以大致分为积极搜索、持续搜索、消极注意、消极搜索四类。积极搜索是指人们有目的地寻找信息;持续搜索指的是在已有知识框架的基础上进行有目的的信息搜索和更新;消极注意指的是人们并未有意寻求而获得的信息,例如听广播、看电视;消极搜索指的是搜索行为(或其他行为)偶然导致人们获得与自己有关的信息。后来有学者专门提出了"信息偶遇"这一概念,专门用来指在没有预想到的情境中意外获得有用信息的现象,与消极搜索所描述的现象有相似之处。

4. 节点化的个体

技术的发展打破了传统社交传播的时空壁垒,用户不再局限于封闭的网络社区或服务平台,逐渐成为节点化的个体。相较于传统媒体时代受众只是传播渠道中一个被动的端点,社交媒体时代的个体作为节点的存在被凸显,其对自己信息消费的主动控制能力也得到加强。彭兰将新媒体用户定义为"三重网络",即传播网络、社交网络(人的关系网络)和服务网络的基础单元——节点,用户既是三种网络中具有独立存在感的节点,也是三种网络的勾连者。[①]

(1)传播网络中的个体。个体在各大社会化媒体上构建个人门户的同时,也在编织自己的社会关系网络。个体作为网络中的一个节点,可以自主选择信息渠道,为自己构建起所需的信息网络。因此,我们也可以将个人门户视为一个"基于个体意愿构建的传播中心"。在这个个体化的传播中心中,用户将扮演生产者、传播者与消费者三种角色,进行分布式的内容传播,并由此引发传播机制的系列变化。

(2)关系网络中的个体。出于社交目的,节点化的个体往往成为社会连接的单元。如"小世界理论"在网络中的运用,微博、微信等新兴社交媒体连接了平台上的每一个用户,每个用户的行为都可能成为"引爆器",对整个网络、社会产生影响。相反,在这个社会关系网络中,由于个体之间的连接和互动,个体也将被施加更多的社会化影响,激发网络的集体行动,催生共同体。

(3)服务网络中的个体。网络在向用户提供内容的同时,还需要向用户提供与社媒、生活工作相关的各种服务。在这个过程中,由于用户对内容、社交、服务三个方面的需求和行为特征相关联,他们对内容的需求可能会决定他们选择什么样的社区,社区氛围又反

---

① 彭兰. 新媒体用户研究:节点化、媒介化、赛博格化的人[M]. 北京:中国人民大学出版社,2020:397.

过来影响用户的内容选择。人们在内容消费上的偏好，进一步影响其服务需求。因此，未来用户研究可以着眼于对用户内容、社交与服务需求的整体性挖掘，综合看待三个方向上的数据相关性，进而推测用户行为。

3.1.2 作为群体的用户："自组织"特性

智能技术的加速应用激发了个体意识的觉醒和群体影响的日益扩大，节点化的个体在编织个人信息网络的同时，基于对内容、关系、服务的需求，不断与其他个体发生连接与互动，呈现"自组织"特性，催生了网络"用户群体"。在进行用户研究时，我们还需将用户群体作为重要抓手。

自组织指的是一种自发地从简单向复杂、从粗糙向细致方向的发展，成员之间基于各自的角色和特长分工协作。以下是用户构建信息网络，形成群体的几种逻辑。

1. 从强关系到弱关系

马斯洛需求层次理论将人类需求从低到高分为五个层次，依次是生理需求、安全需求、社交需求、尊重需求和自我实现需求。[1]就群体性需求而言，群居的社会生活不断放大人们的社交需求。随着移动互联网的发展，微信、QQ等社交软件更是激发了用户的社交属性，社交逐渐成为人们社会生活的基本需求。基于社交关系构建，社会关系网络是个体构建自己信息网络时的基础资源，社交关系成为人们的信息源。

社会网络中的人际关系，可以分为"强关系"和"弱关系"两类。个体同质性较强，个体之间较为紧密的关系为"强关系"；个体异质性较强，个体之间并不紧密的关系为"弱关系"。[2]"弱关系"在信息传播过程中影响作用更明显，对不同关系社群的信息传递起到了一定的桥接作用。[3]

在社交媒介时代，每一个置身社交媒介关系之中的人都被这种"弱关系"所影响。朋友转发的内容会进入你的社交信息流，成为你的信息源，而亲密家人通常并不是。由于这种"弱关系"的大量存在，社交网站上个人所见的内容基本上由媒介框架和个人关系框架共同构成——媒介组织发布海量内容，弱连接者的选择决定部分进入你视线中的"媒介菜单"。

相比之下，个人关系框架正在发挥越来越重要的作用。由于社交媒介的无处不在，以及通过社交媒介传播新闻和资讯的普遍性，消费者之间的关系网正在与信息传播网络镶嵌在一起。以关系为渠道、以多元共同体为特征的社交传播时代正在到来，其表象在于，任何微小的兴趣、事件、话题，都可以集结成为稳定的或者临时的共同体，"人以群分"的基础范围和集结速度都是空前的。

---

[1] Maslow A H. A Theory of Human Motivation[J]. Psychological Review. 1943(50): 370-396.
[2] Granovetter M. The Strength of Weak Ties: A Network Theory Revisited[J]. Sociological Theory, 1983, 1(6): 201-233.
[3] Caroline H. Strong, Weak, and Latent Ties and the Impact of New Media[J]. The Information Society, 2002, 18(5).

于是，人们更多地选择在微博与微信上关注与自己兴趣相近、三观契合的人，屏蔽自己不了解的领域，"拉黑"意见不合的观点持有者。社交网络上的"朋友圈"会造成自我价值观的不断强化和固化，偏好成了唯一标准。由弱关系组成的社交网络和信息传播网络，形成了用户之间的弱关系传播。

2. 从地缘到趣缘

在 5G 时代，以往依靠血缘、业缘与地缘的连接方式在新的网络环境中被解构与重构。虽然这些关系依旧在人们之间的连接与群体的形成中起到重要作用，但是新的连接方式——趣缘，将越发成为人们之间社会连接的主要方式。所谓"趣缘"，即用户基于兴趣或话题构建，根据自己的喜好去关注特定的话题、特定的对象，如亚文化、圈层文化。

兴趣一直是人们之间连接和形成群体的重要影响因素。社会学家费舍尔曾在其著作《社会网络与场所：城市环境中的社会关系》中阐述了社会网络在城市居民生活中的作用，指出居住在非邻近地域的居民，通过特定关系（如共同兴趣或爱好、共同价值观等）组成一个群体，从而形成自己的社会网络。根据学者盖尔德的界定，亚文化群是指以特有的兴趣和习惯，以共同的身份、行为以及所处的地域而在某些方面呈现出非常规或边缘状态的人群。可见，共同的兴趣是构成亚文化群的内在因素之一。运用算法推送技术，人们以具有相似度的兴趣爱好标签为隐性连接线索聚集用户，让用户具有了共同的目标与属性，成为具有共同兴趣的趣缘群体。这类趣缘群体则具有了亚文化的特征，因为算法推送的标签成为某一类特殊群体，组建成集体的精神堡垒。

但随着互联网的兴起与应用，人与人之间的连接方式、连接范围逐渐被媒介技术拓展。人与人之间的联系不再局限于临近时空当中的连接，互联网技术由最初的终端连接，不断演进为内容连接、关系网络连接，乃至发展到大数据算法下支撑的趣缘连接，逐渐地将那些在传统社会中类似小规模、松散化的俱乐部形式的群体连接起来，形成网络空间中的虚拟社区。

（1）隐秘性。算法通过对用户兴趣、个人偏好、人口统计学特征等的分析，得出用户特征之后贴上标签。用户往往意识不到这会达到一个类似于议程设置的效果。进入互联网平台后，用户其实已经在被推送的信息中设置了隐性的连接议程。尽管信息落点更加准确，但长期接受这样的"润物无声"的连接，难免会落入"信息茧房"。

（2）强黏性。当前社会大大增强的异质性以及社会节奏加快，"原子化动向"给予人们"复杂、脆弱的人际关系"之感。尽管隐性连接不易被察觉，但因其基于用户的个人兴趣，且收受高效，与主动选择不同的是，倍感孤独的现代人在看似无意地进入与个人喜好相同的环境和群体中时，容易迅速产生归属感和依赖感。因而，隐性连接具有很强的用户黏性。同时，算法进行的高质量场景匹配，也是增强用户黏性的一个重要原因。

隐性连接与显性连接实现的由弱到强、循序渐进的关系连接，最终会转向显性连接。算法推荐机制会根据用户喜好将用户归于某类标签之下产生一定的聚集。尽管其并没有完全接收信息，但是基于趣缘的同类信息，以及虚拟社区环境中有类似喜好的用户在互联网中的行为,如转发、点赞等,用户通过"观看行为",会与这类信息和用户产生潜在的关系,也可看作一种极弱的关系。一方面,算法会根据用户画像源源不断地推送类似的消息,信息落点越来越密集,增强用户与信息之间的关系;另一方面,当某些用户因为弱关系接触到一些基于趣缘的推送信息,进入网络社群后发现有极高的认同度时,弱关系也会逐渐变为强关系。强关系出现后,用户与信息、服务之间的连接就会变得主动,很有可能实现由隐性连接向主动的显性连接转化。

综上,趣缘已逐渐成为不断创造出社会新群体的途径与基础方式。在算法的连接机制下,人们可以用最低的社会资本加入自己感兴趣的趣缘群体,以及潜在的趣缘群体。趣缘关系将从小众走向大众,从网络局部连接走向整体连接,从线上连接走向线上线下全连接。

3.1.3 自我认同与群体认同

关于媒介使用的研究,主要有两个理论视角。一是信息搜寻。该假说认为人们使用媒介的主要目的是获取信息或其他社会功用。二是情感满足,即人们使用媒介的主要目的是弥补现实生活中交流沟通的匮乏,或是通过网络进一步丰富人际关系。事实上,这两种理论视角不是相互矛盾,而是彼此交织的;几乎所有的媒介接触行为都既有其功能性的一面,又有其社会性的一面。

将视野从个体层面放到集体层面,正如著名社会学家曼纽尔·卡斯特在《认同的力量》中指出,网络社会的意义是围绕一种跨越时间与空间而自我维系的原始认同建构起来的,这种原始认同也同时构造了他人的认同,在网络社会中是"共同体的天堂"。认同是个体对自我和他人的理解。自我认同和群体认同是两种基本的表现形式:前者以自我为核心,强调个体对自身的反思、认定和追寻;后者指个体意识到自我属于某一特定群体,并体验到群体带给自我的情感和价值。自我认同受到群体认同的影响。

在媒介化社会中,自我认同与群体认同越来越多地通过社交媒体得以实现,信息的发布与传播均承载着寻找认同的心理动机。在一项针对大学生开展的分享新闻意愿的调查中,研究者以使用与满足(use and gratification)理论作为框架,发现信息搜索、社交和地位寻求这三项需求越强的个体,越倾向于在社交媒体上分享新闻。其中,社交需求指通过互联网与其他个体建立联系,从而获得归属感;地位寻求是指分享新闻有助于人们在社交网络中塑造并保持某种形象。在这里,与他人建立联系,构成某种意义上的共同体,就是对群体身份认同的追求;通过分享新闻来树立自己的社会形象,期待获得好友的点赞和回应,就是对自我认同的追求。

这种认同的需要在年轻人之中显得尤为重要。发展心理学将从青少年向成年人过渡的这一阶段称为成年初显期(emerging adulthood)。处于这一阶段的年轻人,生活经历普遍变化较大,逐渐获得更多自主性并形成自我(sense of self)。但是,当下社会指导这一成年过渡期的各种社会规约都在弱化,个体成年不再遵循某一条既定的路径,因此社会支持和社会心理资源就显得愈加重要,媒介则成为年轻人寻求这种支持与资源的重要渠道。因此,对于"90后""00后"这些正在经历离家求学、接触社会、初入职场、面临选择乃至结婚生子等人生轨迹剧烈变动的年轻人，哪怕纯粹的信息内容消费，都承载着他们对身份认同的追求与期待。

另一个与身份认同密切相关的现象是偶像崇拜与饭圈文化。粉丝群体的年龄分布一般集中于十几岁至二十几岁这一区间，以年轻人为主力。偶像作为一种媒体人物（media figures），与崇拜者之间建立的超社会关系是一种次级依恋（secondary attachment）。这时，崇拜者正处于情绪上逐步摆脱父母束缚、日益自主的特殊时期，是从父母依恋向同辈依恋的转移。他们从对杰出人物的认同和依恋中肯定自我的价值，这也是他们在自我否定期追求自我肯定和理想自我的一种特殊形式，有助于青少年投射自我，以及重新建构自我。粉丝围绕共同的偶像而建构起亚文化社群，形成身份认同，因此追星不再只是粉丝与偶像的单线关系，而是多条双向的互动网络。更进一步说，偶像崇拜与混迹饭圈不是孤立的社会心理事件，而是年轻人媒介化自我建构的有机组成部分。

3.1.4 以"我"为尺的价值评判

互联网的快速发展带来的信息爆炸和算法分发带来的供需适配，使个人化的信息需求得到了前所未有的满足。尼葛洛庞帝在近半个世纪前做出的"我的个人日报"（Daily Me）的预想在今天已成为现实。这是一种技术对个体的赋权，人们得以从固定时间、固定渠道、有限选择的媒介消费中解放出来，在信息海洋中能动地自我配置媒介和信息菜单。在这种高度自主的背景下，人们对信息价值的认知理念就成为取舍的重要标准。

社会心理学认为，人的价值观能够对长期稳定的行为做出预测，由此我们可以推断人们的新闻消费模式受到其价值判断的影响。尽管个体价值判断标准存在较大差异，但总体来说，年轻人对新闻的价值判断标准发生了如下变化：不再将新闻对社会的价值作为评判标准，也就是说，不是对社会、国家、人类命运产生巨大影响的消息更为关注，而是将"我"作为评价尺度，相关性变成年轻人消费新闻的标准。

牛津大学路透新闻研究所针对年轻人群的新闻消费习惯进行追踪调查，基于他们的价值取向和行为模式，提出了四种新闻消费模式，分别是专注型（dedicated）、效率型（updated）、消遣型（time-filler）和拦截型（intercepted）。

（1）专注型：关于……问题的精彩报道。专注型用户对于新闻消费的态度类似于看小说或电视剧，会全情投入、沉浸深入地阅读新闻。他们将消费对象视作信息大餐，其消费对象主要是叙事性较强、引人入胜的高品质分析性文章和观点性文章。新闻消费的时段一般较为私人和完整，多发生于工作日的晚上和周末。

（2）效率型：今日要闻。效率型用户是以最高效的方式获得自己所需要的资讯。此类用户十分看重新闻的环境监测功能，主要通过新闻来了解新的时事动态，需要的是高密度、高时效的信息简餐。新闻消费的时段一般是在晨间，开始一日学习或工作之前。

（3）消遣型：看看有什么新鲜事。用户的关注点不在于新闻本身，更多的是通过新闻来打发时间或找乐子。此类用户的新闻消费往往是一种伴随行为，在看新闻的同时或是做其他事情（如开会、排队、通勤），或是在各媒介平台之间频繁切换（如微信）。他们所需要的是情境适切的、流动的、随时随地的新闻零食。对于此类用户来说，他们没有固定的新闻消费时段，只要有空闲的时间就有可能消费。

（4）拦截型：快来看这个新闻。用户的新闻消费多为被动式的。即时通信软件的弹窗、社交媒体的转发、新闻聚合平台的推送等，都有可能拦截住此类用户的注意力，使其放下手边的事情，开始进行新闻消费。此类新闻与用户的相关属性最强，因为只有个人关切的话题才能成功地改变用户的任务状态。此类用户的消费行为可能发生在任何一个时段。

以上模式的划分是从用户的价值取向出发，尝试对其行为进行概括和预测。其可取之处在于没有只聚焦于哪些内容题材比较受某类人群的欢迎，而是将信息消费置于人们的日常生活之中，从而提供一个较为稳定的行为预测指导。比如，"与我的相关性"成为年轻人在消费信息产品时的取舍标准，以上四类模式就是对相关性的一种非内容题材导向的划分。

3.1.5 用户的流动

人与技术相结合的"新主体"，既是具体实在的，也是变动不定的。人类学家艾伦·汉森将这样的状态称为"能动的流动性"（fluidity of agency）。[1]当下受众研究不得不认清这样的现实：受众在形态上是移动的，在心理上是"流动的"（liquid）。

这里所谓的"流动性"，是社会学概念，并非单纯指技术带来的"可移动通信"。"流动性"被认为是现代社会的一个重要特征。近年来，"流动性"丰富而深刻的意义在约翰·厄里、齐格蒙特·鲍曼、乌尔里希·贝克和曼纽尔·卡斯特尔等当代著名学者的著作里得到了详细的阐述。鲍曼更是把"流动的现代性"（liquid modernity）看作人类历史上比现代性本身的来临更为激进、影响更为深远的一次变革，并把"时空压缩"看作"流动的现代性"形成的主要原因。[2]

对生活在流动社会中的人，鲍曼有过鲜明的描述："人们害怕被弄得措手不及，害怕赶不上迅速变化的潮流，害怕被抛在了别人后边，害怕没有留意保质期，害怕死抱着已经不再被看好的东西，害怕错过调转方向的良机而最终走进死胡同。"[3]鲍曼认为这样的心理是当前社会的基本特质。

1. 主体身份上的流动：个体化与解放

麦奎尔认为，传统的受众角色将会终止，取而代之的将是下列角色中的任何一个：搜寻者（seeker）、咨询者（consultant）、浏览者（browser）、反馈者（respondent）、对话者（interlocutor）、交谈者（conversationalist）。很显然，在大众受众兴起长达一个世纪之后，

---

[1] Hanson F A. The New Superorganic[J]. Current Anthropology 2004, 45(4): 467-482.
[2] 陶日贵. 鲍曼"流动的现代性"的当代意义[J]. 社会科学辑刊, 2007（2）.
[3] 齐格蒙特·鲍曼. 流动的生活[M]. 徐朝友, 译. 南京：江苏人民出版社, 2012.

这样一种变化也许确实堪称革命。①

能将这些角色的本质扩大化的，在于受众"永久在线"的链接"解放"。即便在不断移动中，人们也可以保持联络。麻省理工学院的谢里·特克尔认为，今天人们已经成了"链接的自我"（the tethered self），意即总是在我的手机上（on my cell）、在线上（online）、在网络上（on the Web）、在即时信息上（on instant messaging）②，更有学者把"永久在线"看作媒介环境的最大变革。③

"永久在线"意味着，信息可以无障碍直达用户入口，与此同时，什么样的信息被选择和消费，权力早已移交，信息生产者更想动用各种技术无限迎合受众的需要，但是真正操作点击、转发按钮的手仍然受个体思维的控制。

受众可以在浩瀚的信息海洋里选择，同时也失去了大众媒介时代编排之后的"秩序"。受众在"链接一切"的兴奋过后，更多的是在回归理性，在社交账号"关注与屏蔽"的行为中分配注意力，在自媒体的"置顶"功能里调整信息渠道的优先级别，在付费专栏里为更为权威、更想了解的内容用直接付费的方式给予更多的支持和依赖……这一切看似是个人主动的媒介行为，却可以将其归纳为受众正在"编辑"自己的信息流，在无限的信息中配置有限的精力，并寻求一定的秩序。正如列维·施特劳斯所说，只有"创造秩序"的人才具有主体性，人在创造秩序的同时，也在创造自己的人性。

事实上，并不存在超越性的"新身份"，受众是在不同身份之间自由切换以不断寻找新的主体感。同时，具备多重身份、随时在线的"超级个体"，是人与终端的结合，是不断在信息中寻求秩序的媒介消费者。

2. 时间与空间上的流动：媒体啮合

移动互联时代，受众不仅在时间和空间上掌握主动权，还在多屏终端上自由流动和啮合消费。

关于多媒体共生以及跨屏媒体接触的研究近年来非常多，类似边看电视边更新社交媒体行为被称为媒体啮合（media meshing）。

2014年，谷歌公司联合市场调查公司Dipso和Sterling Brands对美国媒介消费者的消费行为进行大规模调查，发现普通民众90%的时间属于跨屏消费。他们可能在社交媒体上发现一部电影，在iPad上搜索出来观看了前半部，之后回到家里可能在电视上看完；可能通勤路上在手机购物端收藏好心仪的商品，在恰当的时候再在PC端下单；又或者他与朋友在共同观看一个电视直播节目，同时拿着手机在社交媒体上不断讨论节目的细节……

如同鲍曼所总结的，时空压缩是流动现代性出现的根本原因。时空压缩体现在媒介消

---

① 丹尼斯·麦奎尔. 受众分析[M]. 刘燕南，李颖，杨振荣，译. 北京：中国人民大学出版社，2006.

② Turkle S, Always-on/Always-on-you: The Tethered Self[A]//In Katz J E (Ed.). Handbook of Communication Studies. Cambridge, MA: The MIT Press, 2008:121-137.

③ Vorderer P. Kohring M. Permanently Online: A Challenge for Media and Communication Research[J]. International Journal of Communication, 2013, 7(1): 188-196.

费上，不只是麦克卢汉的地球村，不只是伊尼斯的时空偏向，而是多屏联动的啮合消费自动选择的时空差距在互相弥补着时空的偏向。这种自主安排时空的能力和行为，正在制造新维度上的流动。

因此，一直被媒介产业谈及色变的"碎片化"和"自治"，其根源都是时空的利基化使用。由此而引发的，从垄断时空一次性攫取最大多数受众的注意力，到从利基时空的消费中获得精准注意力的累积，这种价值单位上的巨变，是产业变革的起点。

更有启发意义的在于，受众个体的自由所带来的多样性，开辟了除大众传播之外的媒介经济形式，即小众经济的可能性。受众个体愈是自由，愈是能够依靠新技术的力量来建立属于自己的媒介"食谱"（diets），受众类型便愈是多样。[1]探索这些有待满足的食谱，并思考以怎样的方式送至对位受众的视野中，是一个更为长远的媒介命题。

3. 群体关系中的流动：衣帽间式的共同体

"衣帽间式的共同体"（cloakroom community）是鲍曼对流动现代性人群某个特征的概括。在《流动的现代性》中，鲍曼描述了这一共同体的特殊"景象"：演出开始前，人们穿着厚厚的外套和皮夹克，穿过不同的街道鱼贯而入，将外套脱在大堂，挂在衣帽间。进入表演大厅后，他们服从特定的着装规则，整齐划一。表演期间，他们全神贯注，有共同的欢笑、悲伤和沉默，如同事前彩排过一样，同时发出喝彩、惊叹或抽泣。帷幕降落，他们重回衣帽间，穿上外套和皮夹克，刹那间，消失在街道形形色色的人群中。

"衣帽间式的共同体"具备三个典型的特征：因事件而短时间聚集起来、缺乏身份认同、感情投入脆弱。但这个共同体因为观看同一部戏，而暂时拥有共同的喜悦、哀愁、焦虑、愤怒，是"五分钟的（集体）仇恨与热爱"。鲍曼形容，"许多单独的个体可以紧紧地依靠它来消解他们个人的恐惧"，"更好地去忍受在嬉闹片刻结束之后他们必须回到的日常工作"。鲍曼认为，这样的共同体绝不是痛苦和不幸的疗救办法，反而是流动现代性条件下社会失序的征兆，甚至有时是这种社会失序的原因。[2]

在互联网上，几乎每一个单位的内容都可以短暂激发一个衣帽间式的共同体的出现——对某条新闻义愤填膺的网友、对明星品头论足的观光团、因为某部电视剧产生共鸣的职业群体、对某种娱乐方式品位一致的观众……这些短暂而迅速聚集到一起、爱恨同步又火速褪去的群体，是衣帽间式的共同体的网络写照。身份多元又掌控利基时空的消费者个体，则每天在不同的"衣帽间"自由流动，随时进退。

网络社群，无论在研究界还是实践界都是个重要的课题，一直将"持续互动的群体"作为单位进行研究。但很多社群研究忽略了一个重要现状——任何新媒体用户都不只在一个社群，他们在此之上多社群地液态游走，是更为典型的消费行为，并不想只在某个社群。

持续联络的网络社群的确是部分传播的节点和经济形成的基础，但更应看到，那些存

---

[1] 丹尼斯·麦奎尔. 受众分析[M]. 刘燕南, 李颖, 杨振荣, 译. 北京：中国人民大学出版社，2006.
[2] 齐格蒙特·鲍曼. 流动的现代性[M]. 欧阳景根, 译. 上海：上海三联书店，2002.

在于社群中"永远在线"的个体也可以"永不出现"。他们游走在不同的社群中，控制着在不同社群中的角色，更有效地避免了被任何群体所束缚。社群的建立者通常为线下行为的联络做补充或者铺垫，但真正引发一次次全民网络狂欢和传播高潮的都"生于线上，死于线上"，与"衣帽间式的共同体"的特点更为契合。综上所述，媒介受众不再是一个统一的概念，而是充满多样性、变动性、不确定性的个体。在受众无限接近个体细分的过程中，其行为日渐与社会心理状态、个人心理差异紧密联系。在分析讨论媒介产业变迁和媒介政策之前，对当下受众的状态进行分析是非常有必要的。

综上，"流动的受众"可以理解为，不断切换多元身份的用户，在不同的终端上以 ID 为核心游走在海量信息中，通过调整信源和社群身份不断消费信息，并逐渐寻求其中的秩序。在这个过程中，他们享受以事件和情绪为由头引发的，与其他个体随时随地、转瞬即逝地聚集和解散，并在消费中不断寻求信息与情绪的满足。这一切可以随时随地发生，出现在各种生活必要环节的缝隙里。

3.2 用户有限理性的本质

卡斯特尔提出了"大众自传播"（mass self-communication）的概念，认为所有的媒体使用都是以使用者"自我"为核心的。[①]何米达提出：情绪正成为目前所有媒介分享行为的中心机制。[②]杜兹概括说，我们不是和媒介生活在一起，而是生活在媒介之中。[③]也有学者将宏观社会概括为"媒介化的世界"[④]，将置身其中的生活描述为"媒介化生活方式"，个人永远被连接，永远在线。[⑤]

媒介系统的整体变迁，从有限输入源、有限时空选择、有限内容，到无限渠道、无时无刻、无限内容，加之个体化框架的内置，组成一个纯粹的复杂系统，出现了社会媒介系统的"无界信息网络"和个人媒介系统的"有限理性选择"现象。

3.2.1 有限理性

赫伯特·西蒙提出的"有限理性"（bounded rationality）是行为经济学中的一个概念，指的是无论在对待现实的态度上，还是在认知和改造现实的能力上，人们都是理性的，会基于其掌握的信息做出最优决策。但由于其掌握的信息通常是有限的、不完整的，做出的决策往往并非整体最优。[⑥]

---

① Castells M. Communication Power[M]. Oxford: Oxford University Press, 2009: 237.
② Hermida A. Twittering the News[J]. Journalism Practice, 2010: 297-308.
③ Deuze M. Media Life[M]. Cambridge: Polity Press, 2012: 3.
④ Hepp A, Hasebrink U. Human: Interaction and Communicative Figurations: The Transformation of Mediatized Cultures and Societies[A]//in Lundby K, eds., Mediatization of Communication[M]. Berlin: de Gruyter, 2014: 37.
⑤ Vorderer P, Klimmt C, Rieger D, et al. Permanently Online, Permanently Connected[M]. Berlin: Publizistik, 2016: 2.
⑥ Simon H A. Administrative Behavior: A Study of Decision: Making Process in Administrative Oragnization[M]. New York: Free Press, 1947: 210-211.

当前，经济学、心理学、社会学、哲学等学科对"有限理性"进行了深入讨论。要理解和把握有限理性的本质，需要结合哲学和历史上关于人类理性的不同理论观点，进行跨学科的深入思考。在《有限理性的本质辨析与价值之争》中，刘永芳将前人对于"理性"的观点总结为两个方面：一是指人们对待现实世界的态度，如对人、物、事情实事求是、冷静客观等特质，强调人们愿不愿意做到理性的问题；二是指人类认识世界和改造世界的能力，即人特有的认知和反思能力等，强调的是人们能否做到理性的问题。[1]前者的态度理性和后者的能力理性实则是相辅相成的——有限的态度理性会限制能力理性的发挥，能力理性则可能削弱人的理性态度。因此，有限理性的本质可以描述为：人的理性尚未达到完美无缺的程度，会受到诸多主客观条件的约束和限制，是有限度的理性。

人的理性往往受到认知水平、心理因素、环境因素的限制。

（1）认知水平的限制。我们可以将"有限理性"类比为：人脑是一台需要处理信息的计算机，它的注意力、决策能力和记忆力是不够用的，不能处理好当前要完成的任务，以及由能力不足带来的认知偏误。由于当前社会媒介系统的"非线性"和复杂性，面对社会网络中无边界的海量信息，人们往往会根据自己的时间、空间和意识来衡量、选择、组织个人的"媒介菜单"。受限于大脑的注意力范围和选择性记忆，以及既有的长期记忆水平和对既有知识的运用能力，人的认知水平能力有限，难以掌握信息网络中的所有信息并做出最优选择。这种信息差导致了用户选择的"有限理性"。例如，当要购买某物时，我们无法知道其在各个店铺的价格及质量，即使知道也可能无法全部记忆或是对其做出正确的评估，由此导致决策的非最优化。

（2）心理因素的限制。除了认知层面外，现实生活中人的情绪、动机等心理因素也会制约人的理性水平。1980年，芝加哥大学行为科学教授理查德·塞勒在解释沉没成本影响个体消费决策的原因时，首次提出了"心理账户"（mental accounting）概念，它指的是人们在心理上对经济结果编码、分类和估价的过程，涉及禀赋效应（个人拥有某项物品后对该物品价值的评价要比未拥有之前大大提高）、自我控制缺失（人们难以为了长远利益而舍弃眼前的诱惑）和公平偏好（人们为了实现公平宁愿放弃可得利益而采取一种"玉石俱焚"的非理性策略）三大心理属性。[2]除禀赋效应属于认知偏差范畴外，后两者均与情绪、社会等非认知心理属性相关。这些干扰削弱了人们对物、对事客观冷静和求真务实的态度理性，进而限制了能力理性的发挥。正如西蒙所言，"我们是浮躁的'自足自乐者'"，因此，在做决策之前，总是试图最大限度地满足当前的需求。我们可能会更关注当前的事件，而对一些长期的行为不那么关心，或是过度夸大当下状况的重要性而忽视过去—未来的整体性发展。

（3）环境因素的限制。人的理性是针对特定的环境而言的，脱离具体环境的"纯粹理性"是不存在的，因此，探讨人的理性水平还必须考虑环境的因素。作为一种客观存在的

---

[1] 刘永芳. 有限理性的本质辨析与价值之争[J]. 心理学报，2022，54（11）：1293-1309.

[2] Thaler R. Mental Accounting and Consumer Choice[J]. Marketing Science. 1985: 199-214.

条件，环境制约着人的理性水平。如商人无法确切地知道所有竞争者的商业计划及其内部核心信息，也无法知道具体有哪些顾客愿意购买产品。除非他人有所行动，否则难以知道对方在计划做什么。由于他们对信息的不完整获取，且所有的信息反馈均存在时间延迟，人们只能在自己有限的能力范围内做出决策。

综上，要做好用户研究，首先便要意识到用户的有限理性。它作为行为经济学的一个概念，为我们研究用户行为、把握用户的理性特征提供了新的思路，目前已被广泛应用于传播学、心理学、社会学等领域，并衍生出资源观、量化观和动态发展观等概念。

3.2.2 永久在线地链接自我

如果说在大众传播时代的相对局限的内容中这种个人差异主要表现为对统一的大众媒体上信息的理解偏好，那么信息技术与移动互联技术所共同促成的当下个体化消费的现状，则将更多的个人差异指向理解之前的接触与选择。新媒体消费的边界取决于个人对媒介系统的自我配置。

更有学者提出，今天媒介化的个人已经成了"链接的自我"[1]，意即总是在线，在手机、网络、即时信息上，把"永久在线"[2]看作媒介环境的最大变革。"永久在线"，意味着信息可以无障碍地直达用户。与此同时，什么样的信息被选择和消费，权利早已移交，信息生产者虽然使用各种技术无限迎合受众的需要，但是真正操作点击、转发按钮的手仍然受个体思维的控制。

研究表明，人们用来指导自己决策的心智模式，在应对系统的动态行为方面具有天生的缺陷。"人们通常持有一种基于时间层面、因果关系而非回路的观点，而忽略了反馈的过程，意识不到行动与反应之间的时间延迟，在交流信息时也未能理解存量和流量，并且对于在系统进化过程中可能改变反馈回路强度的非线性特征不敏感。因此，这可能产生'系统思考缺乏症'"[3]，导致个人媒介系统在建立时是盲目的、有缺陷的、有限理性的。

随着主流媒体权威的消解，人们失去了对基础价值与同一秩序的基本共识，使得在信息传播过程中真相有时变得不再重要，重要的是情感和观点。后真相时代，真相并没有被篡改，也没有被质疑，只是变为次要；网民不再相信真相，只相信感觉，只愿意去听想听、去看想看的东西。加之算法技术的发展，技术越来越成为获利的主要方式。当人成为机器的附庸后，理性也就越来越成为经济利益的工具。这种"情绪先行"造成的"理性缺位"和"工具理性"对价值创造的过度追求，导致假新闻、谣言以及非理性宣泄等问题甚嚣尘上，个体使用媒介完全取决于是否对自己有用、是否符合自我的价值感知。

---

[1] Turkle S. Always-on/Always-on-you: The Tethered Self[A]//In Katz J E（Ed.），Handbook of Communication Studies[M]. Cambridge, MA: The MIT Press, 2018: 121-137.
[2] Vorderer P, Kohring M. Permanently Online: A Challenge for Media and Communication Research[J]. International Journal of Communication, 2013: 188-196.
[3] 德内拉·梅多斯. 系统之美：决策者的系统思考[M]. 邱昭良，译. 杭州：浙江人民出版社，2012：11.

3.3 用户的赋权与确权

从 Web 1.0、Web 2.0 再到 Web 3.0,技术发展迭代背后的逻辑是用户自主权的不断增加。5G 技术的发展,将带来一个全场景的社会。技术、场景、用户与服务之间的连接是未来发展的重点,场景传播将会被技术重塑,核心仍是基于场景的用户思维,用户的角色在新的媒介环境中也会发生转变。

3.3.1 用户的赋权

1. 5G 场景下的用户角色转化

20 多年前,互联网先驱尼葛洛庞帝曾预言数字化生存天然具有"赋权"的本质,这一特质将引发积极的社会变迁。在数字化的未来,人们将找到新的希望与尊严。今天,即使仅凭个人化的直观经验,我们也能感受到互联网对社会中相对无权者的赋权超越了以往任何一个时代,也秒杀了史上任何一种权力来源。无论是社交媒体中规模化崛起的大 V、"网红",还是为自己代言的底层维权者,以及在互联网风口乘势飞起的创业者,他们无一不是先由个人播撒火种,而后于社交媒体中交互、延伸、强化,在"人人为我、我为人人"的关系网络中汇聚成燎原之势。他们的价值与影响力生成,几乎没有一个来自行政、资本、武力等传统权力来源的外在赋予。这与以往的任何一种社会形态相比,已经发生了范式性的变革。互联网对社会中个体的激活,始于 Web 2.0 技术的广泛应用。自 2004 年起,脸书、推特、微博、微信、知乎、抖音、小红书等社交媒体的崛起,激活了个人为基本单位的社会传播构造;而后,Web 3.0、5G 技术和大数据、算法的普及——5G 技术场景下,将完成对个体惯性与偶发性需求的全方位感知、挖掘、适配和满足。未来的场景传播中,技术给予个人以足够的支持,使其可以在网络中兼有多重角色,在多维场景中来去自如。身份具有一定的流动性与不确定性,个体在不同时空、身份下的需求转变将成为场景传播的挖掘重点,实现从内容到场景的精准传播。

1)作为传播者的用户,将从内容生产转向场景生产

移动互联时代,随着技术的发展,其构建的网络新场景催生用户的生产转向。亚文化群体摆脱了以酒吧、小巷等为代表的线下场景,在互联网上汇集,创造出了一系列彰显自己文化群体身份的场景,如各种亚文化的贴吧、豆瓣小组等。在此场景之中,他们生产大量的文化与符号,二次元文化、宅文化、丧文化便是其中的典型代表。

按照技术的演变逻辑,5G 的发展将催生各种新的平台与媒介形式,目前业界讨论度最高的便是 VR 社交。脸书总裁扎克伯格在 2014 年便提出了这个构想,但是囿于技术条件,尚未实现。在 5G 技术的助推下,超拟真场景的社交变得可能,VR 可以使用户无视空间束缚,共聚同一空间。通过虚拟人物化(avatar),"面对面"交流的体验远超传统社交。如电影《头号玩家》为我们描述了未来虚拟场景社交的一个蓝图。随着 VR、AR、MR 技术的成熟以及普及,加之超拟真场景生产工具的产生以及素材库的建立,用户未来创造自己的

虚拟场景也非难事。在未来无边界的虚拟空间中，用户将会以另一种方式在更大范围内聚集。传统移动互联以文字、图像、声音为主的社交方式将被打破，表情、动作等非语言符号将成为虚拟社交的重要工具。在此种颠覆性的网络互动中，新的群体聚合和场景内的文化生产将得到高质量的爆发性生长。

在商业逻辑层面，随着对用户需求与情感分析的进一步精密，以及网络频谱的提高，未来企业对于用户需求会进一步地细分，进行深刻洞察，从而产生海量的新场景。此时，用户也成了新场景的生产者与助推者，推动一个个"小小世界"的产生。

2）作为受众的用户，将从主动连接转向全时在线

5G时代，网络资源充足且质量大幅提升，底层网络技术的发展推动全景传播的实现。"连接一切"成为场景传播的重要特征。与之前用户可以自主控制上线下线开关的设置不同，5G环境下的用户处于媒介全角度的暴露之下。运用无盲点定位系统、多触点传感器、大数据等技术，人们可以随时采集用户的身体、行为、需求、兴趣等数据并将其传输至云端，进行识别、分析与交互，用户逐渐丧失"下线"的主导权，成为"全时在线"的受众。

"全时在线"为用户塑造了一个线上世界的同步"分身"。用户身体的生理数据以及在任何时空所产生的行为数据均被记录并上传，使得任意场景下的用户需求均可得到实时适配。用户不必自己触动开关便可随时在线，避免了线上信息的遗漏以及线下信息的上传。

美国社会学家欧文·戈夫曼从戏剧表演出发并将其与日常生活进行类比，提出了"拟剧理论"。在戈夫曼看来，"表演"一词是指日常生活情境中，通过人际互动，达到自我"印象管理"的一种手段——个体以戏剧性的方式（"走上舞台的个人"），在与他人或他们自身的互动中建构自身（"给予某种他所寻求的人物印象"），获得身份认同。[1]原有的"前台"为用户的自我标签化表演提供了机会，充分塑造自我形象，但5G时代并未给用户留下任何喘息的机会，"全时在线"使得用户"后台表演前台化"，呈现出更为真实的个人形象。此外，"无后台"表演将使得个体逐渐标签化、符号化、数据化，对个体人格、生活惯性与社会交往均会产生一定影响。

3）作为主体性的用户，具身认知和记忆将被破坏与重建

技术与人的主体性一直是学界所讨论的焦点。随着人的"肉身"在未来的各种类型的场景中来回切换，其具身认知和自身记忆也在不断地被破坏与构建。

斯蒂格勒认为技术的速度先于时间存在，并且重塑了时间和空间，同时自身的意识流受到时间客体意识流的影响。当今的"实时"直播报道便给人们带来"自己就处于事件发生的时刻"的错觉。随着5G的发展，场景化传播变得更加"实时化"，并且会在线下真实场景、线上虚拟场景以及现实增强场景之中来回切换。但是在这个过程中，时间与空间会出现分解与重构，正如戴维·哈维在其著作《后现代的状况：对文化变迁之缘起的探究》中所提出的"时空压缩"。

未来虚拟空间也将是一个时间客体，但是人的"肉身"所在的时间更迭和时间客体意

---

[1] 欧文·戈夫曼. 日常生活中的自我呈现[M]. 冯钢, 译. 北京：北京大学出版社, 2022.

识流的流动是不一致的。当人一直认为自己处于当下时，斯蒂格勒认为其将会导致："一是记忆中有一个巨大的空洞，二是与过去失去了联系，三是世界湮没在一种信息的混沌中，处在'遗产无人继承'的状态。"①威尔逊在《具身认知的六个观点》中也提出，认知是情境的（Cognition is situated.），发生在真实环境中并与其内在交涉知觉及活动；同时，认知是具有时间压力的（Cognition is time-pressured.），必须和环境在实时相互作用之下才会产生。②

所以，当时间序列与过去和当下交织时，人们在不同的场景之中切换，上一秒还在现实场景之中，下一秒便有可能将自己的意识导入一个沉浸感、浸润感的虚拟场景之中。在这些场景中获取与不同场景相互作用的实时认知，认知的构建与记忆的序列会出现混乱，在不同场景之下通过交互获取的认知也可能出现不适配的情况，如将虚拟游戏的认知带入现实社会，从而导致整个社会信息环境混乱。《三体》为我们描绘了这样一个场景，当用户在虚拟空间度过了几个月之后，现实空间中的时间才流逝几秒。

随着 5G 时代场景的变革，虚拟性场景和现实增强场景的真实性、体验性、辐射力都将大大地增强。人们的生活将从线下转至线上，线上将成为人们生活的主阵地。在这种情况下，对用户具身认知与精神安全的探讨是至关重要的。

2. 高权力的个体

从媒介研究的角度上看，互联网作为一种新的权力来源，对于个体与自组织群体的激活，更多地体现在为社会中的相对无权者进行赋权，使权力和垄断资源从国家行为体向非国家行为体转移。在媒介消费层面，依托移动互联技术和社交媒体建立起来的关系网络，个体正在进入前所未有的高权力认知时代。其形式表现为：个体不再是媒介消费的终端，而是在个人消费的同时成为产消者，拥有自门户，担当互释人。

1）产消者

麦克卢汉早在 1972 年的著作《把握今天》中就提出，消费者（consumer）将会通过电子技术演变为生产者（producer）。而未来学家阿尔文·托夫勒（Alvin Toffee）在 1980 年撰写的《第三次浪潮》中，将生产者和消费者两个词组成一个新词"prosumer"，并沿用至今，意思是指生产者和消费者的角色界限模糊，两者将最终融合。在此基础上，澳大利亚学者阿克塞尔·布伦斯分别于 2014 年和 2015 年先后提出了新闻消费领域的 Producer③的概念和 Prodesigner④的思路，2017 年有学者将新闻消费中的 Consumer、Prosumer、Prodesigner 在

---

① 贝尔纳·斯蒂格勒. 技术与时间 3：电影的时间与存在之痛的问题[M]. 方尔平，译. 南京：译林出版社，2015：102.

② 李恒威，肖家燕. 认知的具身观[J]. 自然辩证法通讯，2006（1）：29-34.

③ Bruns A (2014). Beyond the Producer/Consumer divide: Key Principles of Produsage and opportunities for innovation. in M.A. Peters, T. Besley, & d Araya, (Eds.), The New Development Paradigm: Education, Knowledge Economy and Digital Futures. New York: Peter Lang.

④ Bruns A. Working the Story: news Curation in Social Media as a Second Wave of Citizen Journalism. in Atton C (Ed.), The Routledge Companion to Alternative and Community Media. London: Routledge, 2015: 379-388.

消费的主动性上做了由低到高的排序[①]：Consumer 是直接选择想看的新闻；Prosumer 是用户在新闻接入、选择、生产和分发过程中过滤信息，通过直接链接和评论参与 UGC 新闻的生产；而 Prodesigner 是指在新闻的接入、选择、生产和分发过程中都发挥主动作用，不断设计优化调整所看到的内容的重要性和优先次序，甚至参与创意内容的合作。

不仅仅是新闻消费者正在成为直接参与新闻生产的要素，在整个网络与新媒体系统中，以个体为代表的用户都不同程度地参与了生产和消费的双重工作，用户以 UGC 制作、社交转发、评论等方式全面参与内容建设。有学者在 2014 年估算，如果以每秒一个网页的速度浏览完现存的所有网页，至少需要 230 年。推特的每日信息发布量超过 5 亿条，每分钟在油管（YouTube）中上传的新视频超过 1 亿小时；而到了 2019 年底，11.5 亿用户的微信每日信息发送量超过 450 亿条。

2）自门户

社会化媒体的崛起让任何一个拥有 Web 2.0 主页或者社交账号的个体都拥有了"个人门户"。这个门户既是个人接入信息平台的入口，又成为很多人在虚拟世界中互相认识的第一张名片。

"人性化自我"（all-too-human selves）与社会化自我（socialized selves）是欧文·戈夫曼在其著作《日常生活中的自我呈现》中提出的概念。戈夫曼认为，人性化自我与社会化自我是天然不同的：人性化自我是人类的本质，"我们也许只是被反复无常的情绪和变幻莫测的经历所驱使的动物"；社会化自我是社会角色的一部分，需要"表演"一个相对稳定的状态。为此，他把社会化自我表演的舞台称为"前台"（front region），作为舞台一部分的符号设备，被称为"装置"（setting），表演不只是面对观众，也是为了"前台"。一个人的社会化角色表演可以看作其个人形象的尽力展示。某种程度上说，个人门户的存在和动态的不断发送就是网络化的"前台"。

社会比较理论认为，人类自我评估的欲望是天生的。尽管具备关于社会评价的量化指标，人们仍然倾向于通过与他人比较来进行自我评估，依靠外界对自己的不断对照和反馈来审视自我形象的准确性。笔者认为这样不断窥视、比较、再定位的基本欲望也是社交媒体存在和不断维持发展的社会心理基础。

从个人媒介消费的角度来说，一部分消费是自我认知的内在需要，每日新闻、专业知识、娱乐、信息和其他部分的消费是一种社会自我的需要，通过评论、转发的内容价值的身份，来更新个人门户，不仅有助于维护社会交际，也能促进前台的个人名片升级。这种集体社会化需要支持社交网络的信息流。从这个意义上说，每个人都有一个消费者和一个信息流动的平台。因此，热门话题和文章用"刷屏"来描述内容，其实是通过"转发"这

---

① Hernández-Serrano M-J, Renés-Arellano P, Graham G, et al. From Prosumer to Prodesigner: Participatory News Consumption[J]. Comunicar, 2017, 25(50): 77-87.

种行为，占据了大部分的个人门户，同时也是个人门户信息的一部分，是一个关系链中的即时消息，连续传递着信息流。那些不断被各种关系链中的人转发进入个人门户中的内容，其本质含义是内容引起了绝大多数人的共鸣和兴趣，被不同领域的人共同青睐，形成所谓的热门文章。

3）互释人

当将关系网络植入信息传播网络之后，信息传递的通路就与人际关系密不可分。除了新闻机构生产的内容外，每个人都会很轻易地从他所关注的人那里获得其创作或者转发的信息。如果获取的内容激发了读者的积极性，就会引发又一个节点的自发传播，抑或是带着个体评论与态度再次传播。

人际价值除了交往上的联系，也成为彼此信息上的重要"编辑"。社交网络里不乏因为"三观不合"互相拉黑、切断信息传播线的行为（如在微博中关注、取关，在朋友圈中阻止、分类的行为），同时也是一种渠道上的不断调整，选定的人通常也是认同了他的信息兴趣和价值判断。任何一个热点事件的出现，都会引发一轮价值观上的互相窥视和不断对标。在这个意义上说，社交网络上的关系框定，其本质是决定了谁来做你的信息源。基于前面讨论的社会性传播的需要，你将看到"信息挑选+态度表达"后的更多组合，因此，社交平台上的信息传播无形中已经形成了互相诠释和表态的讨论氛围。

依托互联网的无界性质，理论上说，个人是可以选择链接上任何一个拥有社交账号的人的，这也让基于共同特征延伸出的社群的建立更容易、更细化。任何一个社群，都会成为一个意义上的"诠释社群"，互相选择之后的人群，对信息的共同理解是社群建立和稳定的基础，社群中的成员在不断沟通中互为诠释人。

与此同时，社交关系进入信息传播网络，也几何级地增强了信息冗余感。如同牛津互联网学院（Oxford Internet Institute，OII）提到的"下一代用户"，信息渠道自我配置是其典型的特征。在这个过程中，用户拥有了空前巨大的选择自由，同时也要付出自我配置的时间精力甚至认知能力。在相互连接的个体急于就同一个热点不断发言、表态、诠释的时候，单一用户得到的可能是不断重复的、真假难辨的观点和优劣难分的态度。对具备良好媒介素养的用户来说，这是人们听到更多声音的机会，但是对媒介素养并不良好的用户来说，这无疑成为极大的冗余甚至误导。因此，近些年也不乏很多主动退出社交媒介的群体性行为。

但互释人的角色有一点是非常值得肯定的，就是观点表态的多元化，以及对用户自身而言强烈的赋权感，这让他们对自己的传播影响力有了更为直观、数字化、可统计的感受。

3. 主动权利与被动权利

受众权利的空前提高并不等于个体对个人传播系统的全面掌控。事实上，众多事件表明，网络新媒体用户在获得极高赋权的同时，也存在着众多被动与不自治。

1）受众的自治与不自治

菲利普·南波利在他的书中将受众自治解释为：媒介受众逐渐对何时、何地以及如何消费媒介有了自己的控制权。①营销界有研究者将当代媒介环境描述为消费者的"极度控制"（devastatingly in control）。作为"传播中心"的用户可以自主构建信息网络，其媒介消费行为在时间、空间上都有了更大的自主性。同时，分布式的传播机制提升了用户在内容生产中的积极性，技术发展不仅为用户提供了内容生产的平台，也将节点化的个人连接起来，形成群体效应，促使用户生成内容的影响力逐渐增强，专业传播者对用户生成内容的控制力逐渐下降。②

但其实，由于人天生的惰性，用户的媒介使用习惯具有一种惯性思维，即倾向于使用熟悉的、固定的网站或 App 来获取信息，并在此过程中会依赖外界的力量，通过这种路径依赖降低信息获取成本。在此过程中，受众挑选信息的基础是被媒介选择和把关的内容，所谓的自治只限于根据自由时间安排接收、互动和评价，真正的信息选择仍然有非常多的重复部分，甚至仍然来自主流媒体。很多实证学者发现，即便在选择度非常高的媒介环境中，也有相当多的重复受众（audience duplication）。这意味着，在传统的流向中，受众仍然在信息的接收端。所谓受众的空前自由，只是在消费信息的方式上，如何接收信息也进一步决定了用户将看到什么样的信息。

除此之外，技术升级带来的个性化服务和推动的社会化发展也带来了用户"自治"与"不自治"的新局面。一方面，算法的精准推送和自我设置给用户带来了个性化的信息选择权，这是一种自主性选择，但其可能产生"信息茧房"的威胁；另一方面，新媒体用户的"节点化"将人们连接于一张"大网"之中，在社会化过程中，用户的行为极易受到群体的影响。举例而言，社会化的信息传播机制可能抑制用户信息消费的主动性，具体表现为用户在阅读内容时，会产生点赞、评论、转发等行为，受马太效应影响，将出现高转化率的内容"上热搜"，而低转化率的内容逐渐边缘化甚至无法继续推送的情况。这也是大部分普通用户在社交媒体上遇到的问题，极易挫伤用户的积极性。在社交媒体网络中，受圈层文化影响，用户行为可能受到群体的抑制，致使其处于被动地位。

事实上，数字时代的受众行为难以预测，但是却很好统计。与传统的订阅用户或者有线电视用户调查单纯的人类学统计数据相比，大数据正在不断地描绘每一个 ID 身份的清晰面目和个人喜好。那些成功运用了"大数据＋心理学侧写"（psychological profiling）的公司，正在展示它们巨大的引导效果。

Cambridge Analytica（以下简称 CA）在官网上描述其公司的使命为："通过了解个体的动机以及与目标受众互动的方式来实现数据驱动的行为改变。"官网有"政治"和"商业"两个项目入口，显然该公司目前最广为人知的案例是帮助英国脱欧公投和特朗普当选。CA 通过大数据加心理学侧写和心理计量学（psychometric）的方式来掌握个体受众的心理，收集个体的大数据信息，并依照一定的心理学机制为个体的心理状态"贴标签"，针对不同心

---

① Napoli P M. Audience Evolution: New Technologies and the Transformation of Media Audiences[M]. New York: Columbia University Press, 2011: 5.
② 彭兰. 新媒体用户研究：节点化、媒介化、赛博格化的人[M]. 北京：中国人民大学出版社，2020：397.

理属性的群体投放不同的社交信息，以达到对目标群体行为干预的目的。CA 的创始人兼 CEO 亚历山大·尼克斯在 2016 年的演讲中说：大众传媒这种所有人收到无差异化的信息的时代已经过去，人们再也不会收到他们不关注、不关心的信息，只会收到高度定制的信息。①

由此可见，在数字时代，受众数据被掌握的可能性比从前更大，技术上的引导可以轻易决定你的所思所见。所谓的"受众自治"与"大数据+小数据"的"共治"相比，不值一提。

2）积极自由与消极自由

全面理解权利，不可避免地要提及以赛亚·柏林的"积极自由"与"消极自由"。他认为"积极自由"是做什么的自由，强调参与权；"消极自由"是免于做什么的自由，强调选择权。②如同"延伸观"讨论的是能做什么的"积极自由"一样，"建构观"更多地指向免于做什么的"消极自由"，个人在为自己的媒介系统"自设边界"，在拥有极为丰富的"媒介菜单"和"媒介家具"选择时，衡量权利更直观的维度，恰恰是这种"消极自由"权利。作家亨利·戴维·梭罗说："人类已经成了人类工具的工具。"后世文学批评家对梭罗的评价是，他"完全不需要邮局"，"对报纸也表达过蔑视"。但他并非隐士，也绝不避世，在对瓦尔登湖极简"隐居"生活的记录中，颇有意味地分配了他房间中最重要的"家具"："我的房子里有三把椅子，拿出一把用来独处（solitude），第二把用来结交朋友（friendship），第三把用来交际（society）。"在行使这种"消极自由"的权利时，个人便掌握以"自我卷入程度"为标准的媒介关系尺度，为发自内在的关系需要匹配不同开放程度的媒介系统。

参照社会心理学家格林沃尔德的理论，"自我"可以从"自我动机"层面区分为"私我"（private self）、"公我"（public self）和"群体我"（collective self）。③针对媒介系统的不同层次，我们也可以将三重媒介分别命名为：在主动搜索信息、了解事实、浏览新闻、学习知识、自我娱乐等心理上可一人完成的情境下，选取的是"私人媒介"（新闻、知识、自媒体、音视频类）；在发表意见、了解他人观点、沟通信息等心理上需要与他人"对照信息"的情境下，选取的是"公共媒介"（论坛、即时通信、微博）；在协商讨论、社群分享、多人娱乐等心理上需要介入集体，满足"社会参与"需求的情境下，选取的是"群体媒介"（社群、游戏类）。

从这一要素上入手，我们可以了解受众从"消极自由"视角出发对媒介的主观分类。

---

① Cambridge Analytica 是一家怎样的公司?[EB/OL].（2017-02-10）[2023-12-01］. http://sohu.com/a/125908134_116235.

② Nieuwenburg P. The Agony of Choice: Isaiah Berlin and the Phenomenology of Conflict[J]. Administration & Society, 2004, 35(6).

③ Greenwald A G. Ego Task Analysis: An Integration of Research on Ego-involvement and Self-awareness[A]// In Hastorf A H & Isen A M, Eds. Cognitive Social Psychology[M]. New York: Elsevier, 1982: 109-147.

这样基于关系认知的分类源头，也是个人媒介系统建立的基础。

3.3.2 用户的确权

从 Web 1.0 到 Web 2.0 强调的是特定场域内的用户参与，Web 3.0 的核心则是去中心化自驱组织形式（decentralized autonomous organization，DAO）下的用户实践。互联网发展的逻辑是沿着更广泛的社会连接尺度与更大的活动自由度展开的。Web 2.0 和 Web 3.0 的概念通常带有对用户实践的假设，即 Web 2.0 被视为促进用户参与行为，Web 3.0 被视为触发用户合作行为。在 Web 3.0 去中心化的技术特性下，有望真正形成以用户和智能终端为核心的聚联网络。用户并非单纯以生产者和消费者的角色进入网络，而是以数据拥有者的角色，具有独立的数字身份和个人资产，进行自主价值创造、价值确权和价值交换，实现虚拟世界与现实世界的双向渗透。

与 Web 2.0 时代用户在特定场域的参与逻辑不同，Web 3.0 时代，人类与智能终端的关系具有微妙性和流动性，用户实践具有流动性和涌现性。由此，其背后体现出的由 Web 3.0 所驱动的媒介系统是开放性的，能进行自组织与自决，其去中心化的核心思想主要源于 DAO，指的是以智能合约的形式在区块链上编码，无须集中控制或第三方干预即可自主运行。[①]

基于 DAO 的组织结构，Web 3.0 利用区块链技术实现了用户确权，促使用户实现从免费数字劳工向信息与价值实践主体的转变。

在 Web 2.0 解决了信息传输的"效率"问题之后，新自由主义与监视资本主义观点的支持者认为，技术在某种程度上湮没了人的自由选择，将个体的自由、劳动、数据和资产让渡给平台和资本方，形成人新的"异化"。为解决这一困境，Web3.0 应运而生，主要目的是解决信息生产分配中的公平问题，即价值归属问题。DAO 通过去中心化的组织形式和以通证比例来确定成员的组织权益，有望解决价值归属问题，并且进一步创造价值。

Web 3.0 时代的用户确权，具体包括身份模式、用户角色、用户数据形态和收益分配几个方面。在身份模式方面，用户享有个人自主的数据身份，摆脱了平台对用户账户与密码的限制，可以通过钱包登录解锁权限，保护身份隐私。虚拟世界中的用户身份问题是用户参与其中的首要条件，Web 2.0 时代身份冒用所导致的信息泄露和财产损失将大幅度减少。

在用户角色方面，用户作为内容生产者、消费者的同时，也是内容的控制者。Web 3.0 通过代币（token）将资产数据化，并进行跨网络流通、交换。比如，NFT 作为独特资产的数据单位，具有稀缺性、独特性和不可替代性。

在用户数据形态方面，Web 3.0 助力实现用户数据自主和算法用户自主。去中心化的机制使得传统中心化的平台和机构连接，被用户与智能终端之间的连接所取代。过去用户所产生的资产，如个人数据、内容产出、注意力分配都由平台所有。Web 3.0 在区块链基础上

---

① Wang S, Ding W, Li J, et al. Decentralized Autonomous Organizations: Concept, Model, and Applications[J]. IEEE Transactions on Computational Social Systems, 2019(5): 870-878.

使用户掌握了自身网络数据的使用权和所有权，保障用户的内容隐私。此外，智能终端与物联网的加入，使得算法推送更加精准化，用户将自主定义算法推荐机制，实现算法自主。

在收益分配方面，它主要通过链上协议进行分配。去中心化存储实现数据多节点分布，基于智能合约存储数据进行点对点的分发，运用代币的激励机制和 DAO 的组织形式实现价值公平分配。这就突破了 Web 2.0 时代平台分配用户收益的中心化组织机制，使用户从免费的数字劳工转变为信息与价值的实践主体，真正参与到传播过程中来。

3.4 用户研究与大数据

智能算法技术的应用使人们进入全新的媒介生态，作为节点的网络用户随时随地都面临被数据化的情况。某种意义上，用户被数据化的过程也是"媒介化"的过程——用户的信息、行为甚至思想活动均成为信息网络中可被读取的数据。这些数据或成为用户互动的结果，或成为洞察用户行为的来源。[①]总之，数据与算法为用户带来诸多便利，也带来了研究用户的新框架。我们在享受数据红利的同时，也需要警惕数据化带来的"信息茧房"和隐私风险。

3.4.1 数据与算法框架下的新媒体用户

5G 底层技术的发展，带来了连接、数据、速度三个逻辑点，由此推动了人工智能、大数据、物联网的发展。大数据和算法技术的应用为用户研究深入发展提供了技术支撑。面对"大数据+小数据"的"共治"，新媒体时代的用户行为洞察将更为精准。

1. 用户的"数据化生存"

尼葛庞洛帝在《数字化生存：计算不再只和计算机有关 它决定我们的生存》中提到，"我们会生活在一个数字'比特'构成的世界里，各种产品和服务都可以转化为数字的形式"[②]。随着互联网的发展，尤其是移动互联网的出现，"数字化"涉及的范围逐渐超越了单纯的产品和服务，开始与更广阔的现实空间相联系，形成与现实空间平行的虚拟空间。其中，数据成为连接现实和虚拟的重要纽带。"数据化生存"，即强调数据作为传播介质，在人与数字空间中进行流动。[③]

数据作为个体观点、行为乃至思想活动形态的记录，成为用户个体在虚拟空间的映射与化身。社交媒体的运用、人工智能技术的发展，进一步刺激了个体数据的生成，未来更可能通过人体可穿戴设备实现人体具身化的数据记录与共享。当前正在被"全息"数据化的人，正面临"画像"、身体、位置、行为、情绪/心理及关系等多方面的数据化。

[①] 彭兰. 新媒体用户研究：节点化、媒介化、赛博格化的人[M]. 北京：中国人民大学出版社，2020：397.
[②] 尼葛庞洛帝. 数字化生存：计算不再只和计算机有关 它决定我们的生存[M]. 胡泳，译. 海口：海南出版社，1997.
[③] 彭兰. "数据化生存"：被量化、外化的人与人生[J]. 苏州大学学报（哲学社会科学版），2022，43（2）：154-163.

（1）"画像"的数据化。用户画像指的是通过解读用户个人信息、浏览记录等内容，揭示用户的个性特点和需求特征，成为真实用户的"虚拟代表"。传统时代，用户画像往往只是粗略和模糊的"群像"。如今，在智能技术的加持下，用户画像将更加精准化、数据化，并针对个体、群体产生更为精细、综合的描述，使其形象更为丰富、立体。

（2）身体的数据化。在数字空间中，数据化的"身体表演"成为人们社交的一种普遍形式，如对照片的美颜、发布健身等内容；人的声音、相貌、指纹等均可实现与身体的分离而单独出现，并通过可穿戴设备对身体状态进行健康监测，真正实现"身联网"。同时，随着认知神经科学领域研究范式日益完善，脑电（EEG）、皮电（GSR）、肌电（EMG）、以太网环路保护交换（ERps）、功能性磁共性成像（fMRI）等信号记录技术被广泛应用于人脑对媒介信息的处理研究中。

（3）位置的数据化。大数据时代，作为节点的个体成为连接彼此的基础单元，因此，用户在信息网络、关系网络、服务网络中的位置，都将通过大数据后台得到精准的记录与分析。将节点位置与用户画像分析相结合，有利于进行更为精准、深入的动态用户分析。

（4）行为的数据化。在信息网络中，用户自主生成、发布内容，在社交媒体平台上进行点赞、评论、转发等互动行为，甚至是普通的搜索、在线支付等均可被数据化。反过来，数据化也会将普通用户的新闻转变为数字空间的劳动，如人们的点击、点赞等会转化为流量，成为平台、意见领袖影响力的衡量指标。

（5）情绪/心理的数据化。用户情绪与心理变化的数据，既可以通过其自主发布的内容进行分析，也可以通过认知神经学科方法进行分析，如使用脑电、肌电等技术对人脑信号处理进行监测，观察用户心理情况的动态变化，进而分析媒介传播效果，预测用户行为。

（6）关系的数据化。用户作为关系网络中的连接节点，人与人、人与物等多重复杂关系也能被数据描绘和计算。在此基础上，算法技术能揭示既有关系的亲密度，如通过点赞、评论等进行判断，也可以挖掘潜在的关系，如社媒平台中推送同类标签群体的内容，或是协同过滤基于好友关系机制，进行内容推送等。

值得注意的是，这样一种数据化也促使用户暴露在更多的数据风险之中。正如维克托·迈尔-舍恩伯格所言，"人类住进了数字化的圆形监狱"。在未来，人们会更需要争取自己的数据不公开权及遗忘权。

2. 大数据时代的用户研究

1）大数据时代用户研究的演变

随着5G时代的来临，3D打印、物联网、区块链、云计算、人工智能、虚拟现实等新技术为大数据时代注入了新的动能，逐渐走向"人—机—物"的耦合阶段。

在前大数据时代的受众媒介接触研究中，先进的方法就是日记卡法，采取入户调查的方式，要求受访者每天按照日记卡的相关内容，对自己在这一天中各时段所处的空间位置、采取的媒介接触行为，以及当时的心理状态进行如实的记录。除此之外，还采用大数据挖掘、社会网络分析的方式进行舆情调研，通过对社交平台口碑与行为数据的挖掘，对于特定受众群体类型和社会结构进行评测,据此形成受众效果评估的大数据智能算法框架。例如,在新媒体平台,利用用户的浏览行为及其在浏览网站内容时所形成社会网络关系叠加,挖掘受众网络行为的结构性特征[1],以及在跨媒体平台之间,通过社交媒体上受众的参与与中断行为建立数据指标和框架,从而对传统媒体的受众进行预测。[2]

因此,后大数据时代的受众研究,需要我们研究"真实的受众"[3],而非仅仅基于单纯的文本分析,要更注重受众接收信息过程的复杂性,以及媒介信息、接触平台与呈现方式和受众既有态度与情感之间的关系。[4]微观层面,包括受众对媒介的接触和使用状况、依赖度、信任度、持续使用意愿等认知、态度和行为因素;中观层面,包括媒介自身和可用性、易用性等评价因素,以及媒介平台规范、社会文化等宏观系统因素所产生的影响。

2)5G时代智能算法的核心运用

大数据算法为移动互联场景下媒体用户体验的研究与评估带来了革命性改变。与4G不同,5G强大的连接力将会把万事万物连接在一起,并为万物之间的信息交换提供渠道支撑。随着物联网与传感器不断提供大量、全范围的实时交互数据,未来的算法将拥有更加庞大的数据源进行分析。根据保罗·莱文森的媒介演化"人性化趋势"理论,技术发展的趋势是越来越人性化,技术在模仿甚至复制人体某些功能的同时也是在模仿或复制人的感知模式和认知模式。在5G时代,用户的更多行为数据将得到分析,海量数据将会使算法更加精准与智能,算法将更加智能化、人性化,甚至可能具有"人性"。

第一,用户数据类型将实现从属性数据到多维数据的变革。以算法和数据为基础的人工智能将向下一等级发展,变得更加有温度,深刻地洞察与理解人的实时需求和当时场景中不同个体的实时社交氛围数据,并为其提供适配的精准服务。大数据不再仅仅是人口统计学特征的综合,而是基于关系对人物形象的构建。在此种情况下,算法已经不仅成为信息分发的工具,也成了洞悉用户需求、为用户提供适配场景的重要工具。

第二,算法将创新和深化人们当今的连接方式。目前,人们的连接方式主要是血缘、业缘、地缘的强关系,而网上的虚拟关系很多是弱关系。在5G时代,伴随海量、实时数据的产生与运输,以及大数据与人工智能技术的深度融合,算法在洞察人们需求的同时也将承担起连接用户的角色,将相同需求、兴趣的用户群体在全社会的范围内连接起来,形成新的社群。

第三,对用户数据的应用将从既有行为模式的挖掘转向对未来行为可能性的预测,形成以算法为主导的社交场景,形成算法构建的社交氛围,甚至出现新的媒介社交形态。基

---

[1] Mukerjee S, Majovazquez S, González-Bailón S. Networks of Audience Overlap in the Consumption of Digital News[J]. Social Science Electronic Publishing, 2018, 68(1): 26-50.

[2] Crisci A, Grasso V, Nesi P, et al. Predicting TV Programme Audience by Using Twitter Based Metrics[J]. Multimedia Tools and Applications, 2018, 77(10): 12203-12232.

[3] Rauch, S. Understanding the Holocaust Through Film: Audience Reception Between Preconceptions and Media Effects[J]. History & Memory, 2018, 30(1): 151.

[4] Hassenzahl M. The Thing and I: Understanding the Relationship Between User and Product[A]//In Blythe M, Overbeeke C, Monk A F, Wright P C. (Eds.). Funology: From Usability to Enjoyment[M]. Dordrecht: Kluwer, 2005: 31-42.

于大数据库中的相关关系，通过了解过去和现在的情况，人们能够研判未来可能发生的事，并基于此做出适宜的准备，采取主动的行为。目前，一些社交软件已经尝试用算法连接用户的模式。例如社交软件SOUL，其通过测试数据分析出用户的特点以及性格趋势，再运用智能算法为其匹配适合度更高、更相似或者更默契的用户。在5G时代，通过对海量用户数据的分析，智能算法能够更全面地抓取用户的网络行径与认知态度，将在全网络以及全社会中以兴趣、爱好、实时需求等将人们划分为不同的社群，为其提供适宜的社交场景与氛围。在此基础上，未来将形成以智能算法为核心逻辑连接的社会结构。

第四，从被动接收关系数据转向主动出击挖掘非关系数据。数据信息中实际上并不存在真正意义上的垃圾，垃圾只是被放错位置或是未经分类的有用物而已。例如，对于亚马逊来说，过去近20年间，它追踪了成千上亿网购用户在亚马逊网站上浏览、搜索以及购买的记录，不仅积累了大量的用户数据，而且开发了强大的推荐算法。亚马逊利用这些算法为消费者推荐了很多适合的商品，这是它的核心竞争力所在。现在，亚马逊可以轻易地将这些优势移植到网络广告领域，打造基于海量用户购物数据的强大的实时广告竞价产品，帮助广告主将广告在合适的网站、时间展现给合适的消费者。当用户访问网站时，亚马逊的数据算法可以帮助它确认此人来自哪里，最近在亚马逊上购买了什么商品，比如纸尿布。那么针对这种情况，在这个网站的广告位上投放母婴产品的促销信息或许是最合适的。

3.4.2 用户研究的可能路径

1. 大数据人工智能算法研究

喻丰等学者总结说，传统的问卷调研、心理学实验等研究方法，在思维和方法上具有长期的局限性。一方面，从数据样本来说，利用传统的研究方法很难快速地完成大范围的数据收集工作，并且很难得到全体数据，基于概率论得到的结论尽管能够较好地揭示普遍规律，但是很难在个体中得到有效运用；另一方面，从研究情境来说，难以在实际生活中对所希望观察的对象进行较为全面的观察。[①]大数据智能算法，在"观测的时间粒度"（irresolution）上，则可以做到无比精细。[②]以往精确的日记法研究，如对于中国居民媒介使用状况的全国调查，最细可以做到以小时为单位；而大数据，则是全天候、精细化的用户网络行为痕迹。因此，大数据智能算法研究，可以在受众个人主体与群体特征的辩证关系层面，更好地解决受众研究以及媒介体验效果评价等问题。

2. 认知神经科学实验研究

任何传播效果都是以人脑对信息的处理加工为基础的。如果说大数据智能算法范式是

---

① 喻丰，彭凯平，郑先隽. 大数据背景下的心理学：中国心理学的学科体系重构及特征[J]. 科学通报，2015，60（Z1）：520.
② 祝建华，黄煜，张昕之. 对谈计算传播学：起源、理论、方法与研究问题[J]. 传播与社会学刊，2018（44）：1-24.

从宏观上提供研究逻辑和全方位的研究情境，大多用行为数据来预测动机，比如从用户所处线上的网络位置和时间坐标来推测其线下的用户画像，如社会角色、生活方式等[①]，那么认知心理学对于动机的研究，则超越了以往自我报告（self-report）式的动机研究主观定式，从微观层面，对于人的动机进行客观指标描述与科学解释分析。例如，我们曾对用户体验指数（user experience index，UEI）进行探讨，运用认知神经科学技术，从注意度、唤醒度、记忆度、回忆度和情感度五个维度对受众使用媒介产品的体验进行分析，并综合神经学测评、双眼竞争测评、眼动追踪测评等数据，保障测评结果的效度与信度。此外，还提出了传播媒介对于受众长时记忆的影响研究范式。

因此，认知神经科学实验研究，可以从用户个人主观情感与客观指标的辩证关系层面，更好地解决受众研究以及媒介体验效果评价等问题。

3. 技术现象学研究

技术现象学还原的路径，是探讨媒介与人的关系的一种重要取向。用现象学视角观照我们的研究问题，是一种"输血"的过程；将技术现象学与传播学相结合，成为一个体现传播学特点的有机整体，探究一种研究的模型或者机制，则是一种"造血"的过程。

与受众研究及媒介的用户体验关系最为密切的现实问题，是人工智能、未来媒体、拟态环境，等等。人的意义，不能消解在数据、技术符号之中黯淡无光；人的自主性问题、世界的丰富性问题迫切需要重视，也是与人工智能与算法技术发展，以及业界的不断应用相关联的。在该研究领域，"理论—实践—理论"这种新的认知循环很容易被触发，可能使得理论在未来获得更好的发展。

目前，人工智能的发展日新月异，正在为我们打开生活中种种无法设想的界限。针对这一现象，从宏观角度应当如何分析、进行现象还原、真正理解技术的含义、准确认识人的主体性价值，都是我们迫切需要反思和创新理论框架的问题。因此，技术现象学路径，可以从受众作为人的主体性与技术工具性的辩证关系层面，更好地解决受众研究以及媒介体验效果评价等问题。

4. 应用：用户的数据化画像

用户画像又称用户建模、用户标签，最早由交互设计之父阿兰·库珀提出，指的是建立在一切真实数据基础上的用户模型，是真实用户的虚拟代表。对用户进行画像，可以挖掘用户的特性及用户群之间的联系，进而完成个性化、精准化的推送服务。传统的用户画像往往是模糊的用户群像描绘，当下的用户画像可以从个体层面和群体层面展开。

1）个体用户画像

绘制单个用户画像主要用于个案分析，其目标是揭示用户的人口统计学特征、兴趣特征、偏好习惯、需求等，要求使用尽可能详尽的数据标签化一个用户。这样形成的个体用

---

① Zhu J J H, Chen H X, Peng T Q, et al. How to Measure Sessions of Mobile Device Use?[J]. Mobile Media & Communication, 2018: 6.

户画像具有较强的独立性，可与其他用户有效区分开来。

个体用户画像的数据主要源于三个方面：一是用户在社会化平台上留存的个人信息，往往包括性别、年龄等人口统计学信息，可用于基本分析；二是用户自主发布或分享的内容，可以折射用户的兴趣偏好及其心理变化过程；三是用户在社会化平台上的点赞、评论、转发等行为，可以探究用户潜在的偏好习惯及需求。

但由于个体用户画像具备较强的个体独立性，彼此之间存在较大差异，不利于进行大规模的用户算法推荐，因此，还需要针对用户群体进行画像。

2）群体用户画像

群体用户画像指的是基于个体用户画像，使用统计学、聚类分析等方法，对用户之间的相似性进行统计比较，将用户划分为若干具有相似特征群体，并对该群体的共性特征进行提炼，以此代表某个社群的用户。

进行群体用户画像时，要注意区分群体的特征，把握封闭的网络社群（边界清晰，成员关系模式明显）、开放的网络族群（基于文化属性，尚无明确聚集地）、离散的共性人群（基于某一话题或标签短暂聚集）等不同群体的用户行为与动机。由于网络用户具有极强的流动性，其画像也应是实时的。

3.4.3 技术伦理与数据风险

5G时代，实时生成的数据、实时分析、实时调整的算法，将成为整个信息系统运行的神经和命脉。个性化算法推荐成为与人密不可分的存在。我们在享受技术红利带来的个性化定制服务时，也要警惕潜在的风险。

算法的诞生本身意味着人类可以更加协调、有效、自如地管理自己的社会生活，但是目前算法技术的发展也在相当大的程度上决定了人对世界的感知及其自由度，即它框定了我们的视野，深刻地影响着我们对自我的认识与呈现，并已经渗透到我们的生活空间之中。个性化算法带来的"信息茧房"现象，可能使人们囿于偏见和固有的社会结构中，加剧认知偏差，"被幸福地操纵"。人们像驾驶着一辆算法制造的信息快车——它既给我们带来了前所未有的自由度，也将我们牢牢限定在这个信息快车特有的行驶规则和框架中。

除此之外，"数据化生存"使得人的各种数据暴露于信息网络之中，暗藏数据泄露风险，更需注重对用户权利的保护。一方面，为获取更便利、丰富的信息，用户往往以隐私信息作为交换，这种"隐私数据"实则后台可见，难以确定平台或第三方服务商是否对其加以利用；另一方面，数据的被遗忘权和删除权难以保障。人们进入"数字化圆形监狱"，信息的复制和社媒的裂变传播导致用户数据未必能被彻底删除。

如今，我们与人工智能技术之间出现的一系列问题，实际上是掌握了现在技术传播生产力的人，跟过去既有的掌握制度传播生产力的人之间，在一个特定的发展阶段的一种矛盾与对冲，或可称为博弈。未来，人们对数据、算法技术的应用，或可回归人本主义，更好地为人服务；同时，加强用户数据素养的培养，推动博弈平衡。

3.5 用户洞察与行为流

新媒体技术提供了各种新平台,由此我们可以观测到很多不同种类的用户行为。但受众研究的基本问题并没有变,即受众是主动的还是被动的,是理性的还是非理性的,存在不同受众的活跃程度和理性程度等。这些问题之前一直未能得到很好的解答。现在面临的新情况是,我们有了很多数据来帮助回答这些问题。[①]

媒介的碎片化使用、多任务使用、交互化使用、沉浸式使用,给受众行为带来了测量难题,用户行为的泛在化和复杂性导致出现人们难以获取全部数据的问题。如何更好地检验用户的媒介体验与行为,绝对是传播学所面临的最大挑战之一。

3.5.1 用户洞察的新范式

所谓行为流,指的是用户在购买或体验一款产品时产生的系列交互行为。5G背景下,要更好地测量用户媒介体验与行为,需要进行更为深入的个体效果洞察。用户洞察与大数据不同,侧重对用户心理动机的挖掘。换言之,大数据往往在表达"表象",而非发现"问题";要把握用户的真实需求,还需要体察用户的行为,对用户心理层面价值的观测与把握,成为了解用户媒介行为及规律的关键入口。

5G背景下,人们对用户行为的洞察发生了新的变化。一方面,在5G时代,流量(用户)在中国互联网公司三巨头(BAT)平台上将成为富余资源,这些平台型媒体提供的流量资源会变得越来越"廉价",因此,传统媒体在转型中获取用户的成本会大大降低;另一方面,传统媒体也可以通过自身的独立端口获得"私域流量(用户)"。两者相济,原有的用户流失、渠道中断等问题会得到大大改善。在这种情形下,对用户的精准管理便成为未来发展的重中之重。其中,既要解决数据库管理中用户精准洞察与把握(包含其社会特征、生活形态、价值观念、社群交往、行为结构等)的问题,又要解决自身的内容与服务在同用户连接时的一系列问题。

以内容服务为例,它要解决四个环节的问题:一是使用户能够"看见",即解决通过什么渠道、在什么场景下使内容能够实际"触达"特定用户的问题;二是使用户能够"看下去",即解决形式的选择、技巧的运用、场景的构建,使特定内容与特定用户的阅读习惯、阅读心境、阅读兴趣相匹配的问题;三是使用户能够"看懂",即解决在传播符号的"编码"阶段就充分考虑到特定用户"解码"时可能遇到的知识背景、思维方式、参照标准等方面的特殊性,从而给出特定的解决方案,尽可能避免用户"解码"中的"文化折扣"现象;四是使用户"既看懂又能用",即尽可能解决用户在信息、知识与行动、决策之间的连接问题,为他们量身定制一整套"学以致用"的"行动路线图"。

---

① 李晓静,付思琪. 智能时代传播学受众与效果研究:理论、方法与展望——与香港城市大学祝建华教授、斯坦福大学杰佛瑞·汉考克教授对谈[J]. 国际新闻界,2020(3):108-128.

过去的传播效果研究中，往往以短期效果和中长期效果为主，但在整体效果研究中，缺少最基础的一环——对于"人"作为一个生物进化体本身，进化了几亿年的生物体对于外来信息基于生理和心理的反应机制与反应模型的研究。因此，未来对传播效果和信息加工的研究，应重点关注该层意义。随着媒介认知从物理层面转向心理层面，人们对用户动机的研究也从行动描述转向心理动因。在此过程中，认知神经科学与社会科学的交叉为我们开展用户洞察提供了新的范式。

如今，认知科学包含认知心理学、认知神经学、脑科学以及由计算机学科交叉所产生的人工智能等诸多学科。认知研究的快速发展使得我们过去对认知、意识在哲学层面的抽象思考有了经验性的认识，并使我们重新审视包括传播学在内的社会科学的研究视角和方法。目前，媒介接触和使用的研究与认知心理学结合的较多，主要是基于心理学量表编制问卷题目。随着研究的深入，媒介研究需要跟认知科学的其他领域继续交叉演进，具体表现如下。

一是参照认知心理学、认知神经学的相关理论，在用户心理对媒介行为的影响关系中加上认知层次的变量设计，以此延伸研究维度，尤其是对如"信息茧房"等局部重点议题做深化研究。"信息茧房"是由个性化信息推送与个人喜好所构建的内容环境，既强化了固有的内容喜好，又产生了群体间极化的可能。基于全景视角对价值观群体的洞察，"信息茧房"可以被视为个体媒介生态系统的极端表现，从价值观出发观测和把握"信息茧房"的形成演化与分类特征，并评估长期的媒介偏向对生理机制产生的影响，提供更多系统性的数据支持，成为传播学研究的一个重要分支。

二是使用认知神经学的技术方法和设备，如使用眼动仪、正电子发射断层扫描、功能性核磁共振成像等脑电装置测量实验刺激后的生理指标变化。由于问卷调查方法多为用户自我评测，一些用户难免受到情绪影响或出于隐私而选择虚假作答。认知科学中的脑电实验等方法一方面可以对某些关系假设进行复核验证，用生理指标反映用户更真实的媒介接触情绪或态度；另一方面包含具体的"刺激"环节，例如使用具体媒介产品或功能，有助于在媒介"入虚"探索的初期"矫正"由于概念过度超前或抽象而对公众既有认知造成的不适及认识把握上的难题。

三是理解并应用人工智能的原理和技术手段。它包括在研究中爬取网络用户数据信息，辅助完成浏览、购买行为的数据处理，以及内容文本的态度和情绪分析等工作。这也是当前计算传播学的重点研究区位。但囿于网络行为的复杂性和互动性，即便能够获取海量数据，目前也没有合适的网络抽样方法。[1]基于对个体媒介使用心理动因进阶路径的洞察，有助于设计更为精简的行动人群监测模型，观测网络系统中不同价值群体之间的互动影响，以及人口结构消长对于媒介系统乃至更为宏大的社会大系统的诸多作用、机制及表现。

---

[1] 祝建华，黄煜，张昕之. 对谈计算传播学：起源、理论、方法与研究问题[EB/OL]. （2018-04-15）[2023-12-20]. http://xueshu.blogchina.com/991722025.html.

3.5.2 用户决策行为的分析要素

用户有限理性本质导致其网络行为常伴随情绪化的非理性色彩。在非理性行为理论中，形成一个决策主要包括三个方面的要素：决策的情境因素、个体的偏好结构和个体的信念特征。因此，在对用户媒介行为这一偏向非理性决策的分析中，我们可以从如下三个要素入手。

1. 要素之一：媒介认知

认知需求（need for cognition，NFC）是一种重要的人格特征。认知需求即用有意义的、整合的方式组织相关情境的需要。当这种需要不能得到满足时，个体将产生一种紧张感，此时会积极努力地去组织情境、提高理解。[1]

从马斯洛需求层次理论看，认知需求和安全上的需要紧密相关，个体需要感知安全威胁，消除紧张感。在这个意义上，认知需求是最基本的，往往会驱动信息搜寻行为。信息是人类活动的基础。信息论创始人香农首次将物理热力学中"熵"的概念引入信息论当中，认为信息就是"负熵"，即人们对事物不确定性的消除或减少。信息对于人的人际交往、社会活动、心理建构等方面具有重大意义。

受众如何认知媒介，是对整体信息系统进行理解和采纳的前提。有研究认为，受众价值观是指在新闻传播活动中，新闻传媒具有能为人们提供鲜为人知的、具备新闻特质的新信息、新知识，能够满足受众由社会交往所引起的认知需要而具有的客观价值在受众头脑中的反映，是促使受众接近传媒的内在驱动力。受众价值观，是调节受众接触传媒行为、决定受众同传媒关系的意向观念，是体现受众本位的核心内容。[2]

如果说大众传播时代，在相对局限的内容中，这种个人差异主要体现为对统一的大众媒体上信息的理解偏好，那么信息技术与移动互联技术共同促成的当下个体化消费的现状，则将更多的个人差异指向理解之前的接触与选择。随着信息加工学说的引入，研究界逐渐将媒介行为的驱动力量指向互联网的认知架构，进而出现了一种以认知勾连传播结构与行为的研究路径。始于接触与使用新闻之前的媒介认知（media cognition）、媒介观影响媒介的接触与选择，成为这一研究路径的基本假设。

媒介认知与媒介观一直是现代传播研究中的重要概念。受众使用何种媒介、如何使用媒介及采纳媒介传播中的何种信息，都与媒介观相关。[3]早在20世纪60年代，有社会学者在关于现代性的研究中不断涉及媒介观[4]，将它置于媒介使用与接触行为之前。随后在20世纪70年代，中国台湾地区学者曾将媒介观作为受众现代性研究中的一个变量加以考察。

---

[1] 曹锦丹，程文英，兰雪，等. 信息用户研究的认知需求视角分析[J]. 情报科学，2015（5）：3-7.

[2] 陈崇山. 受众本位论[M]. 北京：社会科学文献出版社，2008：1，3，6.

[3] 卜卫. 传播学思辨研究论[J]. 国际新闻界，1996（5）：31-35.

[4] Inkeles A. Making Men Modern: On the Causes and Consequences of Individual Change in Six Developing Countries[J]. American Journal of Sociology, 1969,75(2):208-225.

①在媒介技术突飞猛进的近几年，移动化传播的常态更加催生媒介观研究的紧迫性，彰显其变迁意义。

研究表明，在社会性媒介认知中，传统媒介的基本认知仍然产生巨大的影响。与此同时，个体化、社交化媒介的使用和普及，促进了社会性媒介认知的部分迭代。这意味着传统媒介时代的某些传播手段正在与全民性媒介选择的框架产生错位。

当前，传统的媒介认知仍然是主流，表现为对信息功能、娱乐功能和真实性特质的较高选择率。这说明，无论媒介系统多么丰富、多元，真实信息仍然是媒介的生存之本。同时，高度重视连接到"人"。社交化媒介使用生态使得社会联系、社交功能成为全民性的选择，媒介系统本身正在发生质变，更广泛地连接他人成为人们对媒介选择和使用的基本期待。此外，空前的媒介存在"不安全性"。"安全性"成为全民性的特质选择，仅次于真实性，这也从侧面证明媒介系统的数据隐私和安全等社会性问题深入人心，亟待解决。在调研前期广泛收集提供的多元化的媒介价值、功能、特质选项，在主流媒介认知选择之外，正在成为不同人群的差异化选择。这些长尾性质的差异化选择是媒介认知的"第二梯队"，也是媒介产业多元化发展和争取不同群体用户的选项池。

2. 要素之二：媒介人格

受到情绪、生理、环境等因素影响，用户短时间内的价值感知会产生瞬时变化，但人格特质则由先天获得的遗传素质与后天环境的相互作用形成，是具有持久倾向性和比较稳定的心理特征与精神面貌，其构成了对事物或人相对持久的认知和理解。因此，人格对于媒介用户使用行为也会产生持续的影响。例如，在对游戏玩家的研究中，有学者从"其他用户—媒介系统—自主行动—他人互动"的视角出发描述了六种游戏者人格，即社会倾向—个人倾向、利他倾向—利己倾向、建构倾向—解构倾向。社会倾向者注重与更多人互动，建立更多的社会关系；个人倾向者更倾向于自我的表达和创造，如在媒介环境中求得遁世等自在表现；利他倾向者倾向于帮助他人，不求回报，如丰富维基百科内容和回答其他网友的问题；利己倾向者只有在有利益时才会行动；建构倾向者倾向于通过努力学习、提升自我，进而在一个系统里出人头地；解构倾向者表现出无视规约而"越轨"与"反常"的行为或态度，如在网上做出撒野、反智和好斗的"抬杠"行为等。

系统的媒介人格的划分方式有利于开展用户行为与动机的分析测量。每一种人格及其次级指标都能够找到对应的、较为成熟的价值观概念和量表，如"利己—利他主义量表"等。由于任何人都可能存在多种人格的重叠，在实际测量中，我们需要记录被调查者不同人格上的得分，并根据价值观的偏好程度予以"安置"。在价值观偏好测量的基础上，再根据人口统计学特征，考察现实中城乡二元或代际冲突是否与媒介环境中的价值观离散呈现某种相关关系，以及不同价值观偏向的用户群体在多元价值场景下媒介使用行为上的异同和变化。

---

① 杨孝荣. 传播社会学[M]. 台北：台湾商务印书馆，1979：8.

3. 要素之三：媒介时空

用户使用媒介的行为都发生在一定的情境之中、时空之下。流动的空间（space of flows）和无时间的时间（timeless time）是卡斯特对媒介时空的论述。在他看来，"流动的空间"是这样的地方：通过它的媒介基础设施，来自不同地方的社会生活能够继续进行，就好像实际上在场和相近一样。它是"没有低于邻近性的社会共时性"。而"无时间的时间"是我们关于过去和未来融合在当下的感觉，因为数字媒介将已经发生的事情带给我们，并让我们立即体验来自遥远地方的文化。它既破坏了我们的逻辑时间序列，也破坏了我们的生物时间感。

人如何使用媒介一直是媒介研究的重要课题。在使用移动终端的今天，探寻媒介使用的模式，以及人们如何在众多媒介中分配注意力，意义重大。威廉·斯蒂芬森主张从自我意志的游戏和选择聚神入手考察传播活动的个体主观性。[①]使用者在媒介接触中如何选择聚神，受制于组织环境、制度环境或者社会环境，并不能随心所欲地安排自己的时间和节奏。从这个意义上讲，注意力分配的研究可能要超越一般意义的时间管理范式，要挖掘真实世界更深层次的环境约束条件或者因素。社会学的注意力分配研究主要集中于时间社会学领域。与其他学科相比，时间社会学侧重研究注意力分配背后的环境因素。根据研究层次的差异，我们把已有研究分为三类：从天文时间到社会时间的宏观研究、从社会时间到组织时间的中观研究、从组织时间到个体时间的微观研究。[②]

用户使用的操作化通常是基于时间（time-based）的测量（比如接触媒介的时长或频率），这是对传统媒介使用研究的一种沿袭，主要与广播、电视播出时段较为固定有关。[③]以往研究中媒介使用的测量多关注人们使用媒介的时长、频率、形式或内容，而使用的地点、方式往往被大多数研究者忽略。大多数研究仅涉及其中一两个方面，多变量的综合性测量相对较少。而且，不同变量、不同指标之间的关系和权重问题也没有得到很好的解决。[④]

目前，对空间（场所或情境）维度的实证考察相对较少，主要集中在对互联网媒介使用的测量上。因为网络接入的便捷性和移动终端的发展，受众使用媒介的空间行为越来越复杂。谷歌于2011年10月开展的"移动星球报告"研究，旨在调研不同国家的手机使用行为，覆盖47个国家和地区，44400位参与者。报告显示，我国城市智能手机用户使用手机的空间，包括家里、办公室、餐馆、路上、社交场合、咖啡馆、诊所、学校、机场等。然而，经验告诉我们，智能手机的应用并非因绝对的物理空间改变而变化，碎片化使用的意识使得研究者通常将不同的媒介使用空间统筹在一个指标下进行全面考察。碎片化并不

---

① 宗益祥. 游戏人、Q方法与传播学：威廉·斯蒂芬森的传播游戏理论研究[M]. 北京：中国政法大学出版社，2017.

② 景天魁，张志敏，等. 时空社会学：拓展和创新[M]. 北京：北京师范大学出版社，2017.

③ Jung J Y, Qiu J L, Kim Y C. Internet connectedness and inequality: Beyond the "divide"[J]. Communication Research, 2001, 28(4): 507-535.

④ 廖圣清，黄文森，易红发，等. 媒介的碎片化使用：媒介使用概念与测量的再思考[J]. 新闻大学，2015（6）：61-73.

能概括所有媒介使用的现状，非物理性的时间、空间感知仍然是移动化媒介使用的某种边界所在。

3.5.3 用户行为的度量方法

并非所有人的行为都可以被量化，但不断探究其内部原因的复杂性是整个社会科学的研究目标。近年来，普遍为欧洲研究界所接受的"新受众研究"，其"新"在于着眼点上更关注受众和信息接收过程，而不是内容生产者、文本、文本产制过程；方法上更依赖阐释民族志，而非量化统计、内容分析或文学批评；立场上更倾向于将人口统计学变量所代表的社会结构因素、大众文化意识形态、文化领导权问题以及媒体力量的影响等看成有限而模糊的，专注于描述受众置身的日常生活及文化情境如何影响特殊个体的媒介信息接收行为。但是在新媒体领域，一个较为有利且直接的因素是，用户行为会产生数据，这为用户行为的基本度量提供了正在被采用的可能。

1. 用户行为度量

度量是一种测量或评价特定现象或事物的方法。通过稳定可靠、具有信度和效度的度量方法，我们得以测量或量化人或事物的某些属性。[①]用户行为度量就是在一套可靠的测量方法的基础上，对互联网用户的行为进行直接或间接的观测，并将用户行为量化，通过对某些特定指标的观察比较，对用户进行画像，构建用户行为模型，找到用户的行为特点。

一般来说，用户行为是指用户使用媒介时的具体行为，具体化为数据指标，常常以点击次数、使用地点、浏览数等来计算。但实际上，要想准确、全面地把握用户行为特征，不能只通过观察用户的线上使用行动表征，还要从行为产生的动机、行为实施时的情绪、行为所表达的态度三个角度进行综合评价。

具体的行为实施需要有一个目标，引导个体行为的方向，并提供动力。[②]个体对目标的认识，由外部的诱因变为内部需要才能推动行为的实施。这种推动行为产生的动力就是动机。用户行为动机产生的前提是存在使用某种网络产品的需求。对于用户来说，这些需求建立在个人对产品的认知基础之上。因此，结合动机对用户行为进行分析，能够看到用户对互联网产品的认识，同时从单一的行为数据表征中剥离出不同的用户行为特点。

情绪和情感都是人的主观体验，但对于用户行为的度量来说，情绪一方面能够干预、控制行为，另一方面也可能是用户使用产品后的一种生理性结果。如果在浏览网页时两个人都很快关闭了网页，结合情绪的度量，你也许会发现，其中一个人是对网页内容不感兴趣，另一个人是看到了令他恐惧的内容，所以逃避性地关闭了网页。所以说，情绪也是用户行为度量的重要部分。

[①] 汤姆·图丽斯，比尔·艾博特. 用户体验度量：收集、分析与呈现[M]. 周荣刚，秦宪刚，译. 北京：电子工业出版社，2016：6.

[②] 彭聃龄. 普通心理学[M]. 北京：北京师范大学出版社，2001：320.

用户的既有态度和使用后对产品的态度，是行为度量分析需要考察的指标。既有态度能够帮助人们剥离用户行为倾向中的主观差异，对产品的评价态度则可以辅助我们评估用户的行为特征。由此可见，用户行为的度量与分析是一个综合性的过程，需要使用多种方法，测评多种指标，全面考察行为的具体含义，才能够得出较为准确的结论。

2. 用户行为度量的意义

用户行为度量是进行互联网用户研究以及企业改进互联网产品与服务的必要支撑。将用户行为数据化、评价结构化，能够对用户行为进行更深入的洞察和理解。但仅仅依靠直觉是不能够为用户提供完整画像的。只有通过分析用户行为度量后的指标，我们才能得到研究与决策的客观数据支撑。

度量的价值在于"精准"。对于企业来说，精准的用户行为度量为我们做出决策提供了明确的数据指标。调整设置如何影响用户行为，行为改变对点阅率等指标的影响如何，这些都可以通过用户行为度量和建模预测得到一个可量化的指标，将其作为决策的参考依据。基于用户行为分析，建立用户行为偏好模型，还可以提供更加小众化、定制化的服务。对于研究者来说，小范围样本的用户行为观察可能无法发现行为中的共性规律与集体特征，但当对用户行为进行统一的、大范围的度量，将一些细微的特征汇集起来，在大数据、云计算等技术的辅助下，或许能够得到新的发现。所以说，用户行为度量的意义在于将行为数据化后，为理解用户行为、更新互联网产品、改善服务提供准确的参照。

用户行为度量主要有两种应用场景。第一种是事前度量，如新产品开发阶段，产品设计与调试时需要进行多次实验，通过对用户行为的度量，不断调整界面设计与功能安排，以期提升产品的可用性、易用性，获得良好的用户体验。第二种是事后度量，即在产品发布后，需要随时关注用户的行为动向，通过度量用户行为，调整产品设计中的缺陷或提供有针对性的服务。详细、清楚地了解用户的行为习惯，有助于企业发掘高转化率页面，让企业的服务更加精准、有效。对于互联网内容平台来说，则可以通过分析用户的行为特点，发现内容传播的规律与热点，精准推送适切的内容，提高业务转化率，从而提升企业的广告收益。

3. 线下用户行为度量

用户行为度量的方法有很多种。根据实施地点的不同，我们可以将用户行为度量方法大致分为线下与线上两大类。

线下用户行为度量多采用实验法、观察法、焦点小组访谈等方式进行。在产品开发时，一般在新产品发布前发现问题，将其作为设计调整的参照，或是在产品改进时评估改动影响等。

线下用户行为度量大多是通过给予参与者一个任务，或一个核心问题让其解决。在用户使用产品、解决问题的过程中，我们要对参与者行为及自我报告进行记录。这些行为既包括使用互联网产品的外观行为特征，如使用模式、浏览轨迹等，也包括参与者的生理性行为，如表情、心跳、出汗、身体不自觉动作等。线下用户行为度量的优势在于能够最大限度地观察参与者做出行为时的一切表征。在实验或长时间的行为观察中，基于一系列生理信号采集处理的新技术、新方法，如眼动追踪、脑电、皮电、心电、压力感应、行为分析系统等，人们能够更好地收集和分析用户多维度的行为数据。

眼动追踪是获得参与者眼部活动数据较直接、应用较广泛的方法。人类的眼睛会透露很多信息，包括注意、感知觉、记忆、情绪等，揭示认知与决策等心理行为。眼动仪通过图像处理技术，使用能锁定眼睛的摄像机，记录人眼角膜和瞳孔反射的红外线的变化，从而实现对视线的跟踪记录。目前常用的眼动指标有注视时长、注视次数、注视点序列、回视次数等，可用来评估所看区域对受试者的吸引力程度[1]，以及受试者对该区域的关注度、注意力投入程度等[2]，还可通过直观轨迹显示受试者的浏览路线。眼动数据可以通过常见的眼动仪进行精确测量，后续对数据做统计分析。此外，还有一些随行式的摄像头眼动数据收集设备（如 Eye Track Shop），方便研究者走出实验室进行相关研究。

借助脑电（EEG）相关设备，研究者可记录人头皮表面的神经活动，用数据信号反映人体信息加工的过程，准确反映大脑内部信息处理的过程与机制。通过脑电实验采集受试者的脑电数据后，研究者可采用 EEGLAB 等工具对 EEG 数据进行离线分析，对用户使用互联网产品时的认知加工行为、情感、注意程度等进行测量评价。此外，运用类似 Bio Nomad 等设备测量用户使用行为发生时的心电、肌电、皮电、呼吸、体温、脉搏等生理信号，或是类似 Face Reader 的面部表情识别系统，也有助于对用户行为本身进行多维度分析。甚至已有公司在研发鼠标点击压力感应的测试设备，以及用于分析用户坐姿的椅子，提取出一些指标来辅助用户行为分析。

通过线下对用户生理信号的辅助测量，用户的行为不再是单一的点击量等数据表征，而是一个立体、多维的复杂系统运作的结果，人们对用户行为的度量与解读结论也会更加全面、可靠。但不可否认的是，出于对综合成本的考虑，线下用户行为度量的样本量较少，适合对个体进行深入剖析，但对于互联网上群体性行为特征的研究助益微小，此时我们就需要运用线上用户行为度量方法。

4. 线上用户行为度量

线上用户行为度量主要是对用户的线上行为数据进行统计分析，借助一些工具对原始行为数据进行清洗、整理，得到具有参考性的行为度量结论。线上用户行为度量也可以采用实验法，但是需要进行服务改良实验，在比较用户行为差异得出决策结论时使用。大部分情况下，线上用户行为度量可以从以下七个方面进行数据采集[3][4]：①用户的来源地区、来路域名和页面；②用户在网站的停留时间、跳出率、回访者、新访问者、回访次数、回访相隔天数；③用户所使用的搜索引擎、关键词、关联关键词和站内关键字；④用户使用

---

[1] 邓铸. 眼动心理学的理论、技术及应用研究[J]. 南京师大学报（社会科学版），2005（1）：90-95.
[2] 任延涛，孟凡骞. 眼动指标的认知含义与测谎价值[J]. 心理技术与应用，2015（7）：26-29.
[3] 吴斌，郑毅，傅伟鹏，等. 一种基于群体智能的客户行为分析算法[J]. 计算机学报，2003（8）：18-23.
[4] 余慧佳，刘奕群，张敏，等. 基于大规模日志分析的搜索引擎用户行为分析[J]. 中文信息学报，2007，21（1）：109-114.

的入口链接；⑤用户访问网站的流程；⑥用户的网页热点图分布数据和网页覆盖图数据；⑦用户在不同时段的访问量情况。

基于以上数据，一方面，人们可以对用户的行为习惯、规律进行归纳总结，改进算法，优化互联网产品，提供更精准的服务；另一方面，在以流量评估产品效能时，这些数据可以成为量化绩效考评的重要依据。

上面所说的数据采集是自然状态下的用户行为度量，线上用户行为度量也可以与实验法结合进行。例如，在推出某个新产品时，如果对两种不同的产品设计难以取舍，可以将两种产品分为实验组与对照组，随机分发给不同用户，再结合数据分析，看哪一类产品的用户黏性更强，可用性与易用性更佳。

除此之外，在用户允许的情况下，线上用户行为度量还可以结合一些工具，获取更多的行为发生前后的时间、空间背景信息，结合行为背后的具体事件，对用户行为做出进一步解析。例如，Click Tale 等鼠标点击类工具，可以帮助研究者了解用户在网页上的点击和移动行为，探查用户对关键特征的觉察意识、网页内容的吸引力等。①此外，还有一些分析框架可以帮助研究者梳理数据，如福格行为模型是用来研究用户行为原因的分析模型。②它认为要让一个行为发生，必须同时具备三个元素：动机、能力和触发器。借助福格行为模型，研究者对用户行为的动机、发生的条件进行场景化分析，比简单对数据进行分析更全面。

值得注意的是，对线上、线下用户行为度量的分析，人们还可结合自我报告、观察、访谈等定性方法来进行，这样能够更深入地了解某一用户行为的实质。通过用户行为度量，研究者与服务提供商可以提升对用户的认知度，在此基础上增加用户的参与度，增强用户的活跃度，提高用户黏性。

综上，网络新媒体用户具备流动性社会中个体的众多特征。一方面，用户成为具有高权力认知的群体，同时又并非高度自治；另一方面，其行为根据数据痕迹可以轻易被统计和测量，但深层次的动机与价值取舍仍然要从更广阔的层面不断探究。

 名词解释

1. 超级个体
2. 搜索一代
3. 马斯洛需求层次理论
4. 媒体啮合
5. 衣帽间式的共同体

---

① 汤姆·图丽斯，比尔·艾博特. 用户体验度量：收集、分析与呈现[M]. 周荣刚，秦宪刚，译. 北京：电子工业出版社，2016：6.

② 刘敏. 基于福格行为模型的数字出版产品设计：以《中国地方历史文献数据库》为例[J]. 现代出版，2019（5）：64-67.

 **论述题**

1. 阐述数字原住民与数字移民的区别。
2. 阐述新媒体时代用户流动性的表现。
3. 结合本章内容，论述用户呈现有限理性的原因。
4. 论述5G时代场景变革中用户角色该如何转化。
5. 随着智能技术的发展，用户的数据化生存有哪些可能的表现形式？

 **即测即练**

第4章 新媒体产业生态

在 5G、人工智能等新技术赋能下,新媒体产业生态呈现新样态。本章前两节从新媒体生产与消费出发,介绍了新媒体生产模式、生产主体、消费的变化。在用户生产内容(UGC)、专业媒介工作者生产内容(PGC)模式的基础上,受益于 5G 技术,机器生产内容(MGC)将成为内容生产的现象级产品。生成式人工智能已成为开启智能互联时代的里程碑。在媒介技术发展和传播生态剧变的当下,内容生产模式发生着革命性的改变。传统媒体作为内容生产主体的垄断地位不再,被赋权的个体和以 ChatGPT 为代表的人工智能已然加入新媒体生产主体队伍。新媒体消费也呈现新的特征。4.3 节则具体介绍了新媒体产业样态。免费时代过去之后,消费者正在为"秩序"和"边界"付费,付费正在成为一种回归的趋势。作为一种新的经济模式,共享经济改变了过去人们对物品"拥有才可以消费"的观念,让闲置资源等的使用权暂时性转移,使个体拥有的闲置资源被广泛地社会化利用。网红经济的基础架构,其实是内容经济与粉丝经济。网红经济作为中国新经济的重要代表,其崛起背后有人口、技术、产业、资本等的推动,并正在对流量、渠道、营销、商业模式等带来深远影响和场景革命,直播电商将成为行业标配。随着网络传播的兴起和零售渠道的扩张,市场逐渐从集中产品市场向分散产品市场转变,我们正在步入丰饶的小众经济时代。游戏产业是与互联网技术紧密相连的产业,游戏产业的商业模式、产业链结构以及参与者,随着技术的变革不断演进与变迁,游戏经济正在快速发展。

4.1 新媒体生产

4.1.1 新媒体生产模式

1. 用户生产内容(UGC)、专业媒介工作者生产内容(PGC)

5G 是推动智能化变革的强劲动力,它可以满足人工智能(AI)技术演进对数据要素数量、丰富度和传输处理速度的更高要求,为自然语言处理(NLP)、计算机视觉(CV)等提供新动力,而软件及操作系统的智能化进一步帮助人们提高效率,降低操作门槛。在视频内容创作领域,利用"5G + AI"技术可以产出更多智能、便捷、功能丰富的视频制作辅助程序,如人工智能变脸、场景加载等,极大缩短视频从拍摄、精编到上传的时间,进一步降低内容创作成本和创作门槛,使视频选题、呈现效果有了更多的可能。2023 年春节联欢晚会,中央广播电视总台通过 5G 网络传输技术充分赋能,不仅增加了高清和超高清机位的使用比例,还运用 XR、VR 技术实时渲染并输出虚拟舞台空间、演员交互动画,以及凤凰、麒麟等三维影像。强大的技术在 5G 网络支持下得以有效应用,极大地改善了春晚视频的呈现效果。5G+AR 采访眼镜，可帮助一线记者在会场中实时了解人物信息资料，以第一视角进行现场直播，只需手势或语音控制即可完成视频录制、拍照、直播等，拍摄时还能与后方编辑实现屏幕共享、实时互动。记者将在一线获取的视频素材回传至智慧平台，iMedia、iMonitor、iNews 第一时间对素材进行处理，用智能剪辑、智能导播等方式，更高效、更准确地制作视频新闻，实现对新闻采编发的全流程智能化管理。iMedia 智能媒资系统内置人工智能多媒体信息识别模块，可对视频画面进行人像识别、文字识别和语音识别。面对海量视频资料，新上岗的智能剪辑师将大展身手，只要短短几分钟，就能根据需要迅速生成视频，自动匹配字幕。它还能完成画面人物的动态追踪，去除视频的拍摄抖动，多方位修复视频画质，迅速实现横屏转竖屏，适配短视频平台。如果视频内容较长，它能自动搜索人物，定位关键信息，剪辑效率飞速提升。

受益的不仅是专业媒体人员，5G 时代，普通创作者将成为更大的受益者。自主生产内容方式的简易化，有利于更广泛的主体参与，让其充分运用自身智慧，释放优质内容创作潜力，激活短视频市场。2020 年 3 月，中兴正式发布首款 5G 视频手机。其宣称，该手机配备视频编辑功能，有十多种转场特效，能够多视频拼接，并有滤镜、配乐功能，即使是视频剪辑新手，也能轻松创作出专业级视频。借助人工智能技术，内容平台可以帮助创作者科学选题、制作，提供素材搜集、智能匹配、加工制作等支持。移动互联时代的到来，已经出现了"网红经济"和自媒体浪潮。网红和自媒体从业者展示自己的才华，一个人就是一个团队。5G 的到来，复杂操作的智能化继续放大个人能量，一个人传播新闻，一个人做电视节目，甚至一个人拍摄、制作电影的智能化创作方式出现，将会让更多人贴上创作者的标签，UGC 迎来新风口。[①]

PGC 与 UGC 将同步发展，原创高质量内容始终是短视频的核心竞争力。相较于 UGC，PGC 视频能满足人们在短时间内更高效获得有价值内容的需求。在 5G 时代，短视频无处不在、无时不有，用户对短视频的需求将不断增加并细化，依托某个领域有所积淀的专业人士或团队生产的视频具备极大的吸引力。另外，在 5G 技术加持下，中长视频崛起，也为 PGC 视频的完整性表达留下巨大发展空间。

2. 机器生产内容（MGC）模式崛起

万物互联和全时在线的信息通过数据挖掘和智能算法，将生成海量的传感器资讯，即机器生产内容（MGC）。所谓机器生产内容，即通过摄像头、传感器、无人机、行车记录仪等智能采集设备，结合新闻发生地附近的多维数据，自动检测新闻事件、生成数据新闻和富媒体资讯内容。它让摄像头以及各种传感器成为记者的"眼睛"，在突发事件和重大事件的捕捉与生成上，快人一步，自动生成。这一内容生产格局的巨大改变，势必会造成专业媒介工作者工作重心和工作逻辑的重大转变。专业传播工作者在未来的主要角色不是进

[①] 于全，张平.5G 时代的物联网变局、短视频红利与智能传播渗透[J].浙江传媒学院学报，2018，25（6）：2-9+148.

行直接的内容生产，而是为用户、机构和机器的内容生产创制模板，创新模式，开拓新领域，开发新功能，平衡社会表达中的信息与意见失衡，建设传播领域的文化生态。①

受益于 5G 技术，MGC 将成为内容生产的现象级产品。5G 技术的"两高两低"，即高速率、高容量、低时延、低能耗，为 MGC 创造了重要的崛起条件。5G 低能耗和高容量的特性形成了万物互联的基本现实，让所有的传感器可以永远在线，而且把很多传感器连为一体②，使人与人、人与物、人与场景有了时刻在线、互联互通的现实可能。按照 5G 专家的说法，具有超级连接能力的 5G 网络，将承载 10 亿个场所的连接、50 亿人的连接、500 亿个物体的连接，把数字世界带入每个人、每个家庭、每个组织，构建万物互联的智能世界。③在数字与人工智能技术的加持下，MGC 生产模式崛起，机器成为不容忽视的传播主体，各种可穿戴设备、传感器信息传播成为基本现实。不仅"物"成为外化于人的传播中介，人与物、物与物的互联也出现了新的传播形态。从生物克隆、脑机接口再到基因编辑，人与机器的深度融合共生已经成为不可逆的趋势，技术已经实现从人类肢体的拓展到神经系统以及意识层面的延伸。④

近年间，新媒体内容生产的智能化趋势已然出现。2017 年 12 月，新华社发布了中国第一个媒体人工智能平台——"媒体大脑"，并发布首条 MGC 视频新闻，时长 2 分 8 秒，计算耗时只有 10.3 秒。⑤媒体大脑通过摄像头、无人机、传感器收集视频图像数据，进行智能化整合分析和处理。它对内容生产的变革更多地在于抓取、处理数据的快和准，有效提升了行业生产力。在 5G 技术支撑的万物互联情况下，传感器还会实现生理性连接、心理性连接，甚至连人的情绪都可以进行数字显示，为短视频内容制作带来新面貌。⑥例如，基于手机前置摄像头或其他传感器装备，人们能够实时感知用户对观看内容的情绪。借助 5G 的超响应连接，网络和系统能够快速对人体的物理响应做出反应，即时调整观看内容的走向，创造用户与视频新的交互方式，让其在体验中互动并参与创作。⑦

3. 人工智能生成内容（AIGC）

生成式人工智能已成为开启智能互联时代的里程碑。在媒介技术发展和传播生态剧变

---

① 喻国明. 未来传播的三大关键转型：站在未来已来节点上的思考与展望[J]. 新闻与写作，2020（1）.
② 喻国明，曲慧. 边界、要素与结构：论 5G 时代新闻传播学科的系统重构[J]. 新闻与传播研究，2019，26(8)：62-70+127.
③ 华为 5G 首席科学家：带你了解 5G 网络标准是如何建立的[EB/OL]. （2019-01-17）[2023-12-01]. https://www.eepw.com.cn/article/201901/396879.htm.
④ 喻国明，杨雅，陈雪娇. 元宇宙时代传播学研究范式的转型：理论逻辑、内在机制与操作路径[J]. 西安交通大学学报（社会科学版），2023（2）：1-11.
⑤ 新华社发布国内首条 MGC 视频新闻，媒体大脑来了![EB/OL]. （2017-12-26）[2023-12-01].. http://www.xinhuanet.com/http://www.xinhuanet.com/zgjx/2017-12/28/c_136856660.htm.
⑥ 喻国明. 5G：一项深刻改变传播与社会的革命性技术[J]. 新闻战线，2019（15）.
⑦ With 5G, You Won't Just Be Watching Video. It'll Be Watching You, Too [EB/OL]. （2018-10-24）[2023-12-01].

的当下，内容生产模式正在发生着革命性的改变。

（1）内容表达体系：从文字转向到图像转向再到视频转向的多模态内容表达体系

从内容感知的层面来说，内容表达经历了从文字到图片再到视频的升维，现在又有了生成式人工智能以非人类要素的方式加入内容生产环节。但无论内容以何种形式表达和传播，其本质依然是传播生态下的自适应发展。文字、图片和视频都是内容表达的重要方式。当下的生成式人工智能技术对内容的智能化介入同样是循着从文本内容到图片内容再到视频内容的逻辑，从而实现资讯表达宽度的延展。目前，以 ChatGPT 为代表的生成式人工智能支持文本+图像输入，GPT-4 已经升级成为多模态的大模型，在可预见的未来，生成式人工智能将逐步进入多模态的内容生产领域，人工智能生产内容（AIGC）将对内容生产产生前所未有的影响。无论内容体系如何发展，内容始终以复杂系统的方式进行着整体性的演变。对于内容的分析，我们始终可以从信息编码、信息传输和信息解码的角度出发，巧妙运用传播的修辞与话语整饰内容，通过接力传播与圈层进入的传输策略触达用户，消减文化折扣。

需要强调的是，内容的每一次转向并不意味着旧内容的消弭，而是对新内容的凸显，其最终目的是构建多模态的内容传播表达体系。从传统意义上讲，如果说精英阶层是内容生产、传播与诠释的主角，那么普罗大众更多的是处于单向度的信息被动接收状态，这意味着双方内容收发地位的不平等。在视频转向下，话语权逐渐分散，人人都是发声筒，传播场域中个人（用户）的主体地位崛起，掌握较高文化水平和专业技能的精英群体可以通过多种内容形式提升影响力，普罗大众也掌握了分享美好生活瞬间的渠道，借助生成式人工智能实现高于社会平均水平的话语表达与资源调配，其背后是生成式人工智能对数字文明社会"能力沟"差距的巨大弥合。集结了文字、图片、视频的内容表达具备跨界的、无限的信息量，通过构建多模态内容传播体系，提升内容的易感知、易理解、易交互特性。激活微粒化个体，完成微内容、微资源的价值裂变，实现对所有人的赋能赋权，这是提升内容丰富性与复杂性的关键，也为把握内容的发展路径提供了抓手。

（2）未来传播的关键与工作重心的转向：直接内容生产—数据挖掘与生产组织协调—提示工程能力。

生成式人工智能介入内容生产环节，势必会推动媒介工作者工作重心的转向——从直接内容生产到数据挖掘与生产组织协调再到提示工程能力。大众传播时代，PGC、UGC 和 OGC 是人类要素决定内容生产；万物互联时代，MGC，即传感器类资讯，是机器参与内容生产。

生成式人工智能浪潮下，AIGC 是人工智能大模型生成内容。传统媒介工作者从事的直接内容生产很难成为其功能实现和价值发挥的立足点，也无法应对技术革新带来的传播生态剧变。海量传感器资讯对人类生产内容的冲击迫使人类提升对数据资源的掌控和对数据价值的挖掘能力，提高社会内容生产的组织和协调能力。生成式人工智能进一步变革内容生产格局，对人类的提示工程能力提出了新的要求。随着 ChatGPT 等生成式人工智能的爆火，作为互补性职业的提示工程师（prompt engineer）进入社会各界的视线。Scale AI 创始人认为，人工智能大模型可以被视为一种新型计算机，而提示工程师就是给它编程的程序员通过合适的提示词挖掘出人工智能的最大潜力。未来传播的关键在于，人人都将直接或间接地成为提示工程师，提示工程能力成为微粒化个体的核心技能，直接决定 AIGC 内容产出的质量。

AIGC 生产的底层逻辑表现如下。

（1）权力转型：内容范式下的关系赋权成为传播生态领域的新权力机制

从 Web 1.0 到 Web 2.0 再到 Web 3.0，现代意义上的传播生态经历了从形成到增长再到涌现的发展历程，内容范式经历了从权力中心化下的单向流动到数字网络的赋能赋权再到 AIGC 再赋能下的平权结构涌现。内容范式的关系赋权，成为传播生态下的新权力机制。

从 20 世纪 80 年代持续到 2005 年的 Web 1.0 阶段，是现代意义上传播生态的形成阶段。该阶段的特征是内容在权力中心化下的单向静态流动，内容本身处于受支配的地位。该阶段的用户获取信息的方式是专业机构生产内容（PGC），这是一种单向度的静态内容消费，内容生产者与内容接受者（受众）之间缺乏双向互动，"受众"概念便是对这一特征的映射。Web 2.0 时代的传播权力从专业机构回归至微粒化个体。虽然 UGC 与 PGC 和 OGC 的市场定位和社会资源存在差距，但是它们具备相似的呈现形式（数字化、账号化生存），技术鸿沟或技术壁垒已然日渐消弭。Web 2.0 时代，数字网络技术以技术赋权的方式将内容生产权力下放至所有用户。人们对自己网络表达的重视是内容赋权的体现，他们因内容创造的情境性空间而聚类成群（圈）。内容范式摆脱了传统意义上的受支配地位，具备一定的关系赋权能力。Web 3.0 时代，生成式人工智能对内容再赋能，驱动平权结构的涌现，人类要素与非人类要素逐渐地位平等。DAO 作为一种统摄性范式促进社会再组织，传播权力转向用户创造、用户所有、用户参与分配，实现真正意义上的用户崛起。ChatGPT 等新一代智能互联技术赋能普罗大众，让他们跨越"能力沟"的障碍，同步提升内容关系赋权能力，以此形成强大的社会表达与价值创造能力。传播权力的进一步下沉，促使传播生态与分布式社会的权力构造相适应。Web 3.0 描绘的平权结构是复杂传播生态系统中涌现的新结构，绝对意义上的平均蕴含乌托邦性质，在平权的背后可能会隐藏集权控制和垄断现象。囿于政治、经济、文化等多主体限制，Web 3.0 环境下，平权结构的发展必然不是一帆风顺，而是螺旋式上升的路径。生成式人工智能是对于人和内容的又一次重大赋能赋权，推动社会实现数字化、智能化加持下的重大启蒙。在此过程中，平权结构涌现。正如莱文森所说，媒介进化不是一条直线，而是类似生物体适应自然环境的过程，在试错的过程中进化。生成式人工智能的再赋能是传播生态复杂自适应演变的助力，人工智能对个体的激活和对内容的赋权，将进一步为传播生态的演进注入强大的内驱力。

（2）价值逻辑：基于场景要素构建"人—内容—物"的价值连接

Web 3.0 阶段是 5G、大数据、人工智能、区块链等技术赋能下传播生态级发展的涌现阶段，是在 Web 2.0 的基础上进一步发挥用户的劳动价值、实现价值均衡分配的新形态。

个体价值的崛起不可避免地导致社会结构的离散化，那么如何实现微粒化社会的有效连接与传播生态的有序发展呢？其根本路径为基于场景要素构建以内容为核心的"人—内容—物"的价值连接。PGC、OGC、UGC 已不足以概括内容生产类型，以 ChatGPT 为代表的生成式人工智能将人工智能生成内容（AIGC）引入大众视野。Web 3.0 阶段的内容已然迭代为"新一代内容"，即内容数量庞大、生产主体多元、传播渠道丰富、内容形式多模态等。Web 3.0 阶段，圈层逐渐成为扁平化分布式社会中重要的组织形式，不同圈层之间的连接与沟通可能有一定障碍，此时具备中介价值的内容逐渐凸显。通过基于内容的价值认同构建圈层与圈层的连接，人们逐渐关注内容的价值连接功用，而不是简单地关注内容本身。高效发挥新一代内容的价值，需要掌握人工智能和算法的应用能力与数据的价值挖掘能力。生成式人工智能作为下一代互联网的连接中枢，赋能社会实现移动互联到智能互联的转变。以 ChatGPT 为代表的生成式人工智能作为智能主体，通过聚合网络节点信息，向每个节点推送不同内容。作为中央枢纽，生成式人工智能可以进一步缩短内容传播层级，促进传播生态降本增效。当前的智能算法通过匹配用户特征、环境特征、内容特征，实现内容与人的连接，即场景洞察。在此基础上，未来的生成式人工智能需要进一步挖掘用户所处的场景价值，快速寻找符合用户需求的内容，也就是说，基于场景要素构建"人—内容—物"的价值连接，是把握传播生态系统复杂自适应演进规律的关键。①

4.1.2　新媒体生产主体：传统媒体、个人与 AIGC

1. 传统媒体垄断地位不再

传统大众传播媒体是专业内容生产机构，对传播介质、传播渠道本身的管控使它垄断了信息，其工作几乎全部围绕向公众提供特定信息展开。受众是信宿，是信息传播的终端消费者。在前互联网时代，大众传播媒体在很大程度上决定着人们看到什么、关心什么以及持有什么观点去看待问题，是设置社会议题、形成社会焦点、引导社会舆论至关重要的传播力量。然而，在数字媒介赋能个体的泛众化传播时代，数字媒介带来的社会化信息生产和新权力机制，使得传统媒体对内容资源和传播渠道的垄断性掌控已不复存在，全新的社会传播构造直接稀释了传统媒体之于公众的必要性。

从内容供给来看，在数字化信息技术发展中，更多的信息生产方式涌现。在社交媒介崛起之后，用户生产内容（UGC）和机构生产内容（OGC）在规模总量方面已经远远超过专业媒体生产内容（PGC）。4G、5G 技术对视频表达手段的加持，进一步解放了公众的表达欲，社会化信息生产的门槛被前所未有地降低，泛众化信息生产供给的社会影响的深度与广度进一步丰富和扩大。以短视频生产为例，抖音、快手两大短视频平台披露的《2020 抖音创作者生态报告》和《2021 快手内容生态半年报：快手成为泛知识学习凭条》显示，

---

① 喻国明，李钒. 内容范式的革命：生成式人工智能浪潮下内容生产的生态级演进[J]. 新闻界，2023（7）.

抖音2020年新增1.3亿创作者，快手2021年第一季度每月平均新增内容创作者1000万以上。在创作者数量增长呈现巨大体量的同时，内容创作质量也呈现爆发性增长趋势。截至2022年，抖音电商优质内容创作者数量在10个月内增长了484%。[①]可以说，全民创作时代加速开启，专业媒体主导内容生产的景象已一去不返。与此同时，新的权力机制在瓦解传统权威的同时，也在形成新的权力中心——在关系网络中积累了大量关系资源的个体成为新的意见领袖。在不远的未来，"物"将成为重要的信息生产者，无人机、各种环境中的摄像头、传感器等机器可以超越时空与感官局限采集信息，并通过数据挖掘和智能算法生成海量的传感器资讯。机器生产内容（MGC）的海量涌现，必然进一步稀释专业媒体生产内容（PGC）在社会内容生产总量中的比例。

从分发方式来看，基于社交关系链的社交传播和基于大数据、人工智能技术的算法型内容推送这两大类互联网平台的传播流量，已占据社会传播的大半江山。根据极光大数据发布的《2020年新资讯行业年度盘点报告》，截至2020年末，新资讯行业月活用户维持在6亿以上，全网渗透率接近80%，新资讯平台（以资讯分发为核心能力、融合技术手段实现个性化分发的平台，以今日头条等综合资讯平台和腾讯新闻等商业门户平台为代表）依然为用户获取及时信息的重要渠道。这一数据并没有将浏览器、社交媒体等泛资讯平台包含在内。可以看出，传统大众媒介所占传播渠道的份额已微乎其微。

综上，数字媒介消解了传统媒体建立起来的大众传播秩序，传统媒体掌控信息生产和分发渠道的优势丧失，并且在流量或者说用户之争中明显落后，甚至有被边缘化的趋势，其市场份额及社会影响力都严重缩水。随着信息把关权从传统大众传播媒体转移到用户个人，或者说作为用户需求代理人的算法，传统媒体要实现与公众信息和意义的直接勾连已十分困难。这直接表现为人们在过去十余年所看到的传统主流媒体渠道失灵、用户流失以及影响力衰退。如果从强调媒介是一种意义的、空间的媒介观视角出发来看传统媒体当前的窘境，就会发现："当某种传统媒体已经永远排不到公众使用的前几种媒介端口时，那么即使这个媒介的实体依然存在，它也已经不再是媒介，只是一个功能错位的机构。"[②]

2. 被赋权的个体

尼古拉斯·尼葛洛庞帝曾预言，数字化生存天然具有"赋权"的本质，在数字化的未来，人们将找到新的希望与尊严。[③]这个预判正逐渐成为一种现实——新一代信息技术对社会中相对无权的个体和群体的赋权超越了以往任何一个时代。传播技术的发展与传播工具的普及，极大地便利了人们自主甚至自动接触、收集和传播信息，那些在历史上从未被"看

[①] 中国青年报. 抖音电商举办优质内容分享专场 去年电商创作者内容创作量增长252%[EB/OL].（2023-02-08）[2023-12-01]. https://baijiahao.baidu.com/s?id=1757271379695707819&wfr=spider&for=pc.

[②] 胡翼青. 显现的实体抑或关系的隐喻：传播学媒介观的两条脉络[J]. 中国地质大学学报（社会科学版），2018（2）.

[③] 尼古拉斯·尼葛洛庞帝. 数字化生存：计算不再只和计算机有关 它决定我们的生存[M]. 胡泳，范海燕，译. 海口：海南出版社，1997：269.

见"的个体"出场",那些曾经面目模糊的个体的行动轨迹与需求偏好被洞察。进一步来说，联结起人与人的互联网不仅激发了个人的能动性与创造性，更前所未有地激活了原本散落在个人身上的闲置时间、闲置知识、闲置经验等各类传统社会无法有效利用的微资源。随着互联网将联结拓展至人与物、物与物，更多的微资源、微价值、微内容在万物互联条件下得以被发现、挖掘、聚合、匹配。[①]因此，个体能够借助互联互动在组织框架之外找到替代性的资源与渠道，获得了更多的自由度，彼此之间可以产生自由的连接和多样的互动，而这些连接与互动会再次形成更大的社会价值。逐渐地，个体在新闻的接入、选择、生产和分发过程中都发挥出主动作用，不断设计、优化、调整所看到内容的重要性和优先次序，甚至参与创意内容的制作。在这个层面，以个体为代表的用户都不同程度地参与了生产和消费的双重工作。用户以内容制作、社交转发、内容评论等方式全面参与内容建设，他们从信息消费者到产消者的转型也就此发生。

3. 作为变量的人工智能

以 ChatGPT 为代表的人工智能生成内容（AIGC）具备语言框架理解和文本生成能力，具有撰写邮件、提供策划案、翻译润色和编写代码等多种功能。这不仅仅是技术领域的重大突破，更是人工智能与人的关系连接的重大突破，预示着智能互联时代的到来。[②]它们越来越成为传播内容生产主体。专业媒体与专业传播工作者所生产的内容，虽然有其价值与重要性，但所占的社会传播份额将会越来越被稀释。可能今天专业媒体工作者生产内容（PGC）占到社会传播总量的 5%，未来则可能更少。

当专业媒体与专业传播工作者直接生产的内容所占的社会传播份额无限缩小时，其影响社会、舆论的主要诉求点就不再是直接的内容生产了。那么，它要抓住的关键是什么呢？答案是基于数据及其智能化的算法，因为数据是未来传播、未来社会组织与运作过程中重要的动力资源，无处不在，在内容生产、传播、效果达成、渠道驱动等方面都扮演着极其重要的角色。

人们通过提示词介入内容生成模式，结合基于人类反馈的强化学习在一定程度上打开算法黑箱。黑箱可能是人与算法之间的合理界限，算法应当以可理解的透明度存在，以用户为导向，以可行性和社会接受效果为衡量标准。[③]黑箱意味着 AIGC "涌现行为"处于可知与不可知的跨界连接状态。究其本源，大语言模型的内容生成模式是对信息的预测性表示和生成式调用，或者说是一场"概率游戏"，结合基于人类反馈的强化学习（RLHF）范式引入人类反馈因素，形成"归纳、训练—推理、预测—调用、表示"的内容生成模式。[④]如何正确把握 AIGC 涌现行为的可知与不可知，已成为人们认识微内容的第一步。

---

① 喻国明. 理解未来传播：生存法则与发展逻辑[J]. 新闻与写作，2020（12）：61-64.
② 喻国明，李钒. ChatGPT 浪潮与智能互联时代的全新开启[J]. 教育传媒研究，2023（3）：47-52.
③ 仇筠茜，陈昌凤. 基于人工智能与算法新闻透明度的"黑箱"打开方式选择[J]. 郑州大学学报（哲学社会科学版），2018，51（5）：84-88+159.
④ 喻国明，李钒. ChatGPT 浪潮与智能互联时代的全新开启[J]. 教育传媒研究，2023（3）：47-52.

4.2 新媒体消费

4.2.1 新媒体消费者

世界各国的传播学者都在个体化问题上发表了自己的看法。简·梵·迪克认为,"在个人主义的当代进程中,网络社会的基本单位已经变成了与网络相连的个人","网络是个体化的社会搭档"。[①]喻国明等认为,"互联网的本质就是激活了以个人为基本单位的社会传播构造","技术对社会中相当于物权的个体和群体的赋权超越了以往任何一个时代,曾经面目模糊的原子个体,正在以另一种方式连接和聚合,改变社会机构与权力格局"。[②]显然,个体化是媒介研究不可忽视的重要内容。

与哲学和社会学领域作为共同体对立面的"个体"概念不同,媒介研究领域探讨的"个体"更多地是指媒介终端使用者,是选择不同媒介终端接收、使用和再传播信息的个人,甚至是指使用者和终端的叠加。没有使用任何媒介终端的人在传播关系中的功能和作用通常不在媒介传播理论的讨论范围之内。依托技术的巨大进步,个人与技术终端之间的关系更加密切。这种叠加之后的"个体"具备空前的自主性和传播权。在这里,本书尝试称之为技术和人性复合了的"超级个体"(mega-individual)。

1. 流动性

流动的现代性是著名社会理论家齐格蒙特·鲍曼对当代社会的概括——经历了"固体阶段"向"流动液体阶段"的过渡。消费化、个体化、全球化、道德无根化是其根本特征。[③]有国内学者分析,同为消费社会理论的重要代表,鲍德里亚与鲍曼范式的根本区别在于,鲍德里亚的观点是基于"物的逻辑",而鲍曼的理论是基于"人的逻辑"。[④]

对生活在流动社会中的人,鲍曼有过一个鲜明的描述:人们害怕被弄得措手不及,害怕没能赶上迅速变化的潮流,害怕被抛在了别人后边,害怕没留意保质期,害怕死抱着已经不再被看好的东西,害怕错过调转方向的良机而最终走进死胡同。[⑤]鲍曼认为这样的人性心理是当前社会的基本特质。一直以来,关于社会结构与传播的相互建设关系讨论深远。在传播界,有学者受流动性的启发开始研究"液体新闻"的生产;在媒介消费方式上,也有学者提出受众对于媒介的使用行为变成了"游牧式"(nomadic)——你可以在任何地方使用媒介。[⑥]根据国际电信联盟 2021 年的报告,截至 2021 年底,全球上网人口达到 49 亿,

---

[①] 简·梵·迪克. 网络社会:新媒体的社会层面[M]. 蔡静,译. 北京:清华大学出版社,2014:5-6.

[②] 喻国明,马慧. 互联网时代的新权力范式:"关系赋权"——"连接一切"场景下的社会关系的重组与权力格局的变迁[J]. 国际新闻界,2016(10):6-27.

[③] Bauman Z. Liquid Modernity[M]. Oxford: Blackwell, 2000: 2.

[④] 营立成. "物"的逻辑 VS"人"的逻辑:论鲍德里亚与鲍曼消费社会理论范式之差异[J]. 社会学评论,2016(5):65-77.

[⑤] 齐格蒙特·鲍曼. 流动的生活[M]. 徐朝友,译. 南京:江苏人民出版社,2012.

[⑥] Feldmann V. Leveraging mobile media: Cross-media strategy and innovation policy for mobile media communication[M]. Springer Science & Business Media, 2005: 5.

疫情暴发以来，网民数量出现大幅增长，分别为 19.5%（2019 年）与 10.2%（2020 年），为十年来最快速度。如此庞大的人群不断在不同尺度环境中改变着位置，小到日常的交通位移，大到旅行、移民。这个过程中，信息"摘取"自互联网，又"播种"回互联网，不断在流动的受众中持续流动，真正地实现随时随地、随取随用。与特定场景、特定节奏的消费媒介信息完全不同，流动的受众不但在物理上是移动的，而且在心理上是急切的、跟随的，甚至是非理性的。

2. 互释人

当关系介入信息传播网络之后，每个人都从互相关注的其他人那里获得信息，也随时为相连接者提供着信息。人际的价值除了交往上的联系外，也成为彼此信息上的重要"编辑"。社交网络里不乏因为"三观不合"而互相拉黑、切断信息传播线的行为，类似朋友圈中不断开放、关闭、阻止、分类的行为，也是一种渠道上的不断选择，选定人的同时也意味着认同接收了他的信息兴趣和判断。从这个意义上说，社交网络上的关系框定，决定了谁来做你的信息源。基于社会性传播的需要，你看到更多的将是"信息挑选＋态度表达"后的组合。因此，社交平台上的信息传播无形中形成了互相诠释和表态的讨论氛围。依托互联网的无界性质，理论上说，个人可以选择任何想连接的人，这也让社群的建立更容易、更细分。任何一个社群的建立，都成为一个意义上的"诠释社群"，对信息的共同理解是社群稳定的基础，社群中的成员互为诠释人。从另一个角度上说，社交关系进入信息传播网络，也极大地增强了信息冗余感：在以媒介为中心"一对多"的时代，受众只要在媒介提供的信息范围内做选择，而在社交媒体去中心化"关系网络"时代，你不但选择接收了一个信息，也要不断地看到还有谁得知了这个信息，谁就此发表了各不相同的看法。热点狂欢与冗余逃避并存。近年来，逃避社交空间成为很多人的主动选择。

综上，传统媒体在传授方式上始终是掌控时间线的——平媒固定的出版周期，电视和广播的线性播放列表……移动互联时代，媒介消费模式最大的颠覆在于，消费者正在通过下载、订阅、关注等行为自主选择信息源、出版周期和安排时间线。同时，由于社交关系与信息传播的互相嵌入，受众个体也正在通过转发、评论、点赞等行为更新自己的主页，并在转发的同时推送信息至他人的资讯列表里。因此，每个受众个体都是个人门户的主编，同时也是他人信息渠道的把关人。受惠于移动接入技术的普及，这样的角色更是可以在任何空间和时间中完成，是每个移动互联时代受众在个人工作时间之外的"兼职身份"。如此，被空前赋权的受众就是我们所定义的"超级个体"。

4.2.2 新媒体消费的产品

1. 新媒体产品的定义和特点

根据科特勒的定义，产品是指任何提供给市场，并能满足人们某种需要和欲望的东西。它分为物质产品和精神产品，是一种需求的解决方案。可以说，满足需求是产品的本质特性。

商业是一个价值创造、传递和实现的过程,本质上是价值的交换。企业通过产品或服务为使用者提供价值,从而获得回报。从这个意义上说,产品或服务是价值的载体,一个看得见的价值点。

与普通产品不同,媒体产品本身具有以下 5 个重要的特性,网络新媒体产品在则此基础上增加了 2 个特性。

1)媒体产品是有形产品与无形产品的结合

媒体产品包括有形的媒体终端和无形的信息产品。在传统媒体时代,有形的媒体产品体现在报纸、杂志、书籍和广播电视终端;在新媒体时代,媒体产品更多地体现在网站、App 等界面与入口,表现为无处不在又难以具体衡量的信息流。

2)媒体产品的使用价值具有共享性与持久性

媒体产品与普通产品最大的区别是具有共享性,多一个人消费产品不会损害这个媒体产品,相反会提高媒体产品的影响力,凸显其重要性。媒体产品本身,无论是印刷产品、数字节目还是网络数据,都会在一定程度上被长久保存,甚至成为珍贵的历史资料,其价值比普通产品更为持久。

3)媒体产品通过"二次售卖"拥有受众和广告商两级消费者

媒体产品都拥有受众和广告商两级消费者。受众消费媒体产品上承载的有价值信息,并为此付出注意力;广告商消费受众付出在媒体产品上的注意力,为此付出广告费。这两级消费者的存在是媒体产品区别于其他产品的重要特质,也是媒体产品盈利的基本模式。

4)媒体产品兼具公共产品与私人产品的特性

媒体产品既可以是私人的,也具有不因为增加其他人的所有权而丧失其产品性的特质,因此还是公共产品。兼具公共产品和私人产品的特性,使得媒体产品有不同于其他产品的社会属性特质。

5)媒体产品体现着特定的意识形态

任何媒体产品都由信息组成,经由人的主观意识加工,具备信息编辑团队的特定意识形态。与此同时,媒体产品本身对社会生活、人们的价值观具有巨大的影响力。在任何一个国家里,无论何种经营模式的媒体产品,都体现着一定的意识形态。

6)开放的信息边界

网络新媒体产品通过打破传统媒体的物理边界而打破信息传播的边界,通过打破传播节点而打破生产与消费的边界,成为一种实时存在的进入社会信息传播系统的界面。用户在不同产品之间流动和游走,分配时间和注意力,以获得不同使用价值的内容。产品与信息在用户立场上突破了基本边界,并不断融合。

7)永久性的迭代升级

网络新媒体产品的重要特征就是随着技术的升级和需求的变化不断升级和迭代。网络新媒体产品区别于传统媒体产品的重要特征之一就是数据的实时反馈。任何一个网络新媒体产品都会沉淀用户数据,积累巨大的用户使用观测数据,为价值提升找准切入口,提供抓手。这种升级和迭代是在产品周期内不断进行的，通过与用户的不断协商、价值共创，为产品的动态演进提供进路。

2. 新媒体产品的分类

新媒体产品有多种分类方式。如按照服务对象的不同，可分为面向用户（2C）的产品、面向客户（2B）的产品、面向家庭（2H）的产品；按照运行载体的不同，可分为 PC 端产品、移动端产品、大屏智能终端产品、可穿戴设备端产品；按照用户需求的不同，又可分为资讯类产品、社交类产品、社群类产品、娱乐类产品。

1）按照服务对象分类

面向用户（to customer，2C）的产品：是直接面向个体用户，为满足个体用户使用需要的产品，又称"消费互联网产品"。产品一定是为了满足用户的某种需求而存在的，其需求挖掘来自对用户群体的深入细分，或者对大众群体需求的细致甄别。因此，用户体验研究是 2C 产品精准提供的重要工作。目前网络新媒体产品中，绝大多数是直接面向用户的 2C 产品。

面向客户（to business，2B）的产品：通常面向特定组织（企业、社团、政府），又称"产业互联网"。相对于个人用户，组织用户更加理性，往往有明确业务指标来衡量价值，效益第一，体验第二。对于 2B 产品而言，能够切实解决客户问题，是产品的基本特性。一些用来连接企业和客户的 2B 产品，解决的实际上是经济需求，用高效、高质、统一、持久的方式，实现工作管理和业务变现。

面向家庭（to Home，2H）的产品：通常面向家庭，又称"家庭互联网"。这一产品类型以光纤和 5G 为技术基础，以智能家居为场景基础，实现对以电视为代表的传统家庭媒体产品的继承和发展，成为介于组织使用和个人使用的中观单位。以家庭为用户单位的网络新媒体产品将成为新的发展趋势之一。

2）按照运行载体分类

PC 端产品：个人计算机（personal computer，PC）有着巨大的信息展示区域和丰富的外部连接设备。移动端的交互为触摸手势优先，PC 端则是以鼠标、键盘优先，在交互精度上有很大优势。因此，PC 端非常适合一些即时性较低但信息量大、功能操作复杂的产品，如视频编辑类、图形绘制类、企业服务类产品。对于从 PC 端到移动端的 Web 产品设计，响应式设计是应用较多的方法。响应式设计可以根据屏幕大小自动适配页面元素布局，能很好地解决跨终端的网页浏览问题。

移动端产品：在用户需求与使用情境的基础上发挥智能手机的各类特性，使用户更加便捷地操作相应功能模块，达成使用目的。现在，移动端已经超越 PC 端成为最大、最有活力的产品运行平台。

大屏智能终端产品：以智能电视为代表的大屏智能终端产品成为家庭数字娱乐的主要界面。针对家庭数字娱乐需求，大屏智能终端产品应运而生。目前，这类产品仍是移动端产品在不同使用场景中的变形。但作为连接组织应用和个人应用的中观单位，家庭数字娱乐产品的不断增多和升级将是未来的发展趋势。

可穿戴设备端产品：以 VR 眼镜、智能手表、智能手环为代表的可穿戴设备端产品，将信息传输上升到生理层面：一方面，延伸人体的视觉效果；另一方面，投射和显示人体各种生理信息，让其成为信息传播的一部分。它是物联网发展趋势的代表之一。

3）按照用户需求分类

资讯类产品：主要是解决用户获取信息方面的需求。资讯类产品的形态与技术进步和社会发展有相当大的关联。随着信息技术的进步，我们获知信息的界面从物理载体发展到数字载体，从固定时空发展到移动时空，资讯的表达方式也不断改变，由文字到图片，由音频到短视频、长视频，又由视频衍生出直播，越来越高效、丰富、立体。随着大数据分发技术的应用，资讯内容的推荐规则进一步个性化、智能化。一方面，在海量信息中为用户挑选个性化的内容，匹配用户的偏好和特征；另一方面，在算法不完善的阶段，也面临资讯重复与固化的风险。可谓机会与挑战并存。获得资讯是媒体类产品的基础性应用价值，真实、迅捷、优质的资讯是网络新媒体的基本价值。

社交类产品：主要是为满足人在社会生活中所衍生出的社交需求的产品形态。广义的社交类产品包含社交、社区、社群等各类人与人之间信息交互的互联网产品。社交类产品与"人"最相关，需要对人性本质有深刻的了解。社交类产品也可按照不同维度进行细分，如按是否相识可分为熟人、陌生人，按社交介质可分为文字、语音、图片、视频等，按用户共性可分为地域、人脉、兴趣等。

社群类产品：最初的形态是网络社区，指包括 BBS/论坛、贴吧、公告栏、群组讨论、在线聊天、交友、个人空间、无线增值服务等形式在内的网上交流空间。典型的社群类产品主要有两大类：一类是内容型社群，典型代表有豆瓣网和大众点评网；另一类是关系型社群，典型代表有早期的开心网和人人网。以关系型社群类产品作为起点的社交产品如微博，经过不断地与用户价值进行共创和演变，也带有了较为强烈的社群属性。随着大数据技术的应用，以信息流形态为特征的新社群类产品如小红书，已经成为基于社群、资讯和消费类的综合产品类型。

娱乐类产品：从价值和功能来讲，娱乐是媒体产品历来的重要功能之一。网络新媒体产品中属于娱乐类产品的，仍然可以划分为休闲娱乐产品、游戏娱乐产品等。伴随 4G 兴起的短视频娱乐产品成为休闲类产品的代表，长视频娱乐产品也随之占据更多用户的注意力和时间。另一个重要的娱乐类产品——游戏类产品所满足的用户需求是复杂而多方面的。可以说，游戏创造了一个虚拟世界，来满足玩家在现实世界中对于虚拟体验、社群、社交、娱乐的多重需要。

4.2.3 新媒体消费的特点

1. 分众化与社交化[①]

美国社会学家、经济学家马克·格兰诺维特将社会交往中的人际关系分为"强关系"和"弱关系"。"强关系"的个体往往同质性较强，个体之间关系较紧密，反之则为"弱

[①] 曲慧，喻国明. 信息"新穷人"与媒介产业结构的公共危机：基于阿玛蒂亚·森"权利理论"视角的分析[J]. 东岳论丛，2019, 40（8）：150-157.

关系"。之后又有学者将强弱关系理论应用在信息流动传播影响因素的探究中，认为"弱关系"在信息传播过程中影响作用更明显，对不同关系社群之间的信息传递起到了一定的桥接作用。[①]

在网络新媒体时代，每一个置身社交媒介关系中的人都会通过信息流、影响流被"弱链接"影响。朋友转发的内容会进入你的社交信息流，朋友成为你的信息源，而亲密家人通常不是。由于这种"弱链接"关系的大量存在，社交网站上个人所见内容基本由媒介框架和个人关系框架共同构成——个人最终接触到的"媒介菜单"由媒介组织发布特定主题内容和"弱链接"的选择共同决定。相比于媒介框架，个人关系框架正在逐渐占据领导地位。由于社交媒介无处不在，加上利用社交媒介消费新闻和资讯的普遍性，消费者之间的关系网正在与信息传播网络镶嵌在一起。以关系为渠道、以多元共同体为特征的社交传播时代正在到来。其表象在于，任何微小的兴趣、事件、话题，都可以集结成为稳定的或者临时的共同体，"人以群分"的基础范围以及集结速度都是空前的。于是，人们更多地选择在微博与微信上关注与自己兴趣相近、三观契合的人，屏蔽自己不了解的领域，拉黑意见不合的观点持有者。社交网络上的"朋友圈"会造成自我价值观的不断强化和固化，偏好成了唯一标准，以至于造就"信息新穷人"。他们尽管同时拥有计算机及网络物质条件和互联网使用技能，却因为能力以及权利受限被迫置身冗余信息、碎片化信息、无效信息甚至真假难辨的谣言之中。

2. "无界"与"失序"

传统媒体与新媒体的根本区别，在于"有界"与"无界"：传统媒体的"有界"在于信息有始有终，有显著的消费结束的边界，如收看一档节目，看完一本杂志，从开始到结束，有种完结的仪式感和确定感；而拜 5G 技术所赐，新媒体的"无界"体现在永无休止的超链接、随时更新内容上，不断延伸更多信息，只要消费者想继续了解，总会有更多的内容，没有所谓终结。因此，传统媒体边界是给定的，而新媒体消费的边界取决于消费者精力、时间、兴趣的自我配置。因此，新媒体发展的一大结果就是消费者对信息过于丰富有焦虑，对于冗余信息有不确定感，对未知内容有恐惧，对延伸内容有茫然。

无界的确给了信息消费者空前的自由，但他必须正视自由的后果。正如鲍曼认为，自由的代价极有可能是"失序"。在无边无际的信息海洋中遨游的同时，消费者也常常不断反思和质疑信息的真实性、可信性、重要性，对于所消费的信息在信息海洋中的位置缺乏判断，甚至对兴趣之外的世界充满不安。

在以广告收益反哺销量不足的大众报纸诞生之前，报纸是昂贵的付费品。消费者要为其刊登的信息获知权付费，为撰写消息和编辑消息的劳动付费。因为没有广告收入的补偿，报纸的订阅与零售模式，传承工业革命之前物价交换的基本原则。大众传播时代开启了廉价报纸附加广告的模式。在大众传播时代末期，互联网的"免费"经济，更是将获得信息

---

① Granovetter M. The Strength of Weak Ties: A Network Theory Revisited[J]. Sociological Theory, 1983: 201-233.

置于不需要付费的商业境地。从经营模式上看,为信息采集和编辑的劳动直接付费,是媒介经济的原初模式,是信息与货币的直接交易。大众传媒时代,"便士报"的价格大幅度降低,报纸得以普及和娱乐化,并以更广的覆盖受众所赚取的注意力来换取实质上是大众传媒业经济命脉的广告收入。随着大众传播时代的结束,传媒和受众之间的经济关系,也存在回归的可能。

互联网开启了免费时代,同时也导致信息的大量涌出。在信息无须费用并唾手可得的背景下,消费者对信息的重视程度和接收效果很难被测量。正如《卫报》首席执行官安德鲁·米勒所说,媒介产业的领先实践者越来越意识到,从点击数字到真正消费内容甚至产生影响,要走很长的一段距离。因此,真正筛选消费者的门槛是付费,直接付费的消费者对内容的投入程度、重视程度都是免费获取所无法比拟的。

免费时代之后,用户正在为"秩序"和"边界"付费。据《2024—2029年中国知识付费行业市场现状调查研究与发展战略预测报告》显示,2023年我国知识付费用户规模达5.3亿人。2024年5月31日,财新传媒社长胡舒立在2024财新夏季峰会上透露,从2019年到2024年,财新付费用户增长了90万,目前已拥有订户超过120万,成为英美同行之外全球最大的付费订阅媒体之一。视频网站会员付费、手游付费更是直接体现了消费者对内容、品质和体验的迫切需求。在无数免费的信息中付费,其动机毫无疑问是寻求更高品质的内容,将自己有限的时间和精力投入更高品质的内容,提高消费的效果。

当手握丰富的媒介设备却无优质信息可消费的"信息新穷人"准备为优质内容和信息秩序"付费"之后,信息消费者将获得优质的内容,并以对内容的付费换得优质内容生产者的再生产,从而形成良性循环。《纽约时报》产品经理汉娜·卡修斯在接受尼曼新闻的采访时说:"打破社交平台上的社群分化,不能依靠一己之力,而是需要在读者、新闻机构和社交平台的共同配合下完成。其中,最重要的就是依靠读者的力量。"她曾预测,2018年,社交平台上的"朋友圈"将会被打破,人们将会更多地接触到与自己相左的意见和更加新鲜的领域,而事实似乎并不那么理想。

3. 利基时空①

哈罗德·伊尼斯早在其著作《传播的偏向》中,将媒介分为时间偏向和空间偏向的不同类型。这一理论在传统的大众媒介时代非常适用,不同类型的大众媒介都或多或少会解决时间或者空间的问题,同时也依赖空间或者时间的问题。然而,在移动互联时代,技术逐步打破时间和空间的限制,时间和空间对传播行为还有怎样的影响呢?

2005年左右,人们日常花时间最多的只有三件事:睡觉、工作、看电视。这一结论来源于美国劳工局2008年和英国国家统计局2005年的共同统计。它轻描淡写地勾勒了一个大众媒介统治时代的社会画面。10年后,2016年中国互联网络信息中心(CINNIC)统计的数据是,中国网民为7.1亿,其中手机网民为6.56亿,人均每天上网3.8小时。而Quest Mobile 2016年12月的数据也表明,仅微信一个App高黏度用户月均使用时间达1967分钟,

---

① 曲慧,喻国明. 超级个体与利基时空:一个媒介消费研究的新视角[J]. 新闻与传播研究,2017,24(12):51-61+127.

平均约每天查看微信平台超过 70 次，累积 4.7 小时。

显然，随时可以使用媒介入口的人们，不再是集中时间把自己放在电视机前的"大众媒介"接收者。他们将媒介消费时间分配在一天中的各种时段。无限的媒介内容和无规律的使用时间放在一起，如同排列组合一样千变万化，很难找到两个人在同一天里有着同样的媒介消费轨迹。这种组合的内在规律，其实是影响媒介消费结构的重要变量。英国社会学家安东尼·吉登斯认为，现代性的动力机制派生于时间和空间的分离和它们在形式上的重新组合。①

当中国的互联网人口红利增长逐渐趋缓的时候，互联网界都在探讨所谓"下半场"的做法。"罗辑思维"的创始人罗振宇在 2016 年底的演讲中提出一个概念：国民总时间。他提出，如果我们参考国民总收入 GNP（gross national product，GNP），可以给国民总时间一个简称：GNT（gross national time）。时间上的争夺才是互联网人口红利之后的真正战场。以各种 10W+流量为追求的微信公众平台就遭遇了流量困境。《2017 微信用户&生态研究报告》指出，在总数超过 1000 万个公众号中，75.7%的自媒体运营者认为，目前最大的挑战和压力在于流量获取难度加大，阅读量增长趋势放缓。在信息过载、时间固定的背景下，注意力法则再次发挥它的调节作用。时间总量上的有限认知，是媒介消费探讨的前提。

与"国民总时间"对应的一个概念是"个人总空间"。对于"个人总空间"，我们可以从信息接收空间和社会心理空间两个层面来理解。个人空间在技术的加持下延伸至无所不在，浸润了个人生活的每一个角落。我们可以如此概括"当代受众"的样貌：拥有独立的媒介设备，可以选择在任何时间和地点接收媒介信息，自主选择媒介平台，分享个人信息，发表个人意见。这个空间可以是社会生活中的全部地点，如客厅里、洗手间、床上、通勤路上、车里、办公室、餐厅、展厅，无处不在，无往不通。同时，直播和 VR 技术的进步，更让在场行为成为可能。大众媒介让时空距离较远的信息随时来到受众面前，而新技术正在让受众个体随时走进任何时空现场。

另一层意义的空间，在于个人的社会心理空间。利用媒介礼貌性开辟个人空间的最早案例可以追溯到读书、看报、听随身听。这些行为在消费媒介信息和媒介产品的同时，也在社交意义上代表个体正在做一件需要个人空间的事。如今在乘坐公共交通工具时，人们仍然在用这样的行为逃避过于近距离的必要相处的尴尬，只是媒介工具变成了手机。除非有全民关注的突发新闻，否则在同一节地铁车厢里找到两个一直在消费同样内容的乘客是基本没有可能的。一个人拿起手机，就意味着他阻断了现实社交，进入自己的媒介消费角色中。媒介消费行为可以随时填补或者开辟社会空间和个人空间，而开启和关闭这个空间的主动权掌握在个体消费者的手上。

在移动互联时代的媒介消费中，消费者是个人与技术复合的"超级个体"，消费模式从集体时空消费转变为"利基时空"消费。"超级个体×利基时空"更像一个公式，将个体和时空并置，两个因素互为系数，任何一方的微小增加都可能带来巨大的增长。这是传统以"加法"为基本思路的媒介消费统计所不能理解，也无法解释的（见表 4-1）。

---

① 安东尼·吉登斯. 现代性的后果[M]. 田禾，译. 南京：译林出版社，2000：14.

表 4-1 不同时代媒介消费模式对比

	媒介消费者	媒介消费形式
大众媒介时代	读者/听众/观众	（固定时间的）订阅/购买/收听/收看/观看……
互联网时代	受众/用户	（固定空间的）订阅/购买/收听/收看/观看/点击/评论/关注/下载/上传……
移动互联时代	超级个体	（利基时间与空间的）订阅/购买/收听/收看/观看/点击/评论/关注/下载/上传/转发/点赞/直播/VR/AR……

需要说明的是，"利基时空"并不等同于"碎片化"。

"碎片化"倾向于探讨消费单位的下降。在大众媒介时代，信息生产和消费规模都是相对固定的——书籍的页数、报纸的版面、电视和广播节目的时长，对传统媒介消费的统计通常是默认消费者跟随媒介生产做一次性的消费，一次性计量。从必须买一整份报纸，到可以只点击一条新闻，再到可以随身携带预定感兴趣的新闻；从在媒体给定的框架内挑选，到自己制定框架，消费者的消费自由度越来越大，分配给固定媒体的时间越来越少。所谓"碎片化"，多少带有源自媒介中心主义立场上的，对集体媒介消费时间和秩序一去不复返的惋惜。

"利基时空"是从随时随地的媒介消费中，看到巨大的、未被满足的利基市场。传媒经济视野下，移动互联网并非让信息本身碎片化，而是让信息"推送"和"拉取"的时空范围扩展至日常的各个时段、生活的各个场所，将消费行为分散到更多可能的利基时间和空间，可延迟，可暂停，可错过。消费者依托不同的终端，空前自主地安排自己的媒介消费节奏。所谓感知上的"碎片化"，其实是将从前无法接触媒介的时间和空间都激活并利用了起来。穿插于通勤路上的突发新闻获知和社交媒体转发，看起来短暂且跳跃，但在此前，这几乎是传统媒介无法争取到的时间和空间。

4.2.4 新媒体消费的趋势[①]

1. "去场景化"与"再场景化"

5G 的低时延性将催生和创造出更多的生产与生活的场景应用，AR/VR/MR 技术的成熟和普及将颠覆娱乐视频用户的体验模式。各类新媒体智能终端在搭载 5G 后可广泛运用虚拟现实和增强现实技术，人机交互打破二维平面进入 3D 次元，360 度呈现具有强大情景式、交互式的震撼场景。这些能够人为设计、建构的虚拟沉浸式环境，在丰富用户体验的同时，也为娱乐消费场景的重塑、连接和创造带来新契机。如以低成本方式重构想象空间，吸引具有相同"趣缘"的人通过线下"入口"汇聚在线上特定场景，形成新的价值平台。[②]还有无人驾驶汽车、工业 4.0 智慧工厂、车联网、远程医疗等应用，都因为 5G 的超低时延而成为现实。在 5G 定义的未来发展中，"场景"将成为一个关键词，而场景构建将成为未来发展中价值创新的巨大"风口"。由于网络延时远低于人类近百毫秒的视觉感知延时，网络两

[①] 喻国明，杨雅，曲慧，等.5G 时代的视频行业：发展趋势及总体影响[J]. 青年记者，2020（22）：38-41.
[②] 喻国明.5G：一项深刻改变传播与社会的革命性技术[J]. 新闻战线，2019（15）：48-49.

端的用户具有身临其境、天涯近咫尺、与世界零距离的体验。实际应用中，已有 5G+VR 视频直播打破空间限制，实现观看演唱会或球赛异地同场。

1）场景的本质是赋权模式

场景的本质不仅是适配信息和提供服务，更是重构关系赋权模式的关键推手。互联网用"连接一切"的方式重构了社会，重构了市场，重构了传播形态。现如今，场景的依托要素已不仅包括现实性场景，更有虚拟性场景和现实增强场景等依托互联网络构建的多种形式。场景的本质已不只是在微观层面上的信息适配以及为受众提供服务，更在宏观层面上成为重构社会关系、开启新型关系赋权模式的重要力量和关键推手。

2）社会要素与象征要素共同影响场景

社会性服务场景研究将场景的影响因素归结为社会要素和象征要素两个方面。其中，社会要素包括工作人员、其他用户、社会密度三个方面，象征要素包括图片、标识、符号、物体四个方面，对于后续进行场景的影响因素、控制因素分析具有启发性推动意义。

3）界面形式与功能满足是场景类型划分的重要维度

界面形式和功能满足是场景类型划分的重要维度。界面形式是存在于信息传播者与信息接收者之间维系关系、建立联系的关键点，既可以是物质载体的硬件，也可以是维持信息系统正常运行的软件，是对场景类型进行划分的重要依据，伴随着信息技术的不断革新而时刻产生着变化。基于马斯洛经典需求层次理论的功能类型，它亦是对场景满足受众需求类型划分的关键指标，同时符合使用与满足理论中"媒介期待—媒介接触"的基础模型要求。

4）场景将成为新媒体技术发展的主流

目前，对于现实性场景、虚拟性场景的研究已经达到一定的深度，随着社会经济发展水平的提升和各类基础设施设备的完善，新技术给用户带来的服务与体验愈加全面。同时，虚拟性场景、现实增强场景正处于发展上升期，尤其是近年来 VR、AR、AI 等技术的发展，实现了虚拟网络空间场景从二维空间向三维、四维空间的转变，正在为受众提供更加真实、丰富的参与式体验，也更加精准地满足了目标受众的心理需求和场景中的角色期待。

未来对于场景，或许交叉学科研究将是一种趋势。从虚拟网络空间场景与用户交互性体验、虚拟网络空间场景产生的传播效果和用户信息接收习惯等方面着手，我们将进行更深一步的实验和探讨。[1]

2. 沉浸式娱乐带来全新触达渠道

早在传统文字时代，麦克卢汉就提出"媒介是人的延伸"的论断，纸质媒介延伸了人的视觉，广播媒介延伸了人的听觉。他在肯定技术对人体机能拓展优势的同时，也表明"任何发明或者技术都是人体的延伸或者自我截除"[2]。就像电脑外化了人类大脑机能，这类电子设备为人们的资料收集、查阅提供了极大便利。同时，这种依赖也弱化了人类大脑本身

---

[1] 喻国明，曲慧. 简论网络新媒体的场景范式[J]. 教育传媒研究，2021（4）：10-12.
[2] 马歇尔·麦克卢汉. 理解媒介：论人的延伸[M]. 何道宽，译. 南京：译林出版社，2011：61.

的记忆功能。麦克卢汉所倡导的技术知觉观主要立足于传统媒介时代,互联网概念还未普及时。相较于手机、VR/AR 等新兴技术终端,当时的媒介处于一种离身化趋势中。这意味着媒介虽是人体的延伸,却不是人体本身。即使当时的媒介已可极大丰富人类各感官的机能,但它依旧没有完全融入个体的日常生活。

5G 技术破解 AR/VR/MR 应用的瓶颈和局限,给行业带来巨大的想象空间,沉浸式、体验式消费迅速成长为一个触达消费者的全新渠道。AR/VR/MR 视频生态的开发与完善,逐步培养了人们新的视频消费习惯。虚拟、增强现实技术将通过虚拟物品、虚拟人物、增强性情境信息等方式,给人们带来连接媒体的全新方式。一方面,AR/VR/MR 等终端设备的普及化与日常化,使人们与外界的连接方式发生重大改变,每当互联网终端出现变革,将引起产业应用形态的升级迭代;另一方面,技术通过高度沉浸化的交互方式,拓展了个体认识自我的路径与手段①,也拓宽了市场空间。3D 全息影像、触觉装备等高级交互体验将出现,连接 5G 的触觉装备将产生新的媒介市场。伴随传统业务升级,超高清视频直播进入全息通信时代,感知将进一步提升。

3. 分发变革拓展视频游戏感的变现能力

5G 技术的加持,或能帮助人们寻找视频内容新的利基市场,如挖掘现场活动视频流的变现能力。利用 5G 移动边缘计算等技术,人们将使更多视频资产货币化,如现场观众手机镜头所拍摄的视频。也就是说,体育场内的 5G 移动视频用户,不仅可以观赏活动现场盛况,还能同时访问和消费与比赛有关的多个视频流,可能包括运动员关键时刻的慢动作、回顾动作等。这将增强现场实时的游戏感体验,为用户提供新的消费内容。

4.3 新媒体产业样态

4.3.1 付费的回归与产业实践

大众传播时代开启了廉价报纸附加广告的模式。在大众传播时代末期,互联网的"免费"经济,更是将获得信息置于不需要付费的商业境地。

作为英国最大的全国性综合日报之一,《卫报》也曾经是数字化内容的拥护者。早在 2011 年,《卫报》就因秉持"开放新闻"(open journalism)的观念并将其作为数字新闻理念的核心而成为当年最受社交媒体欢迎的新闻媒体之一。有学者研究指出,当时的《卫报》多少承载着人们对既有新闻业某些最乐观的设想:既坚守严肃新闻传统,又表现出面向网络时代的大胆创新和良好适应性。

2014 年获得普利策新闻奖之后,《卫报》一度趁着自身空前的热度和影响力尝试走国际化道路,但业绩表明这条路并不成功。2011 年,大卫·彭塞尔加入卫报传媒集团,任首席执行官。他在接受经济专栏作家伊恩·伯勒尔的采访时说:"从 1995 年到 2015 年,《卫

---

① 喻国明,陈雪娇. 元宇宙:未来媒体的集成模式[J]. 编辑之友,2022,306(2):5-12.

报》并非没有创新和进步,我们非常接受数字化带来的机遇,在过去7个月中,几乎每个月都有1.6亿人次IP访问和超过10亿人次的网页浏览量,这证明了我们的数字战略和新闻能力。"大卫·彭塞尔同时也说:"庞大的读者群带来的是自满情绪。你有大量读者,每个月数字都在增长,但这掩盖了你与读者的关系。"他指出:"生产垃圾内容的公司可能也会很大,但这并不意味着你对世界产生了影响……这只是意味着你很大。"①自上任首席执行官以来,大卫·彭塞尔逐渐对《卫报》的发展战略有了清晰的认知,即"将读者放在核心的位置"。

2016年1月起,《卫报》放弃了国际化发展路线,将全部重心放到读者收益上来,大力实施会员制,目标是实现读者收益的翻番。据报道,《卫报》为此特别成立了跨部门团队,包括编辑、商业、用户体验(UX)和程序设计在内的员工共同做数据分析,构建会员制框架。目前团队已经能很容易地从不同的市场环境中分析出读者的行为模式和他们的新闻偏好,并以此为依据吸引更多有付费意愿的新用户,同时留住现有的老用户。因此,截至2017年2月,《卫报》的读者收入(包括会员、订阅、期刊和一次性捐赠)已经超过了广告收益,每个月的付费读者数量达50万人,一次性捐赠达30万人,仅2016年的付费读者数量就翻了一番,它已经实现了里程碑式跨越。②

在《卫报》的会员制度下,读者不仅是读者。会员可以选择每月15~60英镑不同档位的会员等级,享受不同等级的权利。每月60英镑的"老主顾"(patrons)除可以得到更多的有着很强知识属性的信息之外,还可以参加只对这个等级的会员才开放的小型高端沙龙等。另一读者付费模式——"捐赠",在某种程度上也是一种新闻的"众筹"。对于环境调查等新闻报道选题,由于支持调查的捐赠读者越来越多,呼吁捐赠的时间越来越长,产生共鸣的读者越来越多,因此向读者好好解释媒体动机和想法远非记者一个亮眼的标题可以搞定的。优质的选题,让《卫报》获得了读者更大的支持。同时,为新闻提供支持的读者与报纸也产生了互动,很多读者表示为了看到自己真正在意的问题得到更多的曝光,他们愿意支持专业的媒体机构开展调查、进行报道和舆论监督,也会更积极地阅读报纸的内容以参与新闻的传播,由此形成了良性的反馈机制。下一步,《卫报》希望不再单纯聚焦于实现订阅数的增长,而是进一步研究如何维护与读者的深度关系。

4.3.2 共享经济

"互联网+"作为我国政府的发展战略,是应转型期社会总体复合需求所形成的。网络传媒技术的无限兼容囊括能力和资讯传播效率,可以满足社会产业经济升级换代和人们的多元创新发展要求。立足"互联网+"的共享经济,以资源循环增效、环境友好型发展模

---

① 翻译自专栏作家伊恩·伯勒尔对大卫·彭塞尔2017年10月的采访《卫报如何获得80万付费读者》。

② 哈佛尼曼新闻实验室. Asking members to support its journalism (no prizes, no swag), The Guardian raises more reader revenue than ad dollars[EB/OL]. (2017-11-05)[2024-12-01]. http://www.niemanlab.org/2017/11/asking-members-to-support-its-journalism-no-prizes-no-swag-the-guardian-raises-more-reader-revenue-than-ad-dollars.

式，丰富人们的新型交往情感体验，带来社会经济进步与关系改善的新希望。

1. 共享经济的概念

共享经济（sharing economy），又称"分享经济"，是指基于互联网信息技术的发展和普及，能让商品、服务、数据及才能等具有共享渠道的经济社会体系。作为一种新型经济模式，共享经济改变了过去人们对物品"拥有才可以消费"的观念，让闲置资源等的使用权暂时性转移，使个体所拥有的闲置资源被广泛地社会化利用。作为一种基于使用权的经济，共享经济通过互联网平台来发布闲置资源的供给和需求信息，最大限度地实现资源的有效配置。[1]

在资源稀缺的当下，共享经济紧跟互联网技术进步思想，利用传播平台联结便利的支持条件，迎合社会交往需求，属于一种普世性的创新经济形态。本质上，共享经济是将物品的所有权与使用权相分离，更加注重对使用权的最大化利用。因此，在共享经济这一模式中，沟通和共享成为一种新的生产力，通过互联网在归属方和使用方之间搭建桥梁，对传统经济模式产生颠覆性的影响。

共享经济模式的三大基础是闲置资源、共享平台和人人参与。[2]

闲置资源即社会上有明确所有权，但使用权可以被让渡的使用不充分的资源。私有物品使用权让渡可以使共享双方同时获得物品使用的权利。在共享经济模式下，个人、商业组织的闲置资源可以成为准公共资源，由社会共同使用。

共享平台即用于共享资源信息交换的平台，多为互联网上的虚拟平台。拥有闲置资源的人可以在平台上共享资源信息，而需要使用资源的人可以从中获取信息。共享平台通过互联网，既能连接资源与需求，又能连通线上与线下，促成供需双方的匹配。

人人参与是支撑共享经济存在的必要前提。人人参与供给能够保证共享池中的资源量储备，而人人参与使用是共享经济可持续发展的基础。当资源量与参与者达到一定数目，共享平台达到最大利润点，才能实现边际成本递减。形成规模后，共享经济消费者的使用成本也随之降低。因此，群众基础是共享经济长久发展的根基。

在三大基础之上，共享经济的核心发展过程其实是去中介化与再中介化。[3]互联网时代之前，信息交互需要通过传统的平台进行。例如，出租一辆车，需要去租车行才行。但在互联网时代，网络平台让信息交互与供需匹配成为一件容易的事，闲置资源的使用渐渐去中介化。但共享经济也是再中介化的过程，供需双方接入平台后，平台能够更有效地配置资源，提供资源分发、匹配的服务。如共享单车平台，为乘客提供信息传递、交易结算、安全保障等服务。平台在再中介化的过程中，也对社会产生了正外部性。

---

[1] 马广奇，陈静. 基于互联网的共享经济：理念、实践与出路[J].电子政务，2017（3）：16-24.
[2] 蔡朝林. 共享经济的兴起与政府监管创新[J]. 南方经济，2017（3）：99-105.
[3] 郑联盛. 共享经济：本质、机制、模式与风险[J]. 国际经济评论，2017（6）：45-69+5.

2. 共享经济的应用

在人类社会经济发展中，无论是国家和地区的经济活动，还是企业或个人创业的经济活动，说到底，就是人力资源、物质资源、技术资源、资金资源和信息资源这五种资源要素在不同空间、不同时间，以不同形式的配置与组合。因此，从一定意义上说，资源要素的科学组合，就是经济的创造和发展。[①]

共享经济模式将五种资源要素以新的结构组合，对闲置资源进行汇集与分配，可以带来两大效果。

一方面，共享经济模式可以降低交易成本与时间成本，提升供给方与需求方的匹配效率。在多数共享经济平台上，供给方只需要付出自身资源，就可以回收相应服务的租金，而需求方可以通过共享经济平台快速找到自身需要的闲置资源，让其有效发挥价值。另一方面，共享经济模式能够提供更多个性化的体验。传统经济模式生产的大多是标准化、规范化的产品，但共享经济的供给方是多元化的，这或许恰好符合某个需求方的特别要求。例如，爱彼迎（Airbnb）出租的房屋就比普通酒店更具有独特性，它虽不拥有固定房屋资产，但通过为供需双方搭建桥梁，从中获得了利润。这与其个性化体验的资源优势不无关系。

当前共享经济被广泛运用到交通、住宿等领域。如在我国最具代表性的滴滴出行，就是在移动互联网与移动支付不断发展的背景下出现的出行共享平台。滴滴出行将社会上闲置的车与司机等交通资源进行收编，以灵活的上线方式与适当的奖励机制鼓励闲置资源方共享资源，并通过自身平台，搭建起乘车人与车之间的联系，促进了闲置交通资源的有效利用。类似的模式也可以应用在教育、住宿、快递等行业。只要将资源置换，就可以构建起不同的共享经济平台，如短租、快递柜等。只要有需求，闲置资源就能够被定价，让渡使用权。无论是产品服务还是资源再分配，它们都可以通过共享平台，实现共享。

共享经济也可作为传媒创新经济形态，整合本系统闲置设备、办公场所等资源租赁，与社会需要群体有限共享，是利用有形物质基础增值；借助传媒影响力的社会资本，重组整合虚拟与实体共享经济有机组织，创新协同发展空间，延伸服务经济内涵，是借助无形资本增值。在共享经济模式下，传媒机构通过多维形式的适应性改造，持续完善产业结构，拓展传播功能与成效；外在服务我国智能社会的集约型进化，以发挥辅助和引领社会经济发展作用，实现产业经营管理方面的多元创新价值。

3. 共享经济的影响

共享经济平台作为一种新型的服务业态，在商业运作中扮演的是资源整合者的角色。它采用的经营思路是资源置换和平台整合，即采用资源整合型的平台化运营模式，充分利用自身的资源优势（地缘、业态、场地及客户的独特性资源），以信息发布、渠道提供、服务延伸为基本经营手段，整合社会优质产品和服务资源，为产品与服务的供应商提供全面、专业的渠道和营销服务，为消费者提供在平台所接触到的资源，从而在资源共享的基础上提升资源利用效率，以期获取可观的利益回报。

---

① 卢希悦. 中国文化经济学：思维的醒悟与经济的崛起[M]. 北京：经济科学出版社，2009：291.

在互联网时代，利用互联网技术平台空间，拓展经济联结、整合资源，创新共享经济形态，有助于人们提高经济生活质量。更值得关注的是共享经济产生的发酵作用：孕育多元经济交往机会，促生异彩纷呈的新兴经济创新。如网络上金融资本的众筹、共创等经济共享模式，使网络经营者、社会投资者及需要资本者均获得相应满足，促进财力资本、物力资本、人力资本等资本增值与经济发展。

互联网已经激活更大范围的人与物协调发展潜能，其集成整合之力可以摆脱工业经济时代的经营管理异化，推进共享经济战略从"竞争制胜"转向更高层次新经济的"共享制胜"。高效共享资源亦能推动关联服务行业与实体经济的协同高效发展，增加社会就业岗位。此外，共享经济倡导健康环保消费、优化资源配置等节流行为，辩证地看也是经济开源新境界。共享资源拥有者与使用者各得好处，使社会总剩余有形价值大增，参与者个性与情感交流深度均得到满足，无形社会效益提高；节约自然资源有益当代又利后世，利己利人。最关键的是共享经济从根本上促进了实体经济集约化发展，完美地对接互联网时代的虚拟经济，是符合互联网发展趋势与社会发展大势的经济模式。

4.3.3 网红经济

自从互联网出现后，以个性表达多元、繁杂乃至混乱为特点的网络文化现象便开始形成。人们关注最多的典型现象就是出身"草根"的"网红"。这些崛起于网络的"红人"区别于传统社会所树立的高大上"典型"，最显著的特点就是他们在非主流文化表达上的另类与个性。网络文化逐渐发展，成就了网红经济与网红产业。日常化的网络表达背后，是专业化的生产过程。

1. 网红经济的概念

"网红"的本义是借助互联网走红的人。[①]他们借助互联网的社交媒体，输出与自身相关，或由自我创造的文字、图片、视频等内容，在网络上大红大紫，甚至像明星一般拥有数量庞大的固定粉丝群。"网红"通过网络获得关注，形成定向营销市场，建立起个人 IP（intellectual property，知识产权），形成完整产业链，即将互联网流量资源人格化的一系列商业模式和变现模式，包括网红的开发养成，到网红的产出变现，以及孵化和消费网红的一系列互联网商业模式，这就是网红经济。

网红经济的基础架构其实是内容经济与"粉丝"经济。早期"网红"创造文字、图片、视频等内容，其实就是现在所说的 UGC 模式。例如，早年间在天涯网火起来的一批青春文学作家，就是通过自己创作、自己发布小说或散文，获得"粉丝"的追随。随着互联网的发展，网红经济的形态也有所不同，逐步走向"粉丝"经济。甚至在产业化运作后，"网红"成为可以流水线生产的"人设"。社交媒体时代，当"网红"能够上传图片，通过颜值吸引人气后，图像化的广告随即出现，"网红"的商业化运作逐渐兴起。在全媒体时代，"网红"

---

① 姬广绪. 关系型消费的建构："网红经济"的文化解释进路研究[J]. 学习与探索，2018（10）：53-58.

能够创作的内容形式更为丰富，专业生产内容出现，"网红"所面向的粉丝群体也更为小众化。

目前，网红经济产业链主要包括"网红"以 UGC 积累人气自我营销和"网红"孵化器培养两种模式。一般来说，"网红"一定是某个方面值得关注的人。如果要进一步商业化，"网红"还需要是某方面的关键意见领袖（key opinion leader，KOL），即可以通过自己的"粉丝"基础，互动并扩大营销范围的名人。网红经济的爆发，离不开 MCN（multi-channel network，多频道网络）机构的助推。MCN 模式源于国外成熟的网红经济运作，其本质是一个多频道网络的产品形态，将 PGC 内容联合起来，在资本的有力支持下，保障内容的持续输出，从而最终实现商业的稳定变现。在 MCN 机构的助推下，"网红"的形象维护和"粉丝"导流形成了一套不成文的规范。例如，如何塑造风格、如何打造独特形象等，均以流量最大化为考核标准。同时，部分有个人产品的"网红"还自行设计采购、生产、物流供应链，通过电商直接实现人气变现。[①]

2. 网红经济的内容基础

内容除作为一种资讯的表达之外，还有一个重要的价值维度，即作为关系表达的内容。不难看出，在很多"网红"的视频或文字中，尤其是"草根"阶层的"网红"内容，逻辑性的资讯含量其实是很少的。"网红"在表达时的姿态、表情、眼神、腔调、动作等，都不是理性、逻辑性的资讯表达，而是情感、关系、情绪的一种自然流露，很容易拉近与"粉丝"之间的距离，产生情感与情绪的认同与共振。研究表明，这种非资讯类关系表达的内容在今天的社会沟通、社会认知与认同、社会判断和社会共识的达成中所扮演的角色与地位的价值作用越来越重要，甚至常常超过理性、逻辑性的内容表达。

5G 时代将会是一个视频语言日益主流化的时代，内容消费视觉化已成为媒介生态的显著特征，新媒体的内容生产也趋向于以视觉为主导。随着短视频的出现，视频开始逐渐进入社会影响力的中心，对主流事件、重要事项的关键性发展发挥作用。这一改变将极大地加速作为关系表达的内容走入社会沟通的"舞台中央"的进程，其突出特点就是传播中的关系认同、情感共振在整个传播沟通和共识建构中的作用与地位的凸显。较典型的案例就是直播带货的迅速兴起。曾几何时，"网红"带货还是靠自身图片的拍摄，而现在的直播卖货，无论是淘宝直播还是抖音直售，无一不让用户惊呼：不知怎么着，自己的钱包就空了。

这是因为表达上的关系亲近性使传播效能显著提升。在网络社会的民间群体结构下，用户更容易因关系的接近而对"网红"产生认知与情感的共鸣。与"网红"之间的共振与关联感，会让内容的情感属性得到放大。而这种情感上的联结，正是"网红"进行粉丝积累、黏性维护和流量变现的心理基础。可以看到，现在有很多"网红"发布的视频甚至没有所谓"干货"，唠唠家常，谈谈心事，只要能够在粉丝心中占据一席之地，这样看似没有

---

① 梅楠. 基于社交网络的"网红经济"营销模式分析[J]. 现代传播，2017，39（3）：164-165.

距离感的唠嗑就能获得粉丝的信任与拥护。所以说，未来的网红经济很大程度将建立在关系型内容的消费之上。

3. 网红经济的影响

2018年以来，网红经济产业链商业模式日渐清晰，直播电商等新业态快速崛起，"内容即营销，流量即渠道"的逻辑更是重塑了传统商业。网红经济作为中国新经济的重要代表，其崛起背后有深刻的人口、技术、产业、资本等推动，并正在对流量、渠道、营销、商业模式等产生深远影响，进行场景革命，直播电商将成为行业标配。

网红经济的崛起进一步让短视频、直播等内容消费成为当前互联网用户媒介消费的主流。北京师范大学新闻传播学院2019年全民媒介使用调查的数据显示，短视频类App的使用频率仅次于较为常用的社交类App，这与网红经济的爆发不无关系。

随着网红经济的发展，"网红"早已成为一种大家司空见惯的营销方式。随着内容营销的崛起，"网红"达人凭借其原创、个性化、趣味性的优质内容，吸引消费者"种草"，为品牌"带货"。《2020中国社交及内容营销趋势》报告显示，约50%的消费者曾受KOL发帖影响购买产品。进入网红经济时代，"网红"达人本身也成为一种新的营销方式，吸引品牌商加大对KOL的广告投放。

除此之外，随着短视频购物短链与淘宝直播等直播客户端的日渐普及，"网红"带货让消费者的购买决策链条大大缩短，从营销直接到购买渠道，只需要动动手指。近年来，那些带有一定流量的淘宝直播KOL所在的直播间就是合并了"营销"与"渠道"双重功能，在直播间里的"网红"担任"货架角色"和"买手角色"，依托互动性、性价比等优势缩短消费决策链，持续创造商业价值。受益于网红经济的崛起，直播电商作为一个快速崛起的新兴消费场景，也逐渐成为行业标配。[1]

互联网通过技术重新配置人与人的关系，进而启发我们对于消费行为新的认知。[2]我们需要看到，在网红经济中，消费不只是展示财富和社会地位的简单体现，更是一种分享消费理念及与外界成员不同生活方式、廓清群体边界的方式。在注意力稀缺的时代，网红经济正在对零售渠道、互联网、传媒、消费品牌等行业进行提效赋能与变革重塑。如何借助网红经济促进线上线下的共荣，推动内容升级与营销创新，是传媒行业值得借鉴与思考的重要问题。

4.3.4 小众经济

大规模市场其实是一个匮乏的市场，因为规模化的生产机制其实并没有能力和空间为

---

[1] 中国国际金融股份有限公司研究部. 网红经济：场景革命，提效赋能[EB/OL]. (2020-06-05) [2024-12-01]. https://mp.weixin.qq.com/s?__biz=MjM5MjQ2NzA2Mg==&mid=2649522924&idx=4&sn=fdfca59f560f2c866d56a73415b38454&chksm=bebdf3f589ca7ae37ae499338812e2de0dc2b957765c400a6441ce50e69fd4521edfca26eb24&scene=4#wechat_redirect.

[2] 姬广绪. 关系型消费的建构："网红经济"的文化解释进路研究[J]. 学习与探索，2018（10）：53-58.

每个人提供个性化的产品和服务。但互联网让一切变得不一样了,随着网络传播的兴起和零售渠道的扩张,市场逐渐从集中产品市场向分散产品市场转变,我们正在步入丰饶的小众经济时代。

1. 小众经济与长尾理论

"小众"是相对"大众"而言的概念,是指拥有共同兴趣的少数人群。小众群体一直存在于社会生活中,只是在互联网时代到来前,因为小众群体的需求、意见和兴趣,相较于大众群体来说,显得渺小且不重要,所以长久以来,小众群体似乎隐藏在社会中,不易被发现。

但互联网的出现改变了这一点。网络成为各类信息的集散地,小众的个体都可以在信息网络中传播获取各类大众需求无法囊括的小众信息,这为小众经济的兴起提供了一片沃土。无数的小众个体在互联网上找到了自己的兴趣群体,并汇聚力量,在大众社会中发声,彰显出自身的个性化诉求,带来所谓亚文化、小圈子的兴盛。互联网让小众群体聚集,为小众市场提供了巨大的消费者基数,原本看似分散的群体在网络上形成了巨大的市场。随着小众群体的发展壮大,他们甚至开始成为大众通俗文化的对立面,逐渐引领消费趋势,小众、独特的喜好和品位反而成为新的市场风向。

但小众经济真正产生聚合式效应,依靠的是长尾效应。长尾效应(the long tail effect)或长尾效应,最初由《连线》的总编辑克里斯·安德森于2004年提出,后在专著《长尾理论》中详细阐述。他认为:"如果把足够多的非热门产品组合到一起,实际就可以形成一个堪与热门市场相匹敌的大市场。"[①]总的来说,长尾效应是指那些原来不受重视的销量小但种类多的产品或服务由于总量巨大,累积起来的总收益超过主流产品的现象。在互联网领域,小需求也就是所谓的"尾部"需求能够被大市场看到,小众市场累加起来也许能够取得比大众市场好的经济收益。

克里斯·安德森这样总结自己的长尾理论:"我们的文化和经济重心正在加速转移,从需求曲线头部的少数大热门(主流产品和市场)转向需求曲线尾部的大量利基产品和市场。在一个没有货架空间限制和其他供应瓶颈的时代,面向特定小群体的产品和服务可以和主流热点具有同样的经济吸引力。"[②]这里的小群体其实就是现在时髦的"小众"一词。所以说,小众经济腾飞的关键,是长尾效应的释放。尾部的利基市场有利可图,小众才能成为一门"生意"。

2. 小众经济在互联网中的放大

小众经济释放效应,依靠的是长尾效应的涌现。长尾效应具有三大功能,分别是普及生产工具、普及传播工具降低消费成本,以及连接供给和需求。互联网的出现,恰好能从这三个方面助推小众经济的发展。

---

① 克里斯·安德森. 长尾理论[M]. 乔江涛,等译. 北京:中信出版社,2006:11.
② 克里斯·安德森. 长尾理论[M]. 乔江涛,等译. 北京:中信出版社,2006:35.

首先，网络硬件的普及增强了信息生产力。目前，各类固定或移动的网络终端已经走入千家万户，小众群体既可以借助终端获取符合自我需求的信息，又可以在网络上通过发布信息寻找志同道合者。例如，一个热爱小众乐器马林巴琴的网友，在接触互联网前，他甚至都不知道全世界有那么多人喜欢马林巴琴。而在短视频、社交平台普及后，他不仅能查找相关信息，结交到有共同爱好的朋友，还能将自己的表演作品发布到网络上。马林巴琴的生产厂家，也可以借助互联网，增开网店，直接将产品售卖给客户群体。

其次，互联网降低了信息与消费触达受众的成本，提升了长尾市场的流动性。这又被称为"配销大众化"。配销大众化是指随着传播工具的广泛使用，信息快捷、无限和趋于免费的传输成本，极大地降低了生产者接触消费者的成本，方便越来越多的受众找到属于自己的群体，有效地提高了长尾的流动性。这种流动性吸引了更多有独特需求的受众，有效地延长了长尾曲线，扩大了曲线之下的面积。[①]例如，文艺青年可以通过豆瓣找到另一位文艺范的朋友，他们组建豆瓣小组，在里面发表具有自身特色和风格的文字与图片。通过算法过滤，豆瓣又可以将自己开发的衍生品广告推送到符合定位的小组页面，这是以最低成本触达小众群体的过程。

最后，互联网辅助了供给与需求的对接。克里斯·安德森把长尾的秘诀概括为两句话："提供所有产品"和"帮我找到它"。"帮我找到它"，针对的是当信息很多时，如何降低选择成本的问题。长尾市场为顾客提供了无尽的选择，扩大了他们的自由，提升了他们的个性价值，但为此付出的代价则是加大了顾客选择的成本。[②]但基于消费者行为数据的大数据分析以及算法过滤系统的精准推送，让小众产品的供给直达小众消费者处不再是难事。互联网串联起供给与需求，辅助小众群体找寻到自己需要、喜欢的信息内容与特定产品，充分发挥长尾效应，助推小众经济的崛起。

3. 小众经济带给传媒业的启示

随着小众群体的发展壮大，他们逐渐开始引领文化动态和消费趋势，诞生了很多新的市场需求。谁能够把握住这些小众需求，谁势必会在未来的商业竞争中占据决定性优势。

互联网，尤其是移动互联网，是"连接一切，赋能于人"的传播平台，在这一"连接"中"赋能于人"的一个突出表现就是人的个性化、分众化需求的泉涌。换言之，我们所熟悉的一整套用于满足共性需求的传播模式和传播技术已经成为"红海"博弈的工具和手段，而赢得满足个性化、分众化需求的"蓝海"需要创造一整套全新的传播模式和传播手段。

进一步说，网络社会传播领域与传统媒体时代价值变现的不同在于，二者的价值解决方案即效率机制不同，网络社会价值变现新的解决方案更多地体现于多样化效率，传统媒体价值变现旧的解决方案则更多体现于专业化效率。多样化效率与专业化效率是两种不同

---

① 王雪珍. 论 Web 2.0 技术对文献利用率长尾的提升[J]. 现代情报，2009，29（2）：4-7.
② 陈力丹，霍仟. 互联网传播中的长尾理论与小众传播[J]. 西南民族大学学报（人文社会科学版），2013，34（4）：148-152+246.

甚至相反的效率。专业化效率是指，对同质性的事情处理（如《人民日报》的"中央厨房"）的规模化程度越高，则效率越高，它通过标准化、规模化的制作和分发来节约成本，实现规模经济效益，为同质化内容的价值实现提供引擎。多样化效率是指，越做异质的、不同的事情，效率越高，它通过个性化、定制化创造高利润，实现范围经济，为异质化的价值实现提供引擎。美国经济学会前主席鲍莫尔曾经举例来说明两者的不同：音乐四重奏的效率是什么？难道小提琴越拉越快，更有效率吗？显然，拉小提琴的效率与开机床的效率不是一种，传统媒体的管理者在互联网转型中最大的误区在于不能很好地区分新旧价值变现在范式上的不同，其关键就在这里。

那么，满足这种个性化、分众化需求的传播模式和传播手段的关键点是什么呢？毫无疑问，它必须面对和解决移动互联网时代用户在传播使用方面的新特点。这一新特点主要表现为两个方面：一是如何找到并定义遁形于广袤市场和社会空间中低密度分布的需求，并在极低成本和代价的前提下将其与特定内容相匹配；二是如何为基于个性化场景的需求建立多点触达的需求入口。

互联网时代的一个突出特点是"时间消灭空间"。随着传统时代市场空间的"坍塌"，它既造成了传播市场的无远弗届，也造成了用户需求的重叠和混杂。同时，互联网时代也是个性化需求和分众化需求随着"个人被激活"（"赋能"及"赋权"）而泉涌的时代。这类需求与传统媒介所擅长满足的共性需求在社会和市场空间中的分布不同：它的单位密度很低，深藏于社会生活的各个角落，因此无法用传统的规模经济的方法和模式去满足它。所幸的是，互联网的发展在提出需求的同时也提供了满足需求的种种新的手段和技术模式，这就是基于大数据方法的用户洞察。有了这一洞察性的数据做导引，无论用户身居何处，无论用户的需求多独特，基于用户洞察的算法所构造出来的"数据路径"都能够毫不费力地将其匹配在一起，使过去的传播模式无法满足的市场需求得到一对一的、个性化的满足。概言之，在共性化内容服务的时代，是人需要在规定的时间、规定的场所找到内容；而个性化、分众化的内容服务则是一个个长尾内容"主动"地去找适配它的人——数据已然成为内容和服务产品的"标准配置"。这便是两种截然不同的内容服务模式的最大差异。

"接触界面的有效控制"是传播价值得以实现的关键。网络社会是一种网状连接、去中心化、转换自由、角色复合的社会构造。如何能够将网络平台上的物质、信息与人的实践形成有效的连接，并进一步实现内容服务的价值变现呢？建构基于形形色色场景认知的"多点触达"的新传播模式便成为移动互联网时代传播致效的关键所在。所谓"多点"，指的是用户的生活场景已经变成动态的、网状节点式的分布，传统的传播可触达的只是标准场景、标准用户。今天移动互联网时代信息服务与其的不同就在于节点分布的丰富性和多样化。"触达"说的是access，它含有"亲"（不经过中间人）的意思。"多点触达"首先可理解为基于场景认知的、随时随地的"伴随式服务"，即处于不同场景、个性化不同的用户，从分布式的多点，轻松触达为他们提供产品、服务和体验的传播媒介和传播服务的提供者。

显然,"连接一切"原本说的是网络(由节点与边构成的)中的"边","多点触达"丰富了边连接起来以后节点的意义和价值。这个节点其实就是建立需求与供给彼此连接的特定场景。这些场景既可以透过对于客观存在的场景的认知与洞察加以把握,又可以通过提供特定的内容与诱因建构起具有聚合不同人群、不同需求属性的一个个丰富的场景。在小众经济时代,这些场景的洞察和建构,便为丰富多彩的内容与需求实现彼此匹配对接和价值变现提供了最大的可能。

VICE 成立于 1994 年,最初是加拿大一家关注社区文化的杂志,之后三位主创人员将 VICE 聚焦小众音乐,定名 VICE。VICE 意为"缺陷",从一开始,该杂志就与主流媒体不同,其选题大胆、叙事精妙,在亚文化青年群体中享有越来越高的声誉。VICE 追求"年轻人才关心的内容"的生产。在所有新闻报道中,VICE 也可以找到自己的叙述方式。在 VICE 的网站上,彰显着他们的内容宗旨:"去世界上最热门的新闻网站,为那些从未报道过的新闻报道。"

VICE 关注亚文化群体,关注小众音乐和边缘人群,但是也总能找到年轻人喜欢的切入点解读政治话题和国际局势:采访巴格达的金属摇滚乐队让 VICE 在青年文化媒体中脱颖而出。VICE 一贯的目标是成为年轻人的《纽约客》和 CNN。

截至 2017 年 6 月,VICE 已经遍布 38 个国家和地区,拥有网站、视频机构、电视台,成为一个价值 57 亿美元的全球新媒体集团,在全球青年人中有极大的影响力。VICE 为我们提供了一个理解互联网时代媒介核心价值要素的样本。互联网上的每一个个体都是一个传播节点,在接收信息的同时可能成为传播信息的起点。具有了"表态"机会的个人,急于从"对普通新闻有独到视角"和"独特的信息获得"两个方面为自己表态,于是面向小众人群的信息本身具有特殊的意义。如果视角够独到,就会成为携带传播基因的内容,并在人与人的接力传播中吸引观念相近的受众。

与这样小众又充满态度感的内容相匹配的商业模式是,VICE 允许品牌根据内容的特点选择赞助模式。首席执行官谢恩·史密斯毫不掩饰他对媒介经济的兴趣和执着,因为他深知良好的经济效益是继续提供优质内容的基础。他曾经在很多采访中表示:"我们做的每件事都必须赚钱。"作为首席执行官的他只擅长两件事:内容和交易。例如,探索偏远地区人民生活方式的纪录片《世外》找来户外运动品牌 The North Face 赞助,品牌商除在主持人出镜的服装上显示了 Logo 之外,所有源自品牌方的传播期待都寄希望于纪录片的探索精神和其户外风格上的契合,在内容和制作上毫无干预的权利,但是类似的品牌合作络绎不绝。节目主题与品牌气质的契合,成为品牌赞助的出发点,而优质、独立的内容又成为携带品牌基因更长久传播的保证。有态度和高质量的内容,让观众和品牌赞助成功对接。

4.3.5 游戏经济

1. 游戏经济的概念

游戏经济是指涉及电子游戏的开发、市场营销和销售的经济领域。游戏产业与互联网技术紧密相连。每一轮技术变革，游戏产业都是最早参与其中的垂直赛道，推动新技术与新设备的普及，而游戏产业的商业模式、产业链结构以及参与者都随之发生演进与变迁。

当前的游戏主要分为单机游戏、客户端网络游戏和网页游戏三大类，涉及软件业与在线服务业两大业态。软件业以在实体商店或在线商店中出售游戏光盘为主要业务，用户一次性购买即可享受游戏。在线服务业则是提供流媒体游戏内容，用户可以免费在云端下载游戏，游戏内容也会持续更新，盈利则通过广告、付费商品来实现。在两大业态中，游戏产业的收入主要分为三类：一类是硬件及游戏收入，依靠出售主机游戏硬件和软件来获得；一类是游戏内购收费，即游戏本身不收费，但在游戏内会提供增值服务，如道具、皮肤等；还有一类是游戏订阅收入，即订阅后可以在某段时间内享受游戏服务。

游戏经济的产业链条中有四大核心角色，即开发商、发行商、渠道商和用户。开发商研发游戏，一般为工作室制度，承担风险较大；发行商需负责游戏的修改、更新对接、活动运营、对接渠道、市场投放等具体工作，风险较小；渠道商则最稳定地"坐地收钱"[①]；用户则通过各种支付渠道，付费购买游戏产品与服务。

除基本的游戏产业链外，游戏本身的 IP 还可以被进一步利用，开发与游戏相关的各种衍生产品。例如，游戏角色主演的电影、同人漫画、同人文学，以及各类形象玩具、音像制品等。游戏经济不止包含传统意义上的游戏产业，还有从游戏延伸开来的数字劳动产业。游戏代练、道具出售等早已成为游戏经济中的成熟商业模式。

中国的游戏产业在世界范围内都具有不可小觑的价值。根据 2019 年度中国游戏产业报告的数据，2019 年中国游戏市场实际销售收入 2308.8 亿元，同比增长 7.7%。从细分市场观察，移动游戏占整体营销收入近七成，处于主导地位；客户端与网页游戏占比分别降至 26.6%和 4.3%。2019 年中国自主研发游戏海外市场营销收入 115.9 亿美元，折算人民币约为 825 亿元，同比增长 21%。尤为令人振奋的是，相当数量不同类型的自主研发游戏在全球上百个地区的下载榜和畅销榜进入头部，呈现出多品类、多区域、广覆盖的良好态势。

随着互联网技术的进一步发展，近年来我国游戏产业呈现以下主要特点：一是移动游戏继续保持较快增长，拉动国内游戏市场稳步扩大；二是自主研发游戏海外营销能力提升明显，涌现出一批优质作品；三是电子竞技游戏异军突起，为游戏产业提供了新动能；四是在新技术驱动下，AR/VR、云游戏等前沿市场将迎来快速成长新机遇；五是特色游戏用户群体显现出较大的增长潜力和发展空间。[②]未来在 5G、游戏上云以及头部流量的助推下，我国游戏产业将创造更大的经济价值。

2. 游戏经济对传媒业的启示

游戏并非洪水猛兽，游戏产业独特的社会价值与受众吸引力也启发着传媒业进一步转变思路，重新审视自身内容生产、价值站位与受众需求之间的关系。

---

① 方正证券. 传媒行业七大角度看全球游戏产业：从"常识"到"启示" [R/OL]. (2019-12-31) [2024-12-01]. https://www.sohu.com/a/363824572_120099883.

② 中国音像与数字出版协会游戏出版工作委员会.2019 年度中国游戏产业报告[R/OL]. (2019-12-20) [2024-12-01]. https://www.cgigc.com.cn/details.html?id=5c15ccff-ffc8-11eb-ae89-000c29a9423b&tp=report.

一方面，社会传播领域也应当强调和强化其具有娱乐功能的内容生产。须知，娱乐类内容在社会情感按摩与代偿满足、维护社会稳定方面具有重要作用。美国传播学者拉扎斯菲尔德（Lazarsfeld）和默顿曾将传媒的社会功能归结为社会地位赋予功能、社会规范强制功能和社会麻痹功能。时政类新闻由于其内容的敏感性与特殊性，承担着前两者的属性，但不能承担社会麻痹功能，只有软性的娱乐、体育等非时政类新闻的内容才能实现这一功能。如果对娱乐等软性内容使用得当，人们可以转变其负面的社会功能属性。娱乐等软性内容在一定程度上能够产生转移话题、社会情感安抚与心理代偿的作用。人们通过娱乐内容的戏谑、幽默和嘲讽，宣泄了压力和不满情绪，化解了社会戾气，减少了人们付诸现实冲突的可能性。应该说，新闻和娱乐均为传播社会功能中的"重器"。新闻履行社会的守望功能，娱乐则是铸造人的心灵家园。有社会学者说，娱乐和游戏所映照的是人们对于一个社会的生活理想，是直抵人心深处的营养品。娱乐，哪怕是纯娱乐，在今天的社会历史条件下，也扮演着一定的社会角色：纾解社会压力和情绪实现"代偿性满足"的"减压阀""按摩器"。在当下，切不能忘记娱乐和游戏所具有的这一重要的功能。

另一方面，要重视游戏在未来传播中的主导性。随着技术发展，线上用户面对的传播图景正在发生深刻的变革。在互联网已充分激活个体的背景下，信息供给由短缺变为过剩，媒介使用由被动变为互动和主动，娱乐与游戏日益走向社会生活的舞台中央，其内在的逻辑与规则也逐渐成为传播领域发挥主导作用的逻辑与规则。更进一步说，在后互联网时代，信息和娱乐已不再二元分割。[①]大众对于传播的需求已不再局限于单纯的信息获取，还对信息获取过程中的视觉、听觉、触觉等身体与心理体验提出了更高的要求，对趣味和快乐的追求将越来越成为未来传播实践的主导性活动，传播景观的类游戏化表征越发凸显。在万物互联的新传播生态下，以线上网络为统领的未来媒介对受众的赋能与游戏越来越相似。虽然游戏不能解释一切，但游戏范式有利于帮助我们理解受众的传播需求，把握受众的行为模式。游戏传播所传递的参与感、沉浸感、愉悦感以及自我价值实现等以受众为本的理念正成为线上媒介转型发展的突破口，游戏范式正成为未来传播的主导性实践范式。

2015年11月上线的《王者荣耀》是由腾讯游戏开发并运行的一款多人在线战术竞技移动手游，如今已经火爆全球并成功登上了亚运会的舞台。目前《王者荣耀》的用户数已经超过2亿。2020年春节期间，日活跃用户达到8000万人。据国外权威机构SuperData发布的"2019年免费游戏营收排行榜"，《王者荣耀》的营收位列全球第三，达到了16亿美元。在游戏中，玩家可通过充值来购买英雄人物、铭文、皮肤等，但其英雄获取并不绝对依赖于付费，也可通过做任务活动获取。玩家的竞技水平高低并不受付费与否的影响，保证了游戏的公平性。

《王者荣耀》拥有一系列的赛事，针对的群体涵盖了职业战队、高校学生和全民选手。目前规格最高、影响力最大的是王者荣耀职业联赛（king pro league，KPL）。2016年9月

---

① 蒋晓丽，贾瑞琪. 游戏化：正在凸显的传播基因：以媒介演进的人性化趋势理论为视角[J]. 中国编辑，2017（8）：8-13.

第一次举办，后每年举行两个赛季的比赛。在微博上，话题"KPL"拥有315.2万次的讨论量和36.6亿次的阅读量。《王者荣耀》巨大的影响力也吸引了众多的赞助商，包括麦当劳、VIVO、浦发银行、统一冰红茶等。KPL赛事的举办地主要在上海和成都，有的热门比赛往往一票难求。KPL赛事除了在游戏本身和腾讯的平台上直播外，还将转播权售卖给了网络直播平台和电视端赛事直播平台。

在直播行业兴起的今天，各个直播平台都有大量的《王者荣耀》主播，其中不乏订阅数超过千万的知名主播。还有很多自媒体在各种社交软件上通过制作《王者荣耀》游戏娱乐或教学类视频来吸引粉丝，获取流量曝光。

名词解释

1. MGC
2. 产销者
3. 互释人
4. 长尾理论
5. 游戏经济

论述题

1. 请阐述AIGC崛起背景下内容生产模式发生了哪些革命性的改变。
2. 试分析付费模式回归的原因。

即测即练

自学自测　扫描此码

第5章　新媒体文化

文化是人类独有的现象。人类生存和发展的历史是一个文化不断进化的历史，而在人类文化的形成与发展中，传播起着关键性的作用。①与此同时，媒体在参与人类交往的过程中，也塑造了人类的行为方式，如表达方式、阅读方式、思维方式、娱乐方式等，形成不同时期的文化心理及社会文化现象。②新媒体文化正是新媒体与运营者、使用者之间形成的一种全新的媒体文化现象。本章介绍了随着新媒体技术的发展所塑造出的新媒体时代特有的文化现象和文化实践，使读者对当下人们的生活方式和社会文化心理有所把握。

5.1 新媒体文化概述

5.1.1 媒介与文化

在人类的交往过程中，媒体本身为人类社会提供了"符号"及"意义"，它参与人类生存价值意义的再生产，以至于人类文化的创新与进步，因此媒体的发展与人类的文明进步密不可分。纵观人类交往媒介的发展历史，每一次交往媒介的革命都会带来一种新的文化变革。②根据传播媒介产生和发展的脉络，我们可以把人类传播活动分为口语媒介传播阶段、印刷媒介传播阶段、电子媒介传播阶段。考察媒介发展历史会发现，每一种新媒介的出现往往都伴随着不同文化和不同社会形态的出现。每一种传播媒介也都深度地参与了人们日常生活和意识形态的建构，甚至深度参与了人类文明的建构。可以说，人类文明发展史就是一部人类传播媒介发展史。③

1. 口语媒介传播时代

在口语媒介传播时代，人们交流依靠的是声音、表情、手势，信息的传播交流必须在可听及可见的范围之内才能开展。人类文明最初阶段的口语传播逐渐成为文化积累、记忆、传承的主渠道。口语时代的社会文化也表现出自身的突出特点。"人们面对面交流时，调动全部的感觉器官，眼耳鼻口舌甚至全部身体，五官感觉浑然一体。了解了这一点，也就不难理解原始的文化艺术为什么是混合了五官感觉的诗歌、舞蹈、音乐三位一体的形态。"④媒

---

① 吴飞，王学成. 传媒·文化·社会[M]. 济南：山东人民出版社，2006：345.
② 张瑞兰. 新媒体文化：人类交往的伟大革命[J]. 新闻爱好者，2016（4）：26-29.
③ 朱庆好. 媒介形态变化及其文化意义迁移：兼评麦克卢汉的"媒介即讯息"观[J]. 新闻知识，2014（6）：18-19+22.
④ 贾明. 现代性语境中的大众文化[M]. 上海：上海人民出版社，2007：47.

介的特性显然已经内化为一种口语文化。口语传播在社会的影响方面也有自身的特点。"口语传播的有限性,造成了文化的狭隘性和封闭性,因此社会的变化和发展也是缓慢的。"①

2. 印刷媒介时代

印刷媒体的出现依赖于科学技术的进步。印刷技术的发明给人类传播带来了翻天覆地的变化。印刷术的发明使信息的批量生产成为可能,由此开始真正步入大众传播时代。印刷术的发展带来印刷品的大量出现,大大地推动了教育的发展、文化的普及、社会的进步、文化的启蒙等。在印刷媒介传播阶段,文化的大众化传播成为可能,社会特权和贵族阶层对文化的垄断被打破,推动了教育的普及,从而极大地促进了文明繁荣和社会进步。此外,在文字和印刷传播阶段,传播者和信息接收者可以分离,人们有足够的时间和空间对文字记录的信息进行独立思考、空间想象、归纳概括、抽象思维等。因此,在这一传播阶段,人类理性得以释放、提升,从而丰富了人类的思想,也使其更为深刻。于是,在这个阶段诞生了人类历史上许多著名的思想家、哲学家、文学家。

3. 电子媒介时代

电子媒介传播时代,现代科技力量彻底改变了人们接收信息、表达情感的方式。以广播、电视、网络为代表的电子传播时代的三个标志性飞跃改变了社会信息传输系统。电子传播彻底突破了时空限制,千里之外,信息瞬间到达。广播、电视的现场直播更是让受众与事实的发生、发展同步。电子媒介相比印刷媒介有更丰富的传播手段,比如精彩的画面、悦耳的声音等,大大提升了传播的丰富性和生动性。更重要的是,电子媒介的诞生减少了传播环节,没有书籍运输、购买、保存的麻烦,为信息传播搭建了一个高效、便捷、省钱的网络信息高速公路。这从根本上改变了信息的生产方式、传播方式和接收方式,进而彻底改变了人们的生活方式。

从口语媒体、印刷媒体到电子媒体,媒介的形态变化是外在的表征,其实质是不同个性的媒介催生了不同类型、风格的文化。每一种媒介都为人类思考问题、表达情感、认识世界提供了新的符号系统和思维方式,深刻地影响、塑造着人们的知识体系、价值观念和话语模式,影响着历史进程、社会结构及文化模式。进入20世纪90年代,电视、广播、报刊获得了长足的发展。电子技术的飞速发展又带来网络、手机等新兴媒体的兴盛。不断变化的媒介已经完全脱离了简单的传播介质的身份界定。文化借助媒介在强大的技术进步和宣传技巧的推动下,对人们的思想、观念进行了全面的解构。可以说,没有哪个时代的媒介能像今天这样产生这么大的影响力,引起这么大的争论。媒介技术的发展构筑了一个全新的现代文化环境。"在这一新环境里,人类的生活方式发生根本的转变:新的都市、新的交往方式、新的社区、新的消费方式、新的娱乐方式、新的教育方式、新的情感方式、新的婚姻家庭关系、新的工作方式、新的价值观念。一切都是新的,古老的、传统的、过去的都在逐渐消失、退场或成为艺术品。"②

---

① 贾明. 现代性语境中的大众文化[M]. 上海:上海人民出版社,2007:47.
② 陈默. 媒介文化重构人类生存新环境[J]. 解放军艺术学院学报,2005(1):33-36.

5.1.2 新媒体文化

在人类文化形成与发展的漫长历史中，文化在其发展的每一个阶段，都受到特定媒介的支配，而每一种新的传播方式和技术的兴起，都毫无例外地会引起某种文化上的变异与革新。从"贵族文化"到"精英文化"，从"大众文化"到如今的"个人文化"，一部文化演进的历史同时也是媒介的发展历史。媒介与文化交织在一起构成了新的文化现象，我们称之为媒介文化。新媒体文化正是新媒体与运营者、使用者之间生成的一种全新的媒体文化现象。面对新媒体时代，一切都在被异化着，所有原生态的文化都被新技术方式赋予新的解释。新媒体不仅改变了传统媒体形式下信息创造、交流、传播、保存的方式，还创造了属于新媒体文化时代的审美观、价值观与文化心理特征。这种变化的合力最终形成了新媒体文化的独特风貌，并使之呈现出复杂甚至是矛盾、冲突的多重面相。[①]

依靠计算机技术、移动通信技术支撑起来的新媒体，因其全新的信息传播方式，在短短时间内就对当代世界文化生活产生了极大影响。随着新媒体产业的繁荣发展，它的文化色彩也愈加浓厚。新媒体文化以一种时尚、个性和开放的表达形式已经被人们普遍接受。新媒体文化以新媒体技术手段为载体，最大限度地反映了大众日常生活实践、观念、经验、感受，因而能够成为在社会大众中广泛传播、为大众广泛接受和参与的文化形式和内容。概括地说，新媒体文化是随着新媒介的出现，以新媒介为载体、以新媒介的表达方式为特征的当代社会特有的文化现象，具有强烈的草根性价值取向、感性张扬的精神特征以及双向互动的传播特点。新媒体文化存在着许多非主流文化和隐性文化现象，其外延包括网络媒体、手机媒体、互动性电视媒体、户外媒体、楼宇电视、车载移动电视等。

新媒体文化可分为两个重要概念：一个是新媒体，另一个是文化。其实，文化与传播媒介有着天然的联系：一方面，文化的传承离不开传播媒介；另一方面，传播媒介的演进也丰富、改变、传承着文化。从口语、印刷、广播、电视发展到网络，一种新的传播媒介的出现也随之产生了新的文化。美国学者道格拉斯·凯尔纳在《媒体文化——介于现代与后现代之间的文化研究、认同性与政治》一书中认为媒体文化具有如下三重含义：一是媒体文化产品制作；二是媒介文本；三是媒介文本的接受和运作。

因此，新媒体文化的含义有四个层面：第一，新媒体文化是多层次的文化体系。新媒体文化借助大众传播媒介设置议程，寻找话题，捕捉热点，传播社会主流文化，并含有多样化的亚文化，能生产不同品种、不同风格、不同层次的文化产品，满足不同层次人的精神需要。第二，在新媒体文化中，媒体文化同媒介方式共存，媒体是它呈现和运载信息的方式，媒体的特点决定了媒体文化覆盖面广，社会影响大，潜移默化地影响着社会生活的各个领域。第三，新媒体文化是一种产业文化，它所生产的文化产品也是商品，和其他商品一样要被纳入市场轨道，通过商品交换来实现它的使用价值和价值。作为文化商品，它

[①] 刘衡宇，褚志亮. 新媒体文化的多重面相审视[J]. 理论与改革，2013（2）：149-151.

与受众的文化消费密不可分。第四，新媒体文化是一种新型的、开放的、可以平等交流的、与受众充分互动的文化模式。①

5.1.3 新媒体文化的表征

1. 个性化

传统媒体时代，由大众传媒所主导和塑造的主流文化在社会文化中占据主要地位，而每个人的个性实际上是被遮蔽或排挤的。而新媒体时代，由于物质生活水平的提升以及后现代社会消费文化的浸染，人们对丰富多彩的世界更加好奇和渴望，追求个性化和与众不同；虚拟化和匿名性的网络空间给予了每个人选择各自独特兴趣的机会和自由表达的场域，以往被压抑的自我得到解放，个体都是独一无二的；网络空间的包容性更使得各种侧面都是可以被理解、被支持的，即使是过去被批判的行为和话语，在网络空间中也能够得到认可，人们可以尽情地展示自我。

2. 大众化

新媒体时代的受众逃脱了被大众传媒控制所见所闻的境遇，但从另一个角度来说，大众传媒机构依然拥有着很高的话语权，被主流媒体所认可的文化才能够被广大受众所认知和接受，主流媒体"把关人"的角色依旧不可小觑。除此之外，后现代社会的工业化、流水线生产使得文化产品如本雅明所说的"机械复制时代的艺术"一般千篇一律，并没有具备深刻思考和内涵的文化精神产品。消费主义和商业资本力量介入创造出的流行文化占据着绝大部分受众的视野，新媒体文化仍然是大众化的文化。

3. 平民化

新媒体文化最典型的特征便是平民化，它打破了以往由贵族、精英所塑造的"阳春白雪"式的高雅文化。新媒体准入的低门槛使得"人人都有麦克风"，每个人都能够在网络上畅所欲言，而不必受到教育水平、物质基础的限制。传统媒体时代，民众缺少话语权，只能够听从专家和名人等意见领袖的意见，而新媒体时代的"草根"勇于、善于打破权威，以戏谑、反讽的方式解构和颠覆传统。社会热点议题不再由大众传媒所设置，而是由千千万万的平民所共同塑造。

4. 圈层化

新媒体技术颠覆了传统的人际关系和人际网络，由趣缘作为桥梁连接起网络中的各个受众而形成圈层。个体在虚拟空间中依据自身的兴趣爱好和社交需求选择加入不同的圈层，各个圈层发展出独具特色的圈层文化。例如，粉丝文化便是由对某个明星的爱慕而聚集在一起的个体所形成的亚文化类型。相比传统社会，步入信息化时代，互联网圈层文化

---

① 侯巧红. 国外新媒体文化发展的现状及启示[J]. 中州学刊，2014（6）：173-176.

成为青年人"最真实的一种生活方式"——是他们以符号、文本为表现形式,借助媒体所实现,由情感、技术、观念、态度、行为共同建构的自成一体的生活体系。这种生活方式可归属"在一个大文化区域中那些具有独特文化特征的亚区域",呈现出基于年龄要素而产生的差异文化的特点。①

5.2 新媒体文化的公众创造

新媒体文化的公众创造,引发了新一代文化创造者的活力,其创作风格丰富多样,也使利用网络空间进行公共互动活动的参与者增多。公众在新媒体文化的创造中,可以借助网络媒介的特性加深交流和表达,运用并融合不同的媒介元素,如影像、言语、文字、音乐、色彩等,将原本抽象的情感抽象为思想建构。当然,这也引发了新一代文化创造者对新媒体创造者道德责任的辩论。通过新媒体文化创造,公众参与者获得了更多丰富的工具和信息,使其在创造中受益,给每个人带来了新思维、新理念和新视角。新媒体文化的创造,也必然带来了新的文化文本、新的文化视野和新的文化认知,从而拓展了人们的思维。

5.2.1 新媒体文化的创造主体

新媒体为青年亚文化群体参与社会文化的建构提供了广阔的平台。他们通过各种新媒体形式进行即时的交流、讨论,以共同的兴趣爱好、审美标准和价值取向作为彼此的情感纽带连接在一起,自发地形成了由青年这一特定人群组建的,信奉和推行群体间特有文化价值体系、思维方式和生活模式的青年亚文化群体,成为新媒体文化公众创造的主力军。

青年亚文化是青年群体基于共同兴趣和价值来表达自我、介入和影响社会的文化实践。它与社会主导文化之间既具有相异的、抵抗的、偏离的一面,又具有互动的、依赖的、融入的一面,并构成社会总体文化不可或缺的组成部分。青年亚文化群体的网络文化实践正是如此,其对网络及基于网络的新媒介的占有、运用和塑造,不仅仅意味着获得传收信息的平台和渠道,更是在此间开展文化实践活动,也就是传播。②

在新媒介空间里,青年亚文化成员以相同的兴趣而聚集,形成典型的趣缘群体。所谓网络趣缘群体,是指一群对某一特定的人、事或者物有持续兴趣爱好的人,主要借由网络进行信息交流、情感分享和身份认同而构建的"趣缘"共同体。③网络上集群而居的青年亚文化群体多是以趣缘缔结,形成法国社会学家米歇尔·马菲索里所谓的"新部落"。他们"没有我们熟悉的组织形式的硬性标准,它更多的是指一种气氛,一种意识状态,并且是通过

---

① 孟威. 网络亚文化圈层中的青年群体引导策略[J]. 人民论坛, 2022(3): 98-101.
② 陈霖. 新媒介空间与青年亚文化传播[J]. 江苏社会科学, 2016(4): 199-205.
③ 罗自文. 网络趣缘群体的基本特征与传播模式研究[J]. 新闻与传播研究, 2013(4): 101-111+128.

促进外貌和'形式'的生活方式来完美呈现的"[1]。

5.2.2 公众创造的文化类型举隅

1. 弹幕文化

弹幕是一种流动于网络视频中的评论性字幕，最早源于日本的分享性网站 Niconico，国内第一家弹幕视频网站 A 站（AcFun）是国内弹幕文化的发源地。2009 年 6 月，B 站（哔哩哔哩）紧随其后，并迅速发展成为国内最大的弹幕视频聚集地，同时也成为国内弹幕文化的主阵地。弹幕在国内经过十几年的发展拥有了庞大的受众群体，受到广大青年群体的追捧，显示出弹幕文化的价值和合理性，具有共时性、风格化、颠覆性、从众性等特征。[2]

1）动态同步下的共时性

传统的视频评论是独立于播放器之外的，因此评论的内容大多围绕整个视频，没有"实时互动"的感觉。弹幕与传统的视频评论不同，它具有超越时空限制的共时性。弹幕依照发布的时间在视频的某个画面上方"飘过"，用户可以直接定位到某个特定的时间点或视频画面发送弹幕，所以，虽然不同弹幕的发送时间可能不同，但用户看到某个特定画面的弹幕是同时出现的。通过这种方式，弹幕最大限度地实现了动态同步、实时共享，提升了用户观感。具体体现在以下几点：一是营造了一种共时的群体交互场景和氛围。观众在这个"情景空间"中会产生和其他用户正在共同观看视频的错觉，这对于大多数孤独的观众来说会产生一种陪伴感。特别是当他们看到与自己的观点或感受相同的弹幕时，会引起情感共振，产生归属感。二是科普类弹幕、翻译类弹幕和字幕类弹幕等功能型弹幕都是在弹幕共时性特征的基础上衍生而来的。它们类似于书籍注释，对于视频内容起注解作用，有助于观众进一步理解视频内涵，感受视频意义。三是弹幕相对于评论更具针对性。用户可以针对视频某个时间点的视频内容发表观点。这种具有针对性的弹幕与视频内容具有耦合性，容易引发观众共鸣和思考。

2）趣缘聚合下的风格化

赫伯迪格在《亚文化：风格的意义》中提出，青年亚文化具有的风格化是它的抵抗方式。风格化是弹幕文化区别于其他文化最显著的标志，也是最能吸引人的文化符号。以 B 站为例，B 站最初的定位是动漫游戏（ACG）弹幕视频网站，而"二次元"是 ACG 文化圈中人们对于幻想世界的称呼，因此，B 站成为"二次元"爱好者的聚集地。他们通过弹幕交流互动，逐渐形成了一个个"趣缘圈"。随后，在平台的不断发展下，B 站已转变成为年轻人服务的综合性弹幕视频网站，"趣缘圈"也不仅限于"二次元"文化。青年群体针对视频的内容做出自己的见解，并且能够在弹幕中寻找到兴趣爱好相同的人，从而形成"趣缘圈"。不同于"朋友圈"的是，"趣缘圈"是人们因相同兴趣爱好而聚集在一起的圈群。用户不仅可以根据自身喜好选择加入，也可以主动发起创建自己的"趣缘圈"来吸引其他志

---

[1] Maffesoli M. The Time of the Tribes: The Decline of Individualism[M]. Carson: Sage Publications Ltd., 1996.
[2] 李红革,黄家康. 弹幕文化对主流意识形态的风险挑战及其应对策略[J]. 湖南社会科学,2022(6):52-57.

同道合的人。以赫伯迪格为代表的伯明翰学派认为，亚文化风格的建构由"拼贴"和"同构"两种方式共同生成。拼贴是弹幕文化风格形成的关键一环，青年群体作为"拼贴者"，根据自身已有的知识储备，针对视频的播放内容，挪用不同的叙事符码，将其移植到特定的视频播放之中，改写和延伸了传统的话语形式，构成了弹幕文化独特的风格[1]。在拼贴过程中，各个不同的"趣缘圈"形成了独特的风格。同构是指群体价值观与生活风格之间象征性的一致，即"趣缘圈"内部的弹幕文化风格具有一致性。正如赫伯迪格所说，"亚文化的形式看似是乱七八糟的，但恰恰相反，在任何一种独特的亚文化的内部结构里，都表现出了一种有条不紊的特征：每一部分和其他部分都存在着有机的联系"[2]。而且，用户融入"趣缘圈"不再与社会身份有关，也不再受时空限制，而是取决于对"趣缘圈"内部文化风格的了解程度。所以，在趣缘聚合的背景下，拼贴和同构共同形成了弹幕文化的风格。

3）文化狂欢下的颠覆性

巴赫金提出的"狂欢理论"构建了一个打破等级秩序、颠覆常规生活的狂欢节世界，追求绝对的平等自由是狂欢节的主题。[3]在他所构建的狂欢节世界中，"那些决定着日常生活的规矩和秩序的诸多法令、禁令和限制在狂欢节期间都被暂时性地'悬置'了，狂欢节世界中现存的权威和真理也都成了相对性的，这种相对性对社会意识形态和等级制度产生了一定的颠覆"。其中蕴含着对抗性、颠覆性的精神实质。狂欢是人们对于等级制度不满，追求绝对自由的群体性文化现象，而弹幕"具有的草根性、颠覆性、戏谑性、游戏性特征均与狂欢的精神实质不谋而合"。它依靠互联网的自由性、开放性和平等性，消除了人们现实世界中阶层、等级的界限，打造出一个巴赫金式的狂欢世界。在这个狂欢世界中，不同阶层、等级的人开启弹幕文化狂欢，每个人都是弹幕的生产者和消费者，都可以通过弹幕尽情放纵自我，随意宣泄情绪，追求绝对自由，在一定程度上表现出对主流文化的对抗意识。但是，随着弹幕文化的发展，它表现出的对抗性和颠覆性已经逐渐弱化，开始向主流文化妥协。同时，弹幕文化的影响力日益强大，主流文化也展现出较大的包容性。

4）交互参与下的从众性

网络的本质在于互联，信息的价值在于互通。互联网的发展使人们更容易打破时空界限，进行更直接的、跨文化的交流互动，弹幕参与的文化活动正是这样的交互模式。参与者通过弹幕表达自己的看法和观点，同时也可以通过其他人发表过的弹幕感受他们的看法和观点。这种交互参与的过程不仅表现在观众之间的互动，还表现在视频创作者和观众之间的互动。观众可以通过发弹幕将自己的想法或评价反馈给视频创作者，而创作者可以根据观众的反馈意见对视频进行修改，形成良性循环。

2. 饭圈文化

"饭圈文化"属于青年亚文化，是以特定"趣缘"为基础，主要由围绕偶像产生的生产

---

[1] 迪克·赫伯迪格. 亚文化：风格的意义[M]. 修丁, 译. 桂林：广西师范大学出版社, 2023: 4.
[2] 迪克·赫伯迪格. 亚文化：风格的意义[M]. 修丁, 译. 桂林：广西师范大学出版社, 2023: 15.
[3] 巴赫金. 巴赫金全集（第六卷）[M]. 钱中文, 晓河, 贾泽林, 等译. 石家庄：河北教育出版社, 1998: 295-321.

和消费行为、以偶像为载体的文本符号、"粉丝"和偶像具有仪式感的集体活动（如控评、应援、打榜）、"饭圈"内部组织化的运作机制等元素构成。它不仅拥有独特的话语表达和行为风格，还具有吸纳和塑造更广泛社会群体的规则和价值目标。从近几年来"饭圈"的实际运作来看，"饭圈文化"在一定程度上呈现以下特征。[①]

1）偏执的偶像崇拜

"饭圈"意味着"追星"已从个体的随机行为演变为群体性、体系化的行动。由于影视公司、媒体平台和"饭圈"中的意见领袖不断"洗脑式"地塑造偶像，"粉丝"逐渐丧失对错意识、是非观念，形成偏执、极端的崇拜心理，将偶像置于无上地位，将自己对偶像的崇拜追逐视作人生最重要的事情。即使偶像被曝出吸毒、偷税、代孕、强奸等恶行，一些"粉丝"仍然顽固地维护偶像"神"一样的形象，为其辩护。可以说，在"饭圈"中，"粉丝"的"感情和思想全都偏向于同一个方向，他们自觉的个性消失了，形成了一种集体心理"。

2）荒诞的追星思维

在"饭圈"中，资本追求利益最大化的本能与"饭圈"群体精心维护偶像形象、利益的执着结合在一起。资本及其各类平台为了牟利，借维护偶像的形象和利益之名，设计多种活动（打榜、投票等），诱导、驱使"粉丝"持续投入大量时间和金钱，购买偶像代言的商品，在网络上制造流量，将"粉丝"变成为资本无偿劳动的情感劳工、数据劳工、流量劳工。这种方式导致"粉丝"将对偶像的情感与付出的金钱数量联系起来，形成追求数额、攀比排场的应援观念，出现了大量荒诞的追星行为，不仅造成了社会资源浪费，也挑战了法律权威和公序良俗。

3）嚣张的"撕黑氛围"

"撕黑征讨"是"饭圈"的高频现象。在"饭圈"成员看来，"撕黑征讨"是集体战斗，不仅能够在一定程度上增强集体认同感，展示集体战斗力，而且可以使群体的接触面扩大，增加"饭圈"整体的"社会能见度"。从"粉丝"个体看，参加"撕黑"是自己的"职责"，而且"撕黑"越勇敢，为偶像发声越多，越能够在"饭圈"内部提升自己的影响力。当然，很多"粉丝"认识不到"撕黑"背后巨大的产业链，看不到平台收钱、纵容、庇护以及设计"剧本"或套路恶意引战等行为。因此，我国网络空间中不同"粉丝"群之间的网络互撕和口水战时常愈演愈烈，甚至蔓延为线下的人身攻击。不少"粉丝"丧失道德底线，破坏了网络文明和社会和谐。

4）暴戾的群体心态

这主要有三种表现。一是举报成风。"粉丝"们习惯性地怀疑他人否定自己的偶像，举报行动迅速，举报目标广泛。二是动辄"人肉"。"粉丝"对于与己意见不一的圈外人士，动辄采用围攻、"人肉"等网络暴力方式压制。三是肆意妄为。一些"粉丝"群体常在线下聚会，无所顾忌地喧闹。一些"私生饭"为满足个人私欲，去跟踪、骚扰、偷窥、偷拍明

[①] 杨军，叶林."饭圈文化"衍生的意识形态风险与化解[J]. 中国青年社会科学，2022，41（5）：45-51.

星隐私，等等。"饭圈"中形成了敏感、暴戾、极端和排外的普遍心态。

3. 网红文化

自从有了互联网，就开始形成以个性表达多元、芜杂乃至混乱为特点的网络文化现象。人们聚焦最多的典型现象就是出身"草根"的"网红"，如从最初的胡戈、芙蓉姐姐，到后来的凤姐，乃至papi酱。这些崛起于网络的"红人"区别于传统社会所树立的高大上"典型"，最显著的特点就是他们"非主流"文化表达上的另类与个性。用传统价值观来评价，他们几乎一无是处、乏善可陈。但他们却盛极一时，受到许多人的青睐。时代真的变了，而且在互联网的作用下变得很彻底。每一种个性都试图借助互联网来刷自己的"存在感"，表现自己的价值，争取自己的利益，而"网红"恰恰是多元社群的一个"文化标签"——标示着社会的多样性，并使这种多样性分门别类，有章可循。换言之，"网红"是个中性词，它代表着人们心目中自己或自己的某一个方面所喜欢或追随的那个"样子"，以及那个"样子"所代表的社会文化属性，这种文化属性上的多元是由人们的市场地位和在社会结构中所处的位置决定的。

波兹曼认为，随着电视、电报、广播等传播媒介技术的出现，信息不再仅作为信息本身，而是被包装为具有娱乐属性的商品进行传播，电视和电报摧毁了信息的信息属性。[①]当互联网技术进入传播领域，以智能手机、电脑等为主要载体的电子阅读器让人们能获得更海量的信息，移动网络技术也使得人们能即时即地阅读、随时随地分享与互动。在这种海量的信息流中，人们逐渐对套路化的传播内容提不起兴趣，只有新鲜、刺激甚至是猎奇、审丑的内容才能激起人们的消费欲望。

波兹曼在《娱乐至死》一书中提到，当新闻报道与娱乐形式结合，娱乐就不可避免地屏蔽了新闻的严肃性。[②]而在网络媒体时代，自媒体赋予了个体发表意见、参与传播内容创作的机会，人们的表达与表现欲空前高涨，传统新闻媒体奉行的宏大叙事风格被瓦解，新闻热点、要闻都变成了可供人们吐槽的娱乐对象。然而，人们或许能通过网红产出的自媒体短视频得到自娱自乐，但并不会去过多讨论新闻本身。有观点认为，在绝大多数情况下，大流量网红传播的内容只是提供了一种"伪语境"，即虽然犀利地吐槽了某一社会现象，但并不能提供具体解决问题的方案。网红其实只是抓住并迎合了受众在打发碎片化阅读时间时寻求新鲜感与刺激感的娱乐心理。此外，资本的介入使得网红的意见领袖地位在商业消费中得到充分展现。商业资本通过签约网红、量身打造广告文本，并结合网红文化的高度娱乐化属性，建立了网红经济的基本模式：人们在得到精神愉悦的同时，也消费了商业广告。为网红量身打造的商业广告文本通过网红人气的不断高涨与网红形象一起被受众顺理成章地接受，受众的消费热情也在不知不觉中被点燃。[③]

---

① 尼尔·波兹曼. 娱乐至死[M]. 章艳，译. 桂林：广西师范大学出版社，2009：2.
② 尼尔·波兹曼. 娱乐至死[M]. 章艳，译. 桂林：广西师范大学出版社，2009：9.
③ 匡文波. "美丽"作为隐喻美妆网红与消费文化的批判性解读[J]. 人民论坛，2020（19）：133-135.

4. 表情包

互联网带来的虚拟交往，在初期有一个局限，那就是它不能全方位地传达人们的情绪，特别是缺乏面对面沟通中常用的"表情"。因此，情绪传达手段的不断创新成为虚拟交往进化过程中的一个重要线索。从最初用纯字符组合成的表情符号，到后来图形化的表情符号，再到当下丰富的表情包，"表情"手段的发展，也从一个侧面映射了网络文化的更迭。今天，人们所说的表情包，主要指用于表达情感、情绪与态度的图片。表情包可以是简单的图形符号，也可以由真实人像、动漫人物、动物、自然景色等构成，有时还会辅以文字，包括网络流行语。越来越多的表情包以多种元素组合的方式呈现。随着表情包构成元素以及组合方式的多元化，表情包的意义与作用也从早期单纯的情感表达走向多样化。这种多样性，往往与表情包中隐含的多重密码以及编码与解码的复杂与多义相关。这也使得表情包有可能成为各种群体的标签，以及社交互动中的面具。①

1）社会热点＋群体文化：表情包生产与使用中的编码与解码

表情包的生产与使用，是一对编码与解码的关系。表情包中每个元素的选择、不同元素间的组合方式，都是生产者的编码过程。互联网中最早产生的表情符号，由字符组合而成，其组合规律固定，在使用时也形成了共识，解码者会采用相同的"解读规则"，因此，通常不会产生多义性。作为早期网络文化的代表之一，表情符号的使用，代表一种文化的认同、追随、遵守而不是破坏这一文化规则，这是早期网民的共识。今天各种社交平台自带的基本表情符号，是平台专业生产者提供的，它们采用的也是某些通用编码规则，这些规则也承袭着"传统"的虚拟互动文化。但是，当表情包生产者走向多元，表情包被赋予人际交流情绪表达之外的更多功能时，多数表情包往往会被添加一些其他编码元素或规则。

2）心境与情境：表情包发出与接收中的编码与解码

表情包的发出与接收，组成了另一对编码与解码的关系。这体现在每一次的表情包使用过程中，在这个过程中起作用的，更多的是个性化的编码规则。在接收者那端，也有一个对表情包的解码过程。在不同的语境下，对同样的表情包的解读会产生差异。交流双方的熟悉程度、双方的关系性质、双方所属的群体等这些更大的交流"情境"，都会影响表情包的"解码"。

3）从编码、解码到加密、解密

综合而言，表情包的意义生产，是在表情包的生产者与使用者、表情包的发出者与接收者两组编码与解码的过程中完成的。编码与解码中参照的，既有一般的虚拟表情的编码规则，也有阶段性或群体性文化的编码规则。在每一个使用情境中，使用者个体也会在其中加入个人规则。

5.2.3　网络文化内容生产的治理

就互联网的内容建设而言，我们知道，互联网作为一种"高维媒介"是对于个人（权

---

① 彭兰. 表情包：密码、标签与面具[J]. 西安交通大学学报（社会科学版），2019, 39（1）：104-110+153.

利、传播力、资源价值）的"激活"，网络文化传播场域内容生产的主体是被激活的个人及个人联合体。因此，网络文化传播场域供给侧改革的关键是制定和构建一个关于内容表达的规则体系。网络内容的管理者大多不是通过内容的直接输出来管理和传播文化，而是通过规制的构建、调整与实施来实现对于网络文化传播场域内容生产的总体把握与管理。换言之，有什么样的规制就有什么样的内容生产，而有什么样的内容生产便有什么样的网络文化传播场域功能与价值的输出。

1. 认识复杂性，并且在我们的规制构建中体现这种复杂性的要求，是当下网络治理的重中之重

毫无疑问，传统社会精英文化的生产方式、管理方式与我们今天众媒时代人人都是生产者、表达者的生产方式和管理方式应该有着截然的区别。精英文化时代，我们追求的是文化产品的"个体"完美，而在泛众文化时代，我们应转而追求文化产品在总体上的"结构性"完善。这正如对待"三个臭皮匠"的个体要求不应该拿"诸葛亮"来做比照一样，正确的方法是思考这"三个臭皮匠"整体上的智慧是否顶过了一个"诸葛亮"。

因此，理解网络文化及其生成机制的特性，对于构建一个科学合理且有效的治理规制是最为关键的前提和基础。基于互联网的个人被激活的网络内容生产的一个突出特性，就是它由"关系赋权"新型社会资本运作之下作为一个生态系统产物的"复杂性"。所谓复杂性，简单地说就是诸多事物和要素的彼此缠绕和互相影响，从而形成一个彼此关联、整体功能不等于个体功能简单叠加的社会有机现象。复杂性思维就是要求我们看到这些环节的关联与嵌套，并采取与之相称的对策措施。具体地说，复杂性逻辑的一个深刻内涵就在于，它是一个"牵一发而动全身"的整体构造，不能简单和机械地还原为个体和局部功能与价值的叠加。换句话说，一个元素或者局部的评价不能用就事论事的方式去处理和看待，必须还原到它所处的生态环境的整体链条中加以把握，这才是科学的和正确的。

现代复杂性理论的探索告诉我们：在一个生态系统中，一些看似简单明了的要素通过分层、分叉和分支，进而被某种发展所锁定，然后放大，于是一种原来谁都没当回事的微元素、小事件竟会演变为一场风暴、一个趋势、一种潮流……这正如一块手表、一支烟、一个场合下的笑容，居然在这种复杂性机制的作用下让一个机构、一个官员陷入一场政治风暴旋涡之中。诚如法国学者莫兰所言："自然界没有简单的事物，只有被简化的事物。"①

由此，人们越来越深刻地认识到，复杂性在相当程度上阻碍着我们清晰和可靠地理解与把握事物未来发展的进程与结果，使我们在传统视野下关于事物发展过程的认识充满着不确定性，甚至它会以一种我们不曾预料的方式发生变故，乃至向我们发起攻击。因此，认识复杂性，并且在我们的治理规制的构建中体现这种复杂性的要求，便是当下网络内容

---

① 埃德加·莫兰. 整体性思维：人类及其世界[M]. 陈一壮，译. 北京：中国人民大学出版社，2020：14.

规制建设的重中之重。

2."合唱"总比"齐唱"优：理解和把握网络内容生产机制中的关联性，保护文化成分的多样性

网络内容生产作为一个有机体，其内在的多元成分是关联在一起、无法拆解的。拆解了，它就不再是它了。这正如我们都喜欢爱人身上的优点，但却无法把爱人身上的优点和他（她）的缺点和不足拆解开去处理。要么整体接受，要么整体放弃，除此别无他途。同样的道理，绚丽多彩的网络文化实际上是一个彼此关联、共生共荣的生态系统。

众所周知，一个草原如果只有一种植物，一片森林如果只有一类动物，其命运必然走向沉寂和死亡。正如一个生态学者所说的，一堆堆牛屎或许在某些人看来是肮脏的和难以容忍的，但它对于草原生态系统的平衡和可持续而言或许是一种不可或缺的存在。譬如，我们在网络空间追求一种文明的表达形式，但这种追求不能绝对化。目前没有任何一个国家把禁止说脏话或者禁止骂人纳入法律条文，因为它不具备可执行性。并且说脏话也是一种表达权利，虽然我们不提倡、不赞同，但它不应被剥夺，否则我们将陷入原教旨主义式的圈套。因此，网络秽语的影响不应被过度拔高。如果脏话可以和假话、偏激的话以及断章取义的话同称"错话"的话，要求在网络文化传播场域禁止脏话的同时，是否也要同时禁止假话、偏激的话以及断章取义的话？且不论我们能否做到这一点，即使做到了，那我们的社会就文明了吗？从历史上看，不允许一句"错话"存在的社会，必然是扼杀真理的专制社会。

显然，我们对文明表达的追求和对"错话"的包容之间并不矛盾。这就好比我们知道过量的三聚氰胺会对人体造成损害，但国家标准里却允许牛奶中存在微量的三聚氰胺。在不影响人体健康的前提下，在食品中加入限量的化学添加剂是被允许的。"纯而又纯"、没有任何微量重金属或农药残留的食品在当代生产环境中少之又少，难道我们要拒绝所有这些食品吗？骂人的话、偏激的话和片面的话也是如此，其危害度比食品安全、假冒伪劣等问题低得多。食品尚有一定的安全容错空间，不允许错误存在本身就是一种绝对错误。

任何标准都不能理想化，它必须与社会发展程度相契合，必须是合理、可行的。过于理想化的标准是一种对社会本身的戕害。任何真理的探索和表达，都是在试错过程中完成的。不允许说一句错话，犯一点错误，实质上是扼杀了真理的探索和表达，一旦社会活跃度被禁锢，我们的社会能真正前进吗？因此，从关联性的角度看，我们的网络治理规制必须顾及和尊重多样性的共处与兼容。概言之，在网络内容的表达上，我们对于自己所不喜欢的"另类"因素的包容，其实与我们对于真理的追求同等重要。

3. 在意见对冲与妥协中"各美其美""和而不同"：善用网络文化生态的自组织机制，促成网络文化的自身成长和价值"涌现"

网络内容生产作为一个有机的生态系统，还有一个重要的特性，就是自组织功能。网络内容生产作为一个自组织的复杂性系统具有自我调节、自我发展、从简单到复杂、从幼稚到成熟的成长特性。这种特性又叫复杂性的动力学特征。网络内容生产的这种自组织特征告诉我们，我们的规制应该为文化要素的自我发展留出相当的自由度和活动空间，不要用外在的强力过度地限制和干预，不要试图包办社会文化要素的成长过程，使得个人、集体和社会在自组织机制的作用下有机地成长，文化表达多姿多彩，在意见对冲与妥协之中"各美其美""和而不同"。

具体地说，对于网络内容生产的规制构建与治理逻辑而言，应该确立一个基本原则："上帝的归上帝，恺撒的归恺撒。"网络规管要有一种边界意识，就像公权力对于私生活的干预是应该慎入的和被请求的，即所谓"民不举，官不究"。因此，并非对一切不正确的或者我们认为不正确的文化现象都要实施行政干预，动辄得咎是无法造就"知无不言，言无不尽""言者无罪，闻者足戒"这样一种我们一贯倡导的心情舒畅、生动活泼的社会氛围的。

网络内容生产的自组织需要一定的表达空间和自主性的激活机制，文化生成的典型现象一般是以"涌现性"为特征的。所谓涌现性，是指在复杂系统的时间序列上一种功能与价值的突然出现。对于这种涌现现象发生机制的回溯，我们会发现，当初微小的价值碎片，甚至某个看似无意义的"垃圾因素"，在适宜的进化规则和生态催化下，也会成为一个个令人惊叹不已的奇迹。维基百科（Wikipedia）、优步（Uber）、爱彼迎（Airbnb）的成长中都呈现出涌现性的强大机制。研究表明，涌现现象的发生，对于初始条件的某些微殊极端敏感，对于进化规则的包容性也极端敏感。因此，尊重多样性，了解涌现现象的特殊形成机制，都是网络内容生产供给侧改革的关键所在。

总之，对于一个有机、进化、自组织能力很强的文化生态的成长而言，尊重规律的规制构建极为重要，其底线是让每一个网络文化的生产者和表达者都拥有一种免于"动辄得咎"的表达自由度。

名词解释

1. 青年亚文化
2. 饭圈文化

论述题

1. 试阐述新媒体文化的特点。
2. 试分析弹幕文化受到广大青年群体追捧的原因。
3. 试阐述表情包的编码与解码过程。
4. 试论述如何进行网络文化内容生产的治理。

第6章 新媒体与公共领域

智能传播时代，媒介技术的更新迭代与互联网传播格局的不断变化，使得公共领域的重构有了新的可能。在中国环境下，网络时代的公共领域似乎正在经历着第三次结构转型，其舆论平台得以极大的扩展。本章前两节介绍哈贝马斯公共领域的基本概念及新媒体时代中国网络公共领域的结构转型；6.3 节讨论智能信息化和数字化背景下的公共领域与信息安全，既包括诸如隐私权、肖像权等重要的法治观念下赋予的公民权利，同时也存在诸如大数据背景下公民在公共领域进行政治参与或讨论时涉及影响其在"私人领域"甚至现实生活的所有信息泄露。自新冠疫情暴发以来，公共健康成为整个社会时刻关注的问题。在这几年的时间，公共领域与公共健康也爆发出许多问题，健康传播的研究课题再次出现在学界视野中。6.4 节关注了智能传播时代公共领域的公共健康问题。

6.1 哈贝马斯公共领域的基本概念

6.1.1 什么是公共领域

哈贝马斯提出了"公共领域"的概念，它是指 17 世纪后期在英国、18 世纪在法国开始出现，并于 19 世纪传遍欧洲、美国的一种特殊的文化形态、历史形态，是由个体集合而成的资产阶级公众领域。其功能是透过众声发言，形成公众舆论，对政治和社会权力进行监督和批评。随着互联网技术的发展，学界对于公共领域的研究也不再局限于传统的历史语境范畴，而是根据不同的国情和中国发展现状对其嬗变进行理论拓展。学者陈潭等人在研究网络公共领域时将其定义为：公共领域是公众针对社会公共问题理性沟通、利益协调和达成共识，凸显公共议题并影响公共政策制定与执行的公共讨论场域。[1]这种公共领域的构成要素主要有三个：一是由自由个体所组成的公众，这些人可以通过基本的道德规范来开展有益的交流和辩论；二是具有高度自由，不会被管制，能够进行充分沟通的媒介；三是探讨、辩论之后产生的舆论，在某种程度上，这也是充分交流后产生的共识。[2]

智能传播时代，媒介技术的更新迭代与互联网网民的不断增加，使得公共领域的重构有了新的可能。一方面，较之传统媒体，网络空间确实在一定程度上实现了公共领域的去"再封建化"和"殖民化"，为公共领域的复兴提供了新的空间。就基本构成要件而言，网络空间成为公共领域理想的交往媒介。准入的低门槛使得"人人都有麦克风"，大众传媒掌

---

[1] 陈潭，胡项连. 网络公共领域的成长[J]. 华南师范大学学报（社会科学版），2014（4）：23-28+181.
[2] 陈潭，刘建义. 网络时代的"扒粪运动"：网络反腐的政治社会学分析[J]. 理论探讨，2013（4）：11-16.

握绝对话语权的时代已经过去，在公共虚拟空间中发声已经成为公民的日常生活习惯，私人议题与公共议题的界限模糊。公民自由讨论、踊跃发言、主动传播，为公共领域的重构奠定了主体性基础。另一方面，微博、微信、知乎、小红书等社交媒介为公民自由讨论提供了媒介平台。公民不再依赖物质性的实体空间进行讨论，而是通过公共议题将散落在全国各个角落的公民聚集在同一虚拟空间之中，随时随地讨论，且讨论内容会被互联网自动记载而永久存在，为后来的公民加入讨论提供便利。但与此同时，由于参与人员的广泛性和网络意见领袖的引导，以及互联网传播的特殊性，在赛博空间的微观交往实践方面，尤其是在价值性议题中，网民经常表现出诸如极端化、碎片化等解构公共领域的交往特征。[①] 不同层级的政府和市场导向的互联网媒介公司基于自身利益和行动逻辑，对网络舆论的反应具有"分类控制"的特征。这在一定程度上又抑制了某些网络舆论的形成及其调节作用的发挥。因此，在虚拟场域中，公共舆论更容易形成，但也存在网络暴力、信息安全、公共健康、谣言传播等威胁。

6.1.2 网络公共领域的嬗变

中国社会舆情生态演变是"政治—技术—社会"三方力量博弈的动态变化发展过程。这三方力量不断动态博弈，进而推动中国社会舆情整体生态的不断演变。政治力量依然是中国社会所有资源配置中的绝对主导力量，其在整个社会话语场域也一直扮演着绝对主导者的角色；媒介技术作为重要的社会变革力量，不断对社会政治力量进行试探，试图突破其边缘；民间社会力量在整个社会话语场域从萌芽到不断壮大，并且在与传统力量的博弈中渐次凸显自己的存在感，并表现出越来越大的舆论影响力和社会动员力。这在某种程度上开始进行一定强度的话语对抗，表现出"官方舆论场"与"民间舆论场"两极相持的趋势。

在社会力量成长的过程中，技术力量扮演着重要的"助推者"的角色。我们有理由相信，未来技术将会继续成为左右两者力量均衡发展的重要砝码。关键在于，谁能够善于从技术发展的主流现实中发现可"为我所用"的新技术能量与资源。

1. 社会舆论话语平台发生巨大改变

社会舆论话语平台所依附的载体已经发生了巨大改变，传统媒介的平台价值已经风光不再。在已经过去的社会舆论生态演变的30多年中我们可以看出，社会舆论话语平台并不是一成不变的，而是时刻处于一种结构性的变动当中。关键在于：谁更接地气，谁的接近权、表达权、控制权更多地向昔日的受众、今天的用户倾斜。从历史发展的脉络来看，中国社会舆论的话语平台最早依附于报纸媒体，以当时的《人民日报》为核心、为代表；20世纪90年代，随着电视机的逐步普及，又转移到以央视为代表的电视媒体；进入21世纪后，网络的勃兴和数字化技术的方兴未艾，使其转移到以PC端为代表的互联网论坛，突出代表是呈现出三足鼎立之势的猫扑、天涯和凯迪社区等。随着移动互联网的崛起和社交

---

① 申建林, 邱雨. 论网络空间公共领域命运的争议[J]. 社会科学文摘, 2020 (9): 33-35.

媒体的普及，社会舆论话语平台意见明显地呈现出向以手机为"第一媒体"的移动社交平台话语空间转移的趋势。目前主要的社会舆论话语平台是微博、微信和新闻类 App 产品，移动社交入口级平台已成为社会舆论话语的中心平台。

2. 媒介技术是舆论生态的主要推动力

媒介技术是社会舆论生态不断突破边缘的主要推动力。所谓顺应时代发展的潮流和趋势，其实就是从这些新的技术发展现实中"借势"。麦克卢汉曾提出"媒介即信息"的著名论断。这一论断对传播媒介在人类社会发展中的地位和作用进行了高度概括。他认为媒介本身才是真正有意义的信息。对社会个体来说，媒介最重要的作用是"影响了我们理解和思考的习惯"。对于社会来说，真正有意义、有价值的"信息"不是各个时代的媒体所传播的内容，而是这个时代所使用的传播工具的性质、它所开创的可能性，以及带来的社会变革。因此，媒介带给人们的不仅是一种角度、一种简单的介质，而是使社会话语权力和社会话语资本在社会成员中重新分配。海德格尔认为，在现代世界，技术构成了人们的基本存在处境，但他强调技术绝不仅仅是人类生存和存在的手段与工具，技术在本质上是"座架"，是对自然的促逼和对世界的单向度解蔽，即"我们以'座架'一词来命名这种促逼的要求，这种要求把人聚集起来，使之去制造作为持存物的自行解蔽的东西"①。换句话说，按照海德格尔的观点，技术作为"座架"，为人们的理解和生存设置了固有的框架，人类所有的思考和生存方式都必须发生在这个由技术座架限定的框架背景之中，无法逃避，或站在这个框架之外，即只要人类生活在这一技术的世界之中，就被"促逼"得只能在这一框架下"解蔽"世界，用技术的秩序理解世界，这是现代人的宿命。根据海德格尔的理解，网络就是当代人的宿命，正如数字之父尼葛洛庞帝所说的，在今天"计算不再只和计算机相关，它决定着我们的生存"。互联网作为一种新的传媒技术，作为"座架"，"促逼"着人类只能以信息化的方式、在信息化的框架下解蔽世界，从而产生了一种完全不同于工业时代全新的社会活动场域和环境，即后现代的社会生态及地景地貌。可以说，"网络空间与资讯技术，在根本上就和其他技术一样，是特定社会关系的揭显与设框，是牵涉人类生存条件的特殊模式"①。从这个意义上说，媒介技术的不断革新为社会话语的释放提供了无限可能和遐想，媒介技术在社会舆论生态演变中也扮演着普罗米修斯般的"盗火者"的功能和角色。它不断在被政治力量庇护的、铁桶一般的社会舆论场域的边缘撬开可能的空间，尝试突破边缘。无论是网络论坛、微博还是微信及新闻类 App 客户端，人们都在进行着这样的尝试和突破。一定程度上，媒介技术是整个社会舆论生态演变直接的推动力量。从某种意义上说，人类社会向网络社会的迁移，本质上是一场由技术所引发的社会革命，越是得风气之先者，越能成为这个社会的主导者。

3. 社会民间力量的重现、回归和成熟

社会民间力量在社会舆论场的生态变化中得以重现、回归和逐渐成熟，促成了社会双

---

① 海德格尔. 海德格尔选集（下卷）[M]. 孙周兴, 译. 上海：上海三联书店，1996.

方得以"再生产"，最终实现了当下中国社会和政府的双向互动、进步及相应制度的变迁。改革开放以来，随着多元社会利益格局的滥觞，社会舆情的内涵和诉求也逐步多元化起来——不同阶层或"圈子"的社会力量得以集结。尤其是汶川地震救灾，这是新中国成立后具有里程碑意义的重要事件。数百万计的民众自发地从四面八方争相向灾区提供帮助，很多非政府组织扮演了重要角色。政府顺应民意，第一次允许这些组织参与救灾。这些组织也自觉地遵守相关规定，加强救灾活动管理，争取了民众的支持。同时，民众通过网络热点事件发生后的社会讨论，逐渐形成了对社会事件的独立看法，做出自己意见的表达。"草根"具备了独立思考、彼此交流、意见对冲的能力，从而提升了其作为现代社会公民的基本素养，启蒙了他们的权利意识。同时，这个过程也建构了社会群体的行动逻辑和行动框架，而这些框架反过来又进一步提升社会群体的社会动员和社会行为能力。因此，网络技术尤其是社交媒体技术的勃兴和中国转型期社会表达方式的重叠，不仅仅促使社会与国家发生互动，而且使社会力量得以重现、回归和逐渐成熟，促成社会、政府双方得以"再生产"，最终实现当下中国社会和政府的双向互动、进步及相应的制度变迁。

4. 网络意见领袖仍需"羽化成蝶"

随着微博等社会话语场域中新兴平台的迅速普及，网络虚拟公共话语空间出现了一大批网络意见领袖。他们具备各种因应网络时代的特点，得到较多的"社会赋权"，通过在社会公共话题讨论中的鲜明观点和社会公益行动中的动员能力，成为网民关注的明星人物，进一步演变成为虚拟社会中的"新意见领袖"。其一篇博文、一种意见和主张的提出，常常就可以引发网络民意的啸聚。但由于这一群体素质参差不齐、鱼龙混杂，并且这种话语表达方式一般不被现阶段的主流意识形态所接纳，因此，他们虽然具备了知识分子的雏形，并有望成为未来社会发展的中坚阶层，但在其崛起的最初阶段，由于缺少社会精英阶层成熟合一的社会素养，各种奇葩现象和缺乏底线的行为层出不穷，颇有些"先天早产、后天缺养"之势。显然，这类网络"新阶层"目前在整体上还难以很好地代表民意，需要在未来的发展中进一步经历磨砺，只有通过"羽化成蝶"的自我更新，才有可能真正成熟起来，在未来承担更多的社会责任。

通过上面的分析，我们可以明显看出，目前的政治管控与互联网等新兴技术发展之间是"零和博弈"的竞争关系——政治管控多一点，新技术发展的空间特别是它所带来的话语释放空间就少一些。政治管控总是希望将技术力量带来的话语表达的松动状态通过"舆情的治理"行为重新收紧和管束起来。但是我们必须认识到，时代的发展和技术的进步是潮流和趋势所在，不以人的意志为转移。因此，长期以这种"零和博弈"的逻辑去管控新媒体条件下的舆论生态，其政治管控的效力必然处在不断递减的态势中。如何从技术发展所造就的舆情生态中寻找和确认社会治理合法性、有效性的"基因"和应用逻辑，将两者转变为"非零博弈"的共生关系，是未来舆情生态治理中至为重要的关键所在。

英国历史学家和未来学家汤恩比曾经说，一部人类的历史，便是在挑战与回应中前进的历史。当传播技术尤其是网络的崛起改变了整个社会结构和人类生存方式时，我们唯有毫不犹豫地面对和顺应潮流，才能从容前行。传统社会在网络等新媒体技术的冲击下不断消解、解构，社会熵（即非稳态和不确定性）不断增强，初现雏形的网络社会的扁平化、去中心化等特征，再加上网络等新媒体技术，使得社会"一荣俱荣，一损俱损"的关联性和有机化程度增强。社会危机不再是一个个突发的、孤立的破坏性事件，而是一种此起彼伏的社会常态。人类社会生活的网络化生存，再加上中国转型期的特殊社会环境和结构，使得未来的社会舆情将呈现鼎沸之势，不断演化成为具有一系列崭新特点的中国社会舆情生态。①

6.2 新媒体与公共舆论

媒介技术的不断革新为社会话语权的释放提供了无限可能，不断尝试突破社会舆论场域的边缘。可以说，媒介技术是整个社会舆论生态演变直接的推动力量。①信息技术正经历从固网互联、移动互联到万物互联的延伸发展，新技术实现了广泛的智能、连接和协作，万物皆在线，线上网络成为连接一切的基础设施，触达更广泛的人群。毫不夸张地说，网络成为当下中国最大的社会变量，对社会系统产生全方位的影响。今天的网络舆论已是社会的主流舆论。②随着知识问答与短视频社交等新技术平台的崛起，以及人工智能与虚拟现实等新技术元素的嵌入，虚拟现实空间与线下空间的界限逐渐模糊。传播生态与舆论格局顺应这一趋势发生转型和重构，公众意见的表达呈现出多样与复杂的局面。③在中国环境下，网络时代公共领域的舆论平台得以极大的扩展。相较于传统的公共空间，以社交媒体为代表的虚拟公共领域更容易成为自由交往的空间。由于参与主体的多样、传播的迅速、覆盖公共事件广泛等因素，虚拟公共领域舆论的产生与表达形式明显区别于传统的公共领域。④

6.2.1 媒介技术发展提供舆论平台

哈贝马斯将咖啡馆、文艺沙龙作为公众理性讨论公共议题的场所。⑤在这些物质性实体空间里，公民自由讨论，随意表达想法与诉求。这是特定历史时期与特定国情形成的具有历史范畴的公共领域。大众传媒时代，话语权掌握在少数的大众传媒机构手中，其受到市场导向的影响向大众发布具有特定意识形态的内容，新闻编辑起到"把关人"的作用，影响公众议程，并作用于公众舆论。在智能传播时代，媒介技术的发展与成熟为民众提供了

---

① 喻国明. 当前社会舆情场：结构性特点及演进趋势[J]. 前线，2015（12）：35-37.
② 喻国明，侯颗，郭超凯. 舆论场转向与政策松绑[J]. 教育传媒研究，2017（2）：6-8.
③ 喻国明，耿晓梦. 新中国的舆论调查研究：从议题变迁、意见样态到范式转向[J]. 编辑之友，2019（9）：61-68.
④ 田疆. 新闻传播学视域下的我国公共领域研究[J]. 传媒论坛，2021，4（4）：7-8.
⑤ 尤尔根·哈贝马斯. 公共领域的结构转型[M]. 曹卫东，等译. 上海：学林出版社，1999.

自由表达的平台，各式各样媒介平台的出现与 5G 移动通信技术的研发，为公众舆论的形成提供了平台与技术支持。

平台是智能互联时代公众意见表达的系统。得益于传播技术的革命，舆情生态场域的新媒体平台不再仅仅只是微博、微信和新闻客户端，知识问答社区、网络直播、短视频社交等新技术平台已然兴起，在意见表达与呈现上发挥重要作用，并且在公共事务中开始扮演重要源头角色。如"雷洋事件"最早就是出现在知乎社区，进而传播到人大校友微信朋友圈后才引爆整个舆论场的。

这种"新技术平台爆料—微信刷屏—微博跟进—传统媒体报道—新闻门户客户端打通'最后一公里'"的接力传播模式已成为网络热点事件传播的主要模式：以知乎为代表的新型技术平台扮演信息源头的角色；微信成为自媒体人观点齐发、话题酝酿和讨论的平台，作为全民使用的通信软件，公众号 10w+文章在微信朋友圈的病毒式传播时常成为舆情爆发的导火索；微博作为开放式的广场，以设置公众议题的方式引起全民讨论，每天甚至每时每刻都可能出现热点话题，扮演信息"二传手"的角色，最终形成社会话题的"平台联动"和"情绪共鸣"；抖音作为短视频平台，在视听传播时代不仅能够以视觉冲击力极强的新闻现场画面吸引民众眼球，其低门槛也为一些文化水平不高的民众参与公共话题讨论提供了平等的机会，使得公众舆论不再是少数人的狂欢，而是真正意义上的多数人的共识；传统媒体将事件进行"仪式化"报道；新闻客户端扮演着将信息传播给社会公众的角色。传统媒体"集中生产—集中内容分发"的格局不复存在。①

如果说以往的信息生产是百米赛跑且都由传统媒体来完成，那么现在则是信息传递，是接力赛跑，由多个角色接力完成。传统媒体的角色和功能地位发生了翻天覆地的变化，而目前媒介融合和传统媒体的宣传报道大多依然停留在传统媒体"内容统一生产、统一分发"的角色基础上，这急需调整和改变。媒介技术的发展使大众的情感表达有了落脚点，公众在社交类媒体上分享对生活的感悟、在政务类媒体平台上控诉社会不公现象、在救助类媒体平台上进行自身情况的描述，从而寻求社会的帮助。社会热点事件通过诸多平台的扩散传播有了萌芽而后形成公共舆论。在此过程中，媒体平台扮演了汇拢更多地区、更多阶层情感意见的角色。②

6.2.2 情绪表达成为重要发声方式

情感传播趋势下，意见表达"强情绪—弱事实"，情绪宣泄多于理性对话。情感是智能互联时代公众意见表达的软件。情感消费是社会消费行为的高级阶段。随着媒介技术的发展，信息渠道的价值不断被消解，优质的信息内容不再是稀缺性资源，信息消费更加关注的是信息能够带来的社会情感体验和满足情绪按摩需求。③从社会舆论场域转向网络舆论阵地，尤其是后真相时代，情感性在社会舆论中的影响越来越凸显。

---

① 喻国明. 社交网络时代话语表达的特点与逻辑[J]. 新闻与写作，2017（7）：41-43.
② 吴智敏，翟敏. 社交媒体中公共舆论的情感表达与引导[J]. 传媒论坛，2022，5（19）：48-50.
③ 喻国明. 社交网络时代话语表达的特点与逻辑[J]. 新闻与写作，2017（7）：41-43.

1. 情感和立场更具传播魔力，意见表达不再以真相和客观性为纲

作为《牛津词典》选中的 2016 年度词汇，"后真相"指在特定环境下，诉诸情感往往比陈述客观事实更能影响舆论走向。在后真相时代，事实真相经过"七嘴八舌"的再阐释甚至是故意扭曲与篡改，事实真相的核心不再是其本身，而是让位于情感、观点与立场。事实不再先行，观点始终居上。当情感的力量比现象背后复杂多维的社会现实更富有传播的魔力时，意见表达与信息传播不再以真相和客观性为纲，信息传播过程中重要的是情感和立场，传播的内容和方向极大地受到个体和群体心理的影响，强情绪下更容易出现非理性的表达与行为。当下，标签化和归类化成为网络舆论中的"兴奋点"；热点事件真相未明时，观点交锋和站队驳斥已愈演愈烈；不同情绪阵营的争锋频频催生谣言，推波助澜。

2. 信任焦虑加深衍生信任异化，信息理解变短变浅

社会多元利益群体并存的现实加重了不同阶层的心理隔阂、道德滑坡、贪污腐败等问题，加剧了信任风险，公众与政府、公众与他人的信任遭遇挑战。在真相缺席的后真相时代，纷杂的网络议题中充斥着悖论、猜测与迷惘，信任焦虑加深衍生信任异化——信任不再完全基于客观事实与理性分析，反而更偏信基于个人利益诉求的情绪与直觉的判断；相较于主流媒体，更信任观点趋同的其他社会成员，并倾向于无视立场相悖的言论与事实。[①] 一些谎言、谣言之所以能够大行其道，正是因为人们认为虚假信息中蕴含的"立场"比"事实"更加重要。信息理解变短变浅，不以达成意见共识为目的，情感宣泄往往多于理性对话。面对舆情事件的发生，个体更多表现出弱势认同应激行为，但只诉诸情感发泄，不关注事实真相，情感付出廉价，立即反应，然后遗忘。

理性的公众在公共领域中的理性讨论是哈贝马斯所认为的形成公共舆论的重要前提。在智能传播时代，如此苛刻的要求虽然在一定程度上保证了公共舆论的严肃性和合理性，但结合中国国情，从另一个角度看，这也排斥了一些文化水平不高、无法使用清晰严谨的逻辑表达诉求的公众。这群"次反公众"是中国舆情不可忽视的力量，情绪化的表达成为底层民众重要的发声方式。在匿名性、便捷性、碎片化、离散化的传播环境下，微博上充斥着情绪性信息。相较于理性客观的信息，情绪性信息更能满足人际或个人内心的需求，增强社会黏性。尤其在公共舆论中，人们对情绪唤醒的表达框架更为敏感，高情绪性信息更能激发人们关注和参与的积极性，更有可能引发更强的传播力。[②] 在互联网媒介技术的作用下，大量的"次反公众"进入公众视线，线上的公共生活呈现出新的面貌。私人兴趣和关注成为新的线上公共议题，原本边缘的公共表达实体同样拥有自己的公共生活。网络媒体的重要性在于，向少数群体和边缘群体提供发声和抗争的机会，这对于日常的公众参与和民主实践来说非常重要。[③] 因此，转变传统的思想观念尤为重要，不能因为网络空间中存

[①] 刘璐, 谢耘耕. 当前网络社会心态的新态势与引导研究[J]. 新闻界, 2018（10）: 75-81+100.

[②] 徐敬宏, 黄惠, 游鑫洋. 微博作为性别议题公共领域的理想与现实：基于"男性气质"微博话题的计算机辅助内容分析[J]. 国际新闻界, 2021, 43（5）: 106-124.

[③] 张明新, 方飞. 媒介、关系与互动：理解互联网"公众"[J]. 现代传播（中国传媒大学学报）, 2021, 43（12）: 144-148.

在一些情绪宣泄的内容便认为公众是非理性的、理应批判的，而应在公民情绪表达的背后找寻其真正的诉求，理解民众内心深处的表达。只有如此，才能够还网络空间公众舆论一片蓝天，合理引导、纾解民众的要求，达成统一的意见，发挥公众舆论建言献策的积极作用。互联网为个人的情感体验和人生经历提供了抒发空间，个体相同的困境会引发群体的共鸣，引发人们对诸如"996"工作时间的讨论、对消费主义进行抵抗等公众议题。大众娱乐文化被视为公共生活中的另类参与力量。②公众舆论、公众议题的内容与其形成表达方式一同在改变，这是需要引起关注的地方。

6.2.3　算法重塑公共领域的权力结构

媒介作为公共载体，承担着建构公共领域的社会责任，即向公众全面地公开公共信息，提供平等的意见表达机会，并抵制商业、政治元素的侵蚀，通过引导公众进行对话协商形成理性的公共舆论。作为人工智能技术的代表，算法推荐能够根据用户特征和数字行为从海量数据中为用户挑选出他们可能感兴趣的内容，提高了信息生产、管理和分发的效率，给媒介带来了更广阔的发展前景，但同时也给媒介的公共领域建构带来了诸多挑战。①

1. 智能算法加深信息鸿沟，过滤式传播加剧社会分化

智能算法在一定程度上加深了信息鸿沟，过滤式传播则加剧了社会舆论的分化。算法对公共议题的干涉、分配和影响已经嵌入公共权力的运作中。作为信息时代的一种政治行为，它将重新配置国家与社会、公民之间的资源结构。②新技术平台的多元让个人和网络社群得以依靠自己所依附的技术平台表达各种不同的社会意见。随着人工智能在信息传播领域的广泛应用，新技术平台大多是基于用户观点与兴趣的个性化传播平台，算法推荐的"过滤气泡"被广泛用于信息过滤。平台以兴趣点为标准的精准分析和定向涵化，很容易造成信息的单一化、平面化问题。个体获取信息具有结构性的缺陷，刻板性的引导会不断强化个体的固有观念，由此不断加深个体间、个体与整体的信息鸿沟。社交网站依托算法推荐技术更加精准把握、聚焦公众的喜好，有选择地推送。它通过热点话题排行榜、直接向用户推送话题等方式，促使普通用户关注、交流公共议题，在新闻源—编辑部—受众信息联结方式之外，产生新闻源—受众信息联结方式。这种信息联结方式弱化了编辑部的把关作用，提高了信息的用户到达率，让人们更容易围绕热点话题产生舆论。③过滤式传播使个体桎梏于像蚕茧一般的"茧房"中，更加不愿意与其他个体对话、寻求合意。"信息茧房"现象进一步加剧了社会舆论的分化，社会共识、理解包容日益沦为稀缺之物。因此，智能传播时代，由于算法等媒介技术的发展，公众舆论格局已经发生了翻天覆地的变化，公众理应反思自身的言论是真正地在为正义发声，还是被隐蔽介入的算法所引导。

---

① 张蓝姗，黄高原. 算法推荐给媒介公共领域带来的挑战[J]. 当代传播，2019（3）：31-33.
② 穆荏晔. 算法舆论的公共性[J]. 当代传播，2021（4）：97-99.
③ 穆荏晔. 算法舆论的公共性[J]. 当代传播，2021（4）：97-99.

2. 算法的工具理性削弱了媒介的价值理性

马克思·韦伯将人类的理性行为分为价值理性和工具理性。他认为价值理性是人根据自己的信念和要求所做出的行为，行为服膺其重要的信念（包括义务、尊严、美、宗教训示的重要性），而工具理性是将目的、手段和后果作为其行为的取向。如果说保持善良和正义是人类价值理性行为的体现，那么传播公共信息、建构公共领域便是媒介所需要遵循的价值理性原则。算法推荐以公众的信息偏好和用户特征为导向，追求信息与用户的个性化匹配和精准分发，是目的性至上的行为。当技术的工具理性成为主宰信息传播的法则后，便会削弱媒介通过道德理性来建构公共领域的职责。①今天，算法已经成为平台媒体推荐信息的核心技术，它所解决的两大关键问题就是基于数据价值挖掘用户画像（用户洞察）和内容评级分发。实际上，算法在不知不觉中替代人在信息传播中的把关角色，行使了塑造拟态环境的社会权力，构造了新的"算法政治"与权力关系。显然，算法即权力，它不仅表现为传媒业围绕其展开的以信息分发为核心的功能性安排，也表现为一种新的社会信任形态——由对于人的信任转型为对智能算法的信任。于是，必然引发新传播格局中多种权力与利益博弈的策略性操作。必须指出的是，算法所依托的数据资源的掌控是不平等的。大公司、政府权力部门往往能够掌握更多的大数据，从而优化其算法，建立数据之间更多的价值相关性，用于社会预测，因此他们也就掌握了更多的"算法权力"。算法和大数据技术看似掌握了公众所关心的内容，实际上由于其主要由大型媒介公司所控制，以商业逻辑为导向且可能受到多方权力的制衡，其所营造出的公众热点话题很可能是虚假的，真正需要公众关心的、事关国家和社会发展的重要大事却被无声消解。这种"算法权力"使现实世界中并不平衡的权力关系转移到了智能算法中。②

3. 算法解构了公共空间

算法解构了作为公共空间的传统媒体，而算法生成的聚合性平台却未能转化为公共空间。传统媒体时代，新闻专业主义得以建构公共空间，这是传媒本身具有的社会公器属性。具体而言，就是要求传媒做到服务于民众，传达民众声音，同时维持社会秩序。由于对传播渠道的绝对占有，传统媒体在统一信息传递、触达受众框架方面发挥着巨大作用。新媒体时代，信息分发权力下放，相比传统媒体，诸如今日头条的聚合类信息平台出现。算法作为聚合类信息平台的标配，其背后是流量为王和注意力经济的价值逻辑。换言之，为追求市场效益，算法谋求和带来的是共同性而非公共性。在"注意力经济"中，那些能够迅速吸引公众眼球的往往是具有视觉冲击力、满足低级趣味的低俗内容，以工具理性为导向的算法推荐有可能为了提高点击率而给用户推送虚假新闻，甚至是色情、暴力等内容。2018年11月皮尤研究中心发布了算法面前的公众态度调查报告。数据显示，17%的公众表示算法曾为其推荐过含有明显夸大事实和虚假内容的信息，71%的公众曾被算法推荐过诸如色

---

① 张蓝姗，黄高原. 算法推荐给媒介公共领域带来的挑战[J]. 当代传播，2019（3）：31-33.
② 袁光锋. 政治算法、"幻影公众"与大数据的政治逻辑[J]. 学海，2015（4）：49.

情、暴力等令人不适的内容。媒介在公共领域建构的过程中本应保证其纯粹性和独立性，但算法推荐却极易受到商业利益的影响，将一些真正有价值的信息边缘化，导致"劣币驱逐良币"。媒介也因此弱化了对于理性价值的引导和主流价值的守望，消解了其长期坚守的社会责任。久而久之，公众和社会也会陷入价值迷失的困局。①

6.2.4 传统主流媒体舆论引导受阻

智能传播时代，社交媒体平台已经成为受众接收新闻信息的主要来源。例如，今日头条 App 以"你关注的才是热点"吸引了众多用户，其强大的传播能力也重构了传播格局。从一条新闻的发布到公众舆论的形成与发酵，这一传播链条在大众传媒时代往往需要几天甚至更久的时间，在当下则可以用极短的时间完成。主流媒体为了抢占舆论阵地，发挥引导社会舆论的作用，或主动或被迫地进驻抖音、快手、B 站等视频化社交媒体平台。但受限于社交媒体平台与传统媒体截然不同的形式和规则，其在新闻传播实践过程中却往往出现一些不尽如人意的局面。

后疫情时代，社会中不安、惶恐的情绪蔓延，与网络传播中的情绪感染遥相呼应，从而使得互联网空间乃至真实世界的情绪低迷。一方面，由于个体的有限理性和启发式线索产生的效应，受众易于受到意见领袖、他人评论、从众心理等因素的影响，从而产生以情绪感染为核心机制的信息级联行为，出现认知偏差和群体极化；另一方面，敌意媒介效应在主流媒体与受众之间挖出了一道沟壑，使得主流媒体发布的新闻信息非但不能起到正向的引导效果，反而会产生不利影响。社会转型期，不同利益群体具有不同的诉求主张，网络舆论呈现多元化趋势，大量信息的自由流通对于推进公众议题的讨论具有关键作用，此时就需要主流媒体作为其中的一分子，平衡各方意见进而凝聚共识。主流媒体的观点意见在特定时刻又被公众理解为政府所释放的信号，有利于消除分歧，形成公共舆论。②

6.2.5 关系传播趋势下的群体分化

社群是智能互联时代公众意见表达的硬件。互联网作为一种高维媒介，是对个人权利、传播力和资源价值的激活。被激活的个人成为传播的主力：不仅在众声喧哗、意见冗余的网络空间内拥有了选择权，更重要的是获得了信息自我生产、自我消费、自我传播的权利，推动传播网络和关系网络深度融合。③移动互联网社交媒体的勃兴使人们得以重新部落化、族群化，传播行为的连通性、广泛性和参与度更加强化，信息生产和消费模式发生了深刻变化，关系传播将逐步取代大众传播、组织化传播，成为社会传播的

---

① 张蓝姗，黄高原. 算法推荐给媒介公共领域带来的挑战[J]. 当代传播，2019（3）：31-33.
② 弓伟波. 网络公共领域多元主体的角色定位及功能发挥[J]. 青年记者，2020（29）：4-5.
③ 喻国明. 互联网是一种"高维"媒介：兼论"平台型媒体"是未来媒介发展的主流模式[J]. 新闻与写作，2015（2）：41-44.

主流形式。

劣势意见"分区自治"，借助社群区隔构成社会意见长尾效应雏形的网络社会具有扁平化、去中心化的特征，社会个体的个性化特征得到充分保障。虽然社会意见由于传播能力的不同依旧会分化为优势意见与劣势意见，但不同于传统大众社会中劣势意见面对优势意见的沉默与转变，社交媒体时代的劣势意见"分区自治"，形成了一个多元、过载、混沌、嘈杂的社会意见"超级市场"。[①]

社交网络时代来临为各类个体提供了找到志同道合之友的可能性。不同的个体开始基于血缘、地缘、学缘、业缘和趣缘等形成独立的圈子。面对海量的信息与意见，个体更倾向于通过部落化小圈子获得信息、分享观点、获取归属感。一些小众需求得以满足，形成诸多异质的亚文化小圈子。在定位明确、准入严格的亚文化圈层中，劣势意见得以传播和增殖，形成一个巨大的长尾意见市场。借助社群区隔，优势意见与劣势意见共存共生，构成了信息过载、中心多元的长尾传播格局。

公共议题探讨中，社群的"抱团取暖"使得舆情分布的"巴尔干化"越发明显。关系传播中，个人在信息过滤的同时也完成了群体分化。以往"两个舆论场"的结构格局被进一步打碎分散到不同层次的熟人网络、陌生人网络等多元圈子。社会公共议题的探讨中，"抱团"趋势强化，越来越多本应在网络公共领域开展的讨论与对话转向隐匿化、完全封闭的小圈子，使得圈子内部的归属感更为强烈，更容易形成意见一致的"意见气候"。圈子内成员大抵拥有相似的价值观，致使个体得到的信息大多经过了"立场过滤"，与之相左的信息逐渐消弭；个体更倾向于跟从和重复与自我观点更为契合的信息，其同声同求、志同道合的特性加剧了群体中的"回声室效应"。"过滤气泡效应"和"回声室效应"让社群圈层"茧房化"，网络群体间的沟通与对话的难度逐步加大，加剧了社会群体的撕裂，分裂成有特定利益的不同子群，网络社群"巴尔干化"越发明显。

6.3 智能传播时代公共领域与信息安全

在哈贝马斯的观点中，公共领域最关键的地方便在于独立于政治体制建构之外的公共交往关系和舆论模式。智能时代，互联网络不仅孕育出了不同于以往的舆论、结社等政治参与模式，同时也在智能信息化和数字化背景下重新塑造了传统媒体的传播体系和在制度下所构建的信息安全秩序，提出了新的信息安全维护和建设要求。信息安全本义的指代较为复杂，无论是国家军事、政治等机密安全，还是企业的商业机密维护，以及防范青少年对不良信息的浏览和网络参与中个人信息的泄露，乃至媒体中文化内容安全、舆论环境健康，都属于其范畴。

---

① 赵立兵，熊礼洋. 从"沉默的螺旋"到"意见的长尾"：社会结构变迁与舆论形态重构[J]. 新闻界，2017（6）：11-17.

6.3.1 自由表达与个体隐私的矛盾冲突

智能传播时代，互联网空间中的虚拟性、匿名性、复杂性，一方面强化了公民在这样的公共领域进行政治讨论和政治参与的可能；另一方面削弱了信息的准确性，在庞大的信息浪潮中，使得言论超越法律和权利边界的可能性不断提高。这样的越界更多的是舆论中心的非理性因素使然，公民的身份和隐私在巨大的舆论场域不断挑战维护着它的法律边界。即使这样的边界正不断地变得模糊和脆弱，其中的隐私权则是在智能传播时代公共领域中最为关键的信息安全焦点之一。

隐私权是公民所享有的私人信息与生活不被知悉、利用、侵扰以及公开的权利，这是我国宪法与法律赋予公民的权利。在当前智能传播时代的互联网环境中，当个体都拥有了舆论的"传声筒"，可以针对各种热点事件表达自己的看法时，哈贝马斯在公共领域概念中所提出的自由表达似乎本身就存在着个体隐私之间的必然矛盾。其中最为明显的表现事件就是近年基于互联网平台频频发生的网络暴力事件。这既包括在公众事件的探讨中未经他人许可公开透露他人隐私，也包括网络暴力的主体使用非法的技术手段或组织煽动参与者用"人肉搜索"等方式盗取他人信息，甚至破坏他人的互联网活动空间。如曾经震惊网络的 2018 年"四川女医生遭网暴自杀事件"，便是在公共参与度极高的自由讨论场域，隐私权的越界和被破坏，导致公民的个人信息如工作单位、住址甚至家庭成员等隐私内容泄露，进而影响到公民的现实生活，酿成悲剧。当然，同样在各自细分的舆论平台和组织中，如不同的贴吧、微博群组之间，也会出现类似的网络暴力攻击事件。在这些事件中，群体的非理性行为往往会对另一个群体或主要"攻击对象"的个人信息、隐私权、肖像权、名誉权造成破坏，甚至会导致平台或政府机构重大信息安全事故，造成更大的损失。

6.3.2 资本权力操纵舆论引发公众信任危机

除了网络暴力现象本身，基于互联网的公共领域建设似乎天然就存在着信息公开、言论自由与信息安全易被破坏的冲突。一方面，在哈贝马斯的理想描述中，公共领域是不应受到国家机器和严苛条约规定的；另一方面，这样宏观调节的缺失似乎本身就容易造成信息安全治理的失控，造成大量的互联网公关公司从经济利益的角度对于公共领域自身言论自由在资本层面的摧毁。大量的"网络水军""删帖团队"的出现，破坏了这样理想化的舆论环境。"网络水军"的业务范围已蔓延到了行政权力和公共利益领域。一些个人和组织有目的地雇用"网络水军"，使"网络水军"按照其意图编造大量的虚假言论以遮蔽真实民意，从而侵害了公众的话语权。"网络水军"提供经过处理的信息能操纵民意、掩盖事实，影响公众的认知，甚至会引发民众普遍的信任危机。[①] 在信息安全治理中，也存在信息公开与公开信息被非法利用或盗取的深层矛盾问题。网络实名制的产生，一方面加强了网络信息化管理和公共领

---

① 周明睿. 虚拟公共领域的把控："网络水军"的作用机制与治理[J]. 声屏世界，2020（6）：103-104.

域治理；另一方面造成如滴滴平台乘客个人隐私泄露等重大网络安全事件的发生。

6.3.3 大数据时代公共信息安全遭到威胁

智能传播时代，大数据技术作为各行各业发展的基础，掌握着行业乃至国家发展的命脉，"数据中国"的伟大战略构想首要的基础就是数据安全有所保障。大数据在造福人类的同时，也会被不法分子甚至是某些西方国际势力利用，从而对国家信息安全造成重大的威胁，使人民和社会的利益受到损害。随着互联网的发展，网络攻击的种类和数量呈现爆发式增长。特别是在大数据时代，由于网络攻击、隐私数据丢失、情报线索泄密、网络设备故障等危害公共信息安全的事件频发，网络诈骗、黑客攻击、网络盗窃等犯罪事件层出不穷。①网络攻击的手段种类和作案方式越来越多元化、高级化，预防网络入侵也变得更加困难。②例如，从2001年发生"中美黑客大战"开始，便经常发生不同国家的网民采用技术手段彼此攻击国家政府网站或重要公共互联网平台的事件。同时，信息生产者的随意性、隐匿性，导致信息发布源头众多、分散且难以审查。越来越多的运营商、服务商也加入信息发布者的行列。对信息生产者的管理以及不良信息源的追溯，都面临新的挑战，出现对不良信息监控的难点，威胁信息安全、社会稳定。③ 因此，对于大数据的管理与治理是智能传播时代营造安全、健康的公共领域环境的重要一环，需要多方合力出谋划策，共同努力。

6.4 智能传播时代公共领域与公共健康

自疫情发生以来，公共健康问题成为整个社会时刻关注的问题。在这几年的时间内，公共领域与公共健康之间也出现了许多问题，健康传播的研究课题在学界再次得到关注。在经济物质飞速发展的当下，人民的生活水平不断提高，对于健康的问题也愈加重视。如今新冠疫情带来的阴霾虽然一定程度上已经消散，但对于公共健康问题的持续关注却成为全民和全社会的习惯性课题，依旧属于十分重要的事情。关于公共领域和公共健康问题，早已有学者进行过研究。罗伯特·考克斯借用哈贝马斯的公共领域这一概念，提出了自己对于公共领域的独到见解。他指出：环境传播的公共领域应当是个体就那些共同担忧的话题或影响着更广泛地区的主题进行交流时所产生的领域，只要个体和他人就共同关心的问题进行质询、对话、争论、合作、哀悼或者庆贺，公共领域就形成了。当我们和他人对话或者争论时，我们将私人的担忧转变为公共话题，由此产生了影响的领域。④学者周军对健

---

① 郭晓媛. 大数据时代面临的信息安全机遇和挑战探讨[J]. 电子世界，2019（24）：52-53.
② 杨洸，李东阳，宋旭. 浅析大数据技术在公共信息安全领域的应用与发展趋势[J]. 信息安全与通信保密，2020（12）：93-102.
③ 封彬. 新媒体环境下信息安全保护策略研究[D]. 保定：河北大学，2013.
④ 罗伯特·考克斯. 假如自然不沉默：环境传播与公共领域[M]. 纪莉，译. 北京：北京大学出版社，2015.

康传播的功能与责任提出了要求，认为健康传播应当建构健康议题的公共领域，这既是健康传播不可缺失的社会功能，也是健康传播义不容辞的责任。健康传播除了向公众传播健康知识、传授健康技能外，还应向公众呈现影响健康的各种社会因素，使公众形成正确的健康观。因此，现代健康传播不仅要发挥作为传播活动已为人熟悉的社会功能，即社会雷达功能、管理功能、传授功能和娱乐功能，还应积极重建被人们忽视的社会功能，即建构健康议题的公共领域。①

6.4.1 虚拟公共领域自发形成公共健康议题

健康问题是关于人类生存和发展的本质问题。健康信息的传播离不开传播工具的丰富多元和传播渠道的不断拓展。社交媒体平台改变了媒介的运作逻辑和人们对媒介的使用习惯，也成为健康信息传播重要的场域。②智能传播时代，特别是基于移动智能终端和互联网的发展，公众在第一时间通过社交媒体接收健康信息已经成为常态，微信公众号文章、微博话题往往在极短的时间内便能够发酵。不同于2003年"非典"时期，新冠肺炎疫情防控时期，微博成为民众获取信息最为频繁的渠道，成为疫情新闻通报、防疫知识科普、防疫信息更新、疫情相关社会民生新闻发布的重要途径。微博实时更新的热搜和话题为民众开阔视野、扩大认知提供了更多可能。尤其是在特殊时期，微博一反往日娱乐新闻霸占热搜的常态，疫情防控相关新闻则占据了热搜的大部分位置，成为向民众传播疫情信息的窗口。比如钟南山判断疫情"人传人"、武汉"封城"、春节假期延长等，这些信息在微博上不断发酵，然后通过热搜告知大部分用户。"口罩""封路""封城"一度成为线上线下热议的话题。

6.4.2 多元对话主体构建健康公共领域叙事

健康话题作为全民话题是人人都会关注的领域。尤其是疫情防控期间，民众都有感染疾病的可能，对于疫情的恐惧以及感染后可能会出现的症状感到担忧而导致恐慌情绪蔓延、社会不安动荡。在这样的背景下，信息透明和医患共同叙事的新媒体传播则在安抚大众情绪、保证社会有序运行方面起到重要作用。在社交媒体平台，医学领域权威科普自媒体担当意见领袖发布疫情科普知识。比如，丁香医生坚持发布疫情相关内容，以科学却又不失温度的文字、生动有趣的漫画，由点及面普及医学常识，分享生命故事，丰富了大众对健康议题的"社会想象"。在疫情防控解除之后，小红书随处可见民众分享自身感染后的体验、感染后的症状，以及应该如何应对，此类话题为全民渡过感染后的难关提供了极大帮助。主流媒体承担着社会情绪稳定器的重要作用，持续发布相关药品正确使用的新闻，引导民众理性、科学地对待病毒感染。正如泰勒所指出，社会各界阅读、讨论、分享这些

---

① 周军. 健康传播：建构社会健康议题的公共领域[J]. 医学与社会，2018，31（8）：44-46.
② 李久军. 如何做好健康传播[J]. 传媒，2022（17）：6-7.

独特而具体的感觉经验、患病体验、疾病认识、疾病状态,可以"整合构成一种我们彼此之间的常规预期感、一种共同理解,使得我们得以开展造就了我们社会生活的集体性实践"①。在此公共领域,社会健康共识得以达成,"共同实践以及广泛共享的正当性感觉成为可能"②。

6.4.3 健康谣言病毒式传播导致非理性事件

智能传播时代,谣言传播的速度远超以往。尤其是与民众健康息息相关的谣言往往以病毒式传播的速度扩散到全民,从而引发民众的非理性实践,导致社会动荡。健康传播中,争议性话题的传播本质是通过商业资本炒作谋取利益。这意味着传播者将有选择地进行健康争议传播,为健康流言和谣言的滋生提供了生长空间,从而导致网络信息环境遭到破坏。③健康信息本身便是复杂难辨的,尤其是对于文化程度不高的群体来说,更容易受到欺骗。比如,作为"数字移民"的老年群体在接收到社交媒体平台的谣言时,由于不清楚互联网的传播特性,极易作为谣言的接收者及二次传播者,从而使谣言的危害扩大化,最终达到不可收拾的地步,从线上虚拟空间扩展到现实世界。"抢购双黄连"事件便是新冠疫情防控期间健康谣言传播导致双黄连被抢购一空的典型案例。另外,健康谣言信息往往极具情绪煽动性,在遣词造句上使用夸大的字眼,包括感叹号等强调性的标点符号。情绪是先于真相进入人们的视野的,受众在高情绪性内容和刺激性信息的作用下进行的分享和转发,会造成具有煽动性的信息泛滥,在危及网络环境的同时进一步造成社会恐慌。③

6.4.4 互联网媒介平台依托技术实现精准辟谣

大众传播时代,主流媒体具有极大的权威性,辟谣信息能够广泛地到达民众且易被大众所接受。但在智能传播的当下,技术作为推动传播的重要一环,实际上起了更重要的作用。互联网媒介公司作为智能媒介技术掌控最全面、最先进的平台,在遏制健康信息谣言传播的过程中积极承担社会责任,发挥应有的作用。腾讯作为国内互联网公司的巨头,旗下的腾讯新闻在谣言治理和健康传播方面做出了一些成绩。例如,在重大社会国际新闻事件以及公共卫生事件出现时,它会第一时间澄清谬误,发挥重要的作用。同时,针对细分人群,如老年人、孕产妇以及心理有问题的人群,输出相应内容。此外,运用短视频的方式精准辟谣与科普。作为平台,它要做的是"打击"与"扶优"。一方面,通过"较真",平台清理低质内容;另一方面,大量引入靠谱的内容、靠谱的机构和合作方,来提供更好

---

① 查尔斯·泰勒. 现代社会想象[M]. 林曼红,译. 南京:译林出版社,2014:2.
② 唐吉云,刘燕,伍蓉. 医患共同叙事及其传播在健康公共领域中的价值[J]. 中国医学伦理学,2022(9):955-958.
③ 赵云泽,项甜甜. 社交媒体中健康争议性话题传播研究[J]. 新闻春秋,2022(5):30-37.

的内容。①互联网媒介平台依托其强大的大数据技术,推出辟谣产品,为健康谣言辟谣做出贡献。但实际上,由于其算法弊端,互联网的传播特性对于谣言的传播也起到了不小的推波助澜的作用。因此,平台亟须通过"优化算法"减轻由算法推送和算法歧视带来的危害,并配合"人工审核"机制抵制健康争议传播过程中存在的商业炒作行为,促进优质健康争议报道和内容的传播。②

 名词解释

1. 公共领域
2. 情感传播
3. 巴尔干化
4. 公共健康

 论述题

1. 试阐述网络公共领域的嬗变。
2. 试分析算法如何重塑公共领域的权力结构。
3. 试分析智能传播背景下自由表达与个体隐私的关系。
4. 试分析健康谣言病毒式传播的原因。
5. 结合实际应用,简述互联网平台在遏制健康信息谣言传播中如何发挥作用。

 即测即练

自学自测 扫描此码

---

① 李久军. 如何做好健康传播[J]. 传媒, 2022(17): 6-7.
② 赵云泽, 项甜甜. 社交媒体中健康争议性话题传播研究[J]. 新闻春秋, 2022(5): 30-37.

第7章 新媒体治理

随着信息与通信技术的发展,越来越多的媒介与传播学者洞察到新传播技术引发的当代媒介环境变革:传播媒介的数量不断增加、类型日益多元,多种形式的媒介逐渐整合并融入日常生活实践中,媒介在社会变化中扮演了越来越重要的角色,即"现代社会已然完全由媒介所'浸透'(permeated),以至于媒介再也不能被视为一种与文化和其他社会制度相分离的中立性要素"[①]。与此同时,媒介在发展的过程中,与转型时期的社会矛盾和现代社会的风险互嵌,不可避免地给社会治理带来了一系列难题。后真相时代,由于真实信息的缺位,人在面对突发的舆情事件时,常常会在参与传播不实信息或不当言论的过程中,有意无意地加剧新闻事件的反转情形频繁出现,使得在信息的传播过程中,事实经过无数次的解构、扭曲或篡改,其本身早已让位于情感、观点和立场。互联网平台与生俱来具有寡头独占的特征与属性。在流量经济的背景下,这些平台为追逐利益而放弃承担社会责任的形势愈演愈烈。虚拟现实技术为我们打开了感官体验的新大门,各大媒体都醉心于沉浸感给新闻表达带来的新的可能性。但是,在受众接收虚拟现实技术形成的新闻的过程中,仍存在不可忽视的隐忧。本章将介绍新闻生产与后真相危机、平台媒体与流量经济危机、虚拟现实与技术伦理危机三种新媒体时代的主要危机及其治理手段。

7.1 新闻生产与后真相危机

7.1.1 后真相

在有关"后真相"的论述中,最早可追溯至美国的"水门事件""伊朗门丑闻"等政治事件。其相关概念也诞生于西方政治语境下,以描述事实或真相被服务于特定政治意图的团体、新闻舆论所操纵的现象。

随着互联网的快速发展,2016年,"post-truth"(后真相)一词入选《牛津词典》年度词汇,其定义为:"在塑造公众舆论方面,诉诸情感(emotion)和个人信仰(personal belief)比陈述客观事实(objective facts)更加有效。"

2017年,《柯林斯英语词典》将"fake news"(假新闻)列为年度热词。2018年,英文网站字典网评选出的 2018 年度词汇有"misinformation"(假消息),仍旧和假新闻相

---

① 喻国明,耿晓梦. 未来传播视野下内容范式的三个价值维度:对于传播学一个元概念的探析[J]. 新闻大学,2020(3):61-70+119.

关。在接受美联社采访时，该网站常驻语言学家简·所罗门表示，他们有意选择了 misinformation 而非 disinformation，两者的区别在于意图。所谓 disinformation 是指故意发布假消息，即 fake news；而 misinformation 是指无论信息是真是假，人们由于对自己掌握的信息信任不已，因此会有意无意地传播，信息在这个传播过程中，越来越偏离真相（见图 7-1）。

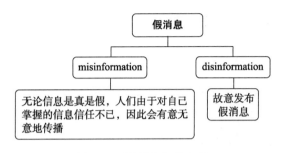

图 7-1 "假消息"的定义

近年来，国内舆论领域也表现出一定的后真相特征。公众往往会在寻找和传播真相的过程中，刻意或非刻意地忽略真相本身。

2018 年 10 月 28 日，重庆市万州区一辆公交车（22 路）在万州长江二桥坠入江中。由于真实信息的调查与公布需要时间，社交媒体抢先被各类谣言占领：从最开始的女司机"逆行"导致事故的谣言，到有一名学生成功跳窗逃生，再到司机彻夜唱歌疲劳驾驶等在网上流传……其中，也有个别媒体在报道角度的选择上不够谨慎，成为公众情绪的扩大器。在此事件中，一些不遗余力参与传播的网友"人肉"了女司机和家属，调查了司机的作息时间，想象了众多因素之间的必然联系，甚至研究了"科里奥利加速度错觉"的概念。大部分公众的情绪不断地被"所谓"的真相左右。当事故的真相被公布之时，其实带来了全民的激愤和失望。一车人的惨痛遭遇竟然只是因为公交司机的疯狂行为，网络舆论再次涌向与此类行为相同的各种真假视频上。①

2022 年 10 月 14 日，江西 15 岁高中生胡某宇离开宿舍后失踪一个月，该消息一石激起千层浪。在事实和真相尚未调查清楚前，部分用户为博眼球、蹭流量，谋取经济利益，恶意编造和传播了大量虚假信息，而被情绪裹挟、被谣言蛊惑的公众不顾真相，自发地走进了舆论旋涡之中，助推了大量如胡某宇系"熊猫血"、胡某宇尸体"双脚平行地面"、发现地并非第一现场等谣言的传播，带着更多的人扑向所谓的"真相"，凌驾于法律之上的审判，造成了恶劣的社会影响。

总之，后真相时代已经到来。媒介技术使传播的门槛大大降低，传播权逐渐地从新闻

---

① 喻国明. 网络舆论的"后真相"辨析：以 2018 年年度争议新闻事件为例[J]. 新闻与写作, 2019（5）: 57-60.

媒体走向"寻常百姓家",人成了传播中的一个又一个重要节点。由于真实信息的缺位,人在面对突发的舆情事件时,常常会在参与传播不实信息或不当言论的过程中,有意无意地加剧新闻事件反转情形的频繁出现,使得在信息的传播过程中,事实经过无数次解构、扭曲或篡改,其本身早已让位于情感、观点和立场。长此以往,人们越来越偏离真相,从而越发地加剧了后真相的不利影响和社会危害。

7.1.2 危机:后真相的缘起与表现

1. "圈层化"生存:社交巴尔干化[①]

互联网技术作为一项革命性技术,给传播领域带来的影响是全面而深刻的。作为一个新的空间,互联网技术模糊了时空界限,人们实现了不同程度的"脱域",即原有的生活场景被打乱,社会以社群的方式"再部落化",构成一个与线下空间相平行的宇宙。

与此同时,身份认同又是人类作为社会性动物的基本需求。在互联网舆论场域,网民通过与网络社群结成"情感共同体"来实现这一需求。作为一种理念,互联网去中心化的技术结构决定了其拥有平等、多元、开放、共享的价值理念和精神内核。算法驱动下,利益多元、高度分化的个性化需求得到满足。受众转变为用户,实现对权威专家的"祛魅",用户从自身利益、立场出发,筛选和消费他们所需的信息。作为一项技术,互联网平等地赋权每一位网民,"人人手中皆有麦克风",打破了传统媒体精英垄断传播渠道的局面。自媒体所代表的多元化事实与观点在舆论场中登堂入室,但"博眼球"的商业模式却决定了其利用情绪和立场等非理性因素进行传播来增长流量成为自媒体经营的常规模式。[②]

在当前的舆论场域,传统媒体存在不同程度的信任危机,而以社交媒体为代表的新兴媒体力量不断地"攻城略地",在规模上占据了绝对优势,却与传统媒体信奉的"新闻专业主义"渐行渐远。由于缺乏信息生产的专业约束,新型传播主体的表达常常模糊事实与观点的边界,整体舆论场接近真相的程度降低。当下舆论场对真相的认同,从"符合事实"转向"社群真知"。

显然,互联网技术赋权于民,激活了个体表达,满足其个性化需求,自发组织建立趣缘社群,但由于个体、自媒体等新型传播主体的表达缺乏专业约束,算法、资本逻辑等阻碍社群间的明亮对话,网络舆论场中的各方主体常常各执一词,争论不休,呈现撕裂状态。当一个社会失去对基本价值和社会秩序的基本共识,观念传达与接收之间就会"短路",其带来的结果是,人们只能根据自己的立场有选择地相信事实,或者拒绝真相,或者相信"另

[①] 喻国明,张剑峰,朱翔. 后真相时代:真相认同与社会共识的可能:行为经济学视角下个体认知的类型与效用机制[J]. 教育传媒研究,2022(5):6-10.

[②] 项赠. 后真相时代网络空间的伦理失范与秩序重建[J]. 社会科学,2022(2).

类事实"。①

因此,人们由于立场不同而对真相认同产生分歧已经从政治领域的局部症候上升为一种普遍现象,甚至时代文化。"后真相时代",即信息泛滥、人人都能成为信源的时代,真相的社会共识性机制出现了危机,"公说公有理,婆说婆有理"的状况也映射到对于事实的判断中。传统意义上新闻专业主义的精英对于真相的判别很多情况下不能得到人们普遍一致的认同,对于"吃瓜群众"来说,事实的客观陈述变得越来越"主观",而人们判别的重心转移到对彼此关系的把握以及情感共振的程度上来。在算法、资本等要素的深刻影响下,这种情感共振不但没有走向"交往理性",反而越发趋于"巴尔干化"。

2. 微粒化社会的新闻产品:无组织的立体结构

20世纪90年代以来,以互联网为代表的数字媒介创造出全新的资源配置方式和价值形成模式。个体能够在组织框架之外找到替代性的资源和渠道,在个人获得自由度的同时,个体之间也能够产生自由的连接和多样的互动。社会基本运作主体由组织单位裂变为个人的"微粒化社会",在给人带来一种新的连接和组合自由度的同时,也改变了社会的组织形式以及交往方式,加剧了社会结构的离散趋势。

借助数字赋权,各种意见和观点在开放的条件下得以连接和再连接。原本不被社会看见的事件重新占据舆论舞台,在"点"的层级上,任何事件都有可能通过数字平台成为社会热点。数字媒介的开放也使事件背后的价值、内容、情绪、场景等关联性内容可以在时间维度上被更多用户发掘、重现、匹配、分享等,进而形成"线"的真相连接路径。在"面"的事件关联网络上,原本由垄断组织控制的信息市场转变为可以自由连接、体量更大、跨圈交流活跃度更高的信息自由市场,真相的呈现越发错综复杂。

随着不同利益主体的声音在网络中得到展现,站在不同立场的利益主体可能阐释出完全不同的真相版本。与此同时,权力集团界定一元真相的权威被消解,跨越圈层的新权威还未生成,不同圈层之间的真相认同相互对立,二维的事件关联网络在不同角度利益主体的参与下以"无组织"的形式呈现立体结构。因此,这种无组织的立体结构给予后真相的产生以更大的机会和可能。

3. "短链思考"为主:难以达成社会共识

在经济学领域,从20世纪50年代开始,不确定性条件下的决策与判断渐成显学,并由此产生行为经济学对新古典经济学的一系列挑战。从20世纪90年代开始,复杂现象对经济学构成的挑战,成为行为经济学大行其道的契机。②行为经济学结合心理学非理性行为理论,将认知偏差、身份、地位、情绪、个性偏好等非理性因素纳入经济学分析框架,③试

---

① 汪行福. "后真相"本质上是后共识[J]. 探索与争鸣,2017(4):14-16.
② 汪丁丁. 行为经济学要义[M]. 上海:上海人民出版社 2015:6.
③ 牛政凯,王保卫. 心理学与经济学的分割与融合:从"心理人"到"经济文化人"[J]. 甘肃社会科学,2020(5):171-177.

图理解为什么这些因素会使人无法做出理性且最优的决策。我们借鉴行为经济学的研究框架，并结合网络舆论场中传播行为的具体情况，总结出信息消费者应对信息不确定性的四种非理性策略：价值观驱动，在同温层中抱团取暖；决策参照点驱动，简单采信他人观点；认知偏差驱动，基于预设偏见判断；直觉驱动，利用思维惯性判断（见图 7-2）。

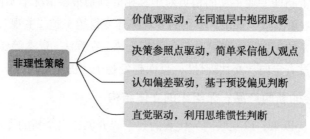

图 7-2 非理性策略

由于以上四种非理性策略往往会同时出现，我们将具备以上过程特征的思考行为称为"短链思考"。与之对应地，我们将从事实出发、基于多方信源、尝试放下偏见、采用逻辑的思考方式称为"长链思考"。在当下舆论场中，信息消费者以"短链思考"居多、"长链思考"较少，社会共识机制面临巨大挑战，从而出现后真相危机。

1）价值观驱动，在同温层中抱团取暖

价值观是用户聚集与分化的一种重要力量，背后是以社会资本为纽带的现实关系的延伸。从行为经济学理论的视角来看，平衡理论、对称模型、社会比较理论都解释了主体之间形成共识的过程如何被价值观所驱动。在价值观构造的舆论场中，网民容易以价值观为基点，唤起大规模的情绪共振。这种效应在同一圈层内最为明显，能够促进社会共识的形成。这种以价值观驱动的"短链思考"会促使认知主体选择性地接收符合自身价值观的信息，产生选择性接触、理解和记忆，而忽略、曲解外部圈层内的信息。与传统社会结构的静态性不同，微粒化社会的圈层之间的可见性更高，跨圈层的社会信息流动更频繁，更容易因真相认同存在分歧而产生冲突。在纵向上，权威媒体所代表的主流价值观在全社会的渗透遇到了所谓"渠道中断"或"渠道失灵"，越来越多的亚文化群体出现，他们与主流文化分庭抗礼，社会共识的达成相较传统社会更加困难。

2）决策参照点驱动，简单采信他人观点

个人的决策和偏好常常会受到信息展示方式的影响。对同样的事件，即使仅调整受众对同一事情认识的顺序与认知语序，都会影响他们对一件事情的认知、判断和行为。决策参照点能够形塑受众认知事件的逻辑框架，提供决策的参照系，通过框架性的信息分化人们对事物的完整认知。行为经济学中的框架效应、反射理论、禀赋效应、享乐编辑理论，都解释了各主体在理解信息、形成共识的过程中如何受到参照系的影响。在决策参照影响下的舆论场中，新闻机构和意见领袖能够在一定程度上引导公共讨论的方向。

作为一种"短链"式的受众思考模式，人们认知事物的过程会受到风险参照、信息消费者个人的目标和底线、结果的确定性与否等因素的影响而发生改变。不同框架下，用户的决策偏好是不同的，他们也会根据自身的经验积累和行为取向能动地感知新闻框架，认知特定新闻框架下的内容。媒体作为组织有自身的编辑方针和立场，新闻内容本身也必须将新闻事件的"意义"属性传递给受众，不可能做到"纯客观"。因此，框架效果既是新闻产品固有的表达方式，也是作为一种决策参照的"短链"化思考方式影响着受众如何对新闻事件形成认知、推理和情感共鸣，从而能够在与信息消费者的不断互动与反馈中，构建认知主体对真相的想象。

3）认知偏差驱动，基于刻板印象判断

行为经济学家将人类决策中的系统性、随机性、可预测的错误称为偏差，包括现状偏差、确认性偏差、启发性偏差等。[①]与之类似，李普曼将人类为了快速把握复杂事物而进行简化理解的先天认知缺乏称为"刻板印象"。偏差的出现并非致命问题，而是社会发展中的合理现象。在传播过程中，当网络用户面对复杂现象而找不到一个显而易见的原因时，会第一时间创造解释，填补事件认知的空白，作为推断未知事实的一种方式。这样的推理往往基于过去的经验、预设的前提等，对圈层之外的真相理解不准确，进行公共讨论时也就容易产生分歧。

网络空间具有自我生产性、社会扩展性和危机突发性。认知偏差在网络空间中会通过媒介再生产重构社会现实，造成客观真实、媒介真实与主观真实的偏差，进而使得事发的经过和细节不被人们所了解，谣言在网络空间泛滥。同时，信息消费者由于认知偏差而传递的负面信息又会带来"奇异回流"的反馈效果，即一个流言在经过若干人的传递之后，又重新传回到它的发布者那里时，流言已经面目全非。因此，随机不可控的认知偏差使得认知主体在认知真相时存在许多不合理的推理成分，并且在传播网络的不断扩张中离真相越来越远，进而让舆论场中的谣言、阴谋论跑赢真相。

4）直觉驱动，利用思维惯性判断

直觉行为是行为经济学领域研究的重要部分。学习理论、详尽可能性分析理论、巴纳姆效应都是直觉研究的理论参考。这些理论都反映了人们在格式塔心理学理论视角下，通过经验和行为将整体中的部分补充完整，通过重复实现"强化"，促成习惯的作用，并且借助外周路径的决策，对低动力、低卷入度驱动的内容得出结论、做出判断并进行解释的可能性。直觉不是凭空而来的，而是源于人类的进化和个人的经验。在不确定性高、缺乏先例又时间紧迫的情况下，甚至可能没有一个最佳理由或线索可以依靠，这时就需要用直觉而不是理性分析做出决定。因而，直觉驱动人们更容易通过视觉刺激、表象刺激的内容做出选择，在重复的刺激后，于直觉中更容易提取某个内容，或是借由意见领袖形象的出现帮助人们快速做出决定。

---

① 王晓田. 如何用行为经济学应对不确定性：拓展有效助推的范围[J]. 心理学报，2019（4）：407-414.

因此，价值观、决策参照点、认知偏差和直觉作为微粒化社会四种非理性因素驱动的"短链思考"方式，在它们的共同作用下，当下舆论场呈现出后真相的特征，即"成见在前、事实在后；情绪在前、客观在后；话语在前、真相在后；态度在前、认知在后"[①]。当下舆论场中的非理性成分显著高于理性成分，理性的公共讨论难以开展，遑论社会共识的达成。这种不平衡让将互联网作为理想公共领域的设想破灭，甚至有人将微博等社交媒体称为"情绪垃圾桶"。

实际上，"后真相"不是对真相的全盘否定，而是在新媒体语境下，对新闻价值内涵的扩展与重塑。我们对待后真相不应过度悲观，而应运用情绪化文本易传播扩散的特征，改进新闻文本生产。[②]从大众传播时代到新媒体传播时代，时空距离逐渐被消除，大众传播转变为更加精确的社群化传播，个体的个性化需求得以凸显，此时新闻价值的判断标准已经发生变化，从强调事件本身的显著性转变为强调事件是否具有显著的情感导向，从强调对全体受众的重要性转变为强调对目标群体的重要性，从强调空间上的接近性转变为强调对个体兴趣爱好、情感需求、观点态度的接近。因此，未来新闻生产者应该从更加精确地细分受众需求的角度来重新定义新闻的公共性，为满足不同群体的个性化需求选取最佳的表达方式，促进不同群体间的沟通与理解，建立情感认同，从而使得传媒成为表达多元利益与意见的公共平台。

7.1.3　治理：后真相时代新闻生产的应为与可为

马克·吐温曾说："谎言跨越半个地球的时候，真相还在穿鞋。"这句话强调了辟谣的难度和滞后性。"后真相"时代，社群和圈子成为谣言传播的基本单元，情感要素成为谣言传播的基本动力，传统的基于个体传播、事实诉求的辟谣手段的效力在不断消解。"后真相"时代的辟谣必须变被动为主动，变内容识别为圈群识别和情感识别，变各自为战为社会化综合治理。[③]与此同时，借助区块链、XR、智能算法技术群等，不断改善信息环境，尽量避免舆论场中非理性特征的不利影响。

1. 网络辟谣的举措与路径（见图 7-3）

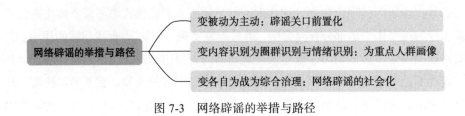

图 7-3　网络辟谣的举措与路径

---

① 张华. "后真相"时代的中国新闻业[J]. 新闻大学，2017（3）：28-33+61+147-148.
② 喻国明，钱绯璠，陈瑶，等. "后真相"的发生机制：情绪化文本的传播效果——基于脑电技术范式的研究[J]. 西安交通大学学报（社会科学版），2019，39（4）：73-78+2.
③ 李彪，喻国明. "后真相"时代网络谣言的话语空间与传播场域研究：基于微信朋友圈4160条谣言的分析[J]. 新闻大学，2018（2）：103-112+121+153.

1）变被动为主动：辟谣关口前置化

在网络辟谣中，我们经常会遇到这样的难题：谣言发布时阅读者众多，辟谣时却有很多人看不到，形成了传谣与辟谣信息暴露不对称的现象。随着人工智能技术的成熟，网络辟谣越来越呈现出新的发展方向。

一是利用大数据技术鉴别谣言信源的唯一性，并对其进行有效锁定。根据谣言传播的信息源具有唯一性的有效识别特征，运用大数据回溯技术，准确、有效地识别网络谣言，进行传播干预。只有在谣言的传播初期就将其识别，才能将谣言的危害降至最低。二是充分利用谣言的传播时滞性。网络谣言从核心地区向边缘地区、从核心人群向边缘人群的传播有1~3天的时间周期，因此生活在北、上、广的人们经常发现其在三四线城市的父辈传回来的谣言是几天前的。网络辟谣需要抓住这个传播时滞期，及早切断传播路径，提高网络谣言预警的主动性。

2）变内容识别为圈群识别与情绪识别：为重点人群画像

首先，要对公共账号认证身份进行明确标示。在很多网络谣言的传播中，由于是公众号推送，很多易感人群没有区分公众号主体是否被官方有效认证的能力，结果造成很多个人账号也滥竽充数。因此，需要加强公众号主体对传播内容的认证标示，并将之作为一种基本识别谣言的科普性知识进行推广。虽然微博的加V认证策略一定程度上使得网络空间出现了明星围观的模式，但对快速形成明星影响力和有效规范明星言论也起到了不可替代的作用。

其次，要分析谣言节点的社会网络结构。信息接收者仅通过内容很难识别谣言，而信息发布者属性和网络传播属性能显著提高信息接收者的识别率。因此，需要引入更多的辟谣识别变量。这也是人工智能所具有的基本功能，即强化每个节点在最活跃的几个圈群中的社会结构和社会角色，进而对谣言链条中的角色进行有效识别。

再次，构建信用分级的造谣者、传谣者和易信谣者数据库。网络谣言的治理从根本上讲是对人的治理，对人的治理要考虑针对性和精准化。按照谣言传播链条的角色和地位，我们可以将之分为造谣者、传谣者和易信谣者，并进行传播信用等级评估。这类似于征信体系。同时，在账号主体明显的位置上予以标识，对信用等级较低的账号进行预警，一旦用户点开其传播的信息，会自动预警提示。

最后，警惕"谣言营销"现象的蔓延。很多谣言传播的背后是一些营销号为了经济利益而造谣，甚至将"谣言营销"堂而皇之地作为一种营销伎俩。转发量高的微信可以增加粉丝，超过5万个粉丝，就可以获得广告收益。一个拥有5万个粉丝的微信号，一条广告的价格在1000元到2000元不等。粉丝量超过10万个，广告价格可超5000元。至于坐拥50万个粉丝的微信大号，一条广告的售价可卖到上万元。同时，微信的转发量和阅读量也和广告费用挂钩。这是不少公众号挖空心思造谣传谣的真正原因。

3）变各自为战为综合治理：网络辟谣的社会化

目前，新技术平台层出不穷，不同的数据藩篱使得网络辟谣基本上成了各个平台的孤军作战。首先,需要构建网络辟谣的多元主体平台。目前网络谣言的治理多以平台企业和政府为主,社会第三方等资源介入的比例不高,未来需要以政府为主导,形成数据平台方—企业—专家—高校—政府五位一体的多元主体平台,实现网络辟谣的社会化和无影灯效应。其次,要打通辟谣的数据平台,构建国家层级的网络谣言大数据平台。目前,微信平台的辟谣助手已经上线,但整体来说数量不多。未来需要打通各个平台,通过社会化的合作,在国家层面构建网络谣言大数据平台,融合网站、报纸、电台、电视、社会组织,建立融合新媒体、传统媒体的综合辟谣机制,因为网络辟谣并不是一个平台、一个公司的事情,而是整个国家层面民众新媒介素养的大事情。在此基础上,建立一套成熟的谣言触发机制,设定谣言关键词。当含有关键词的传言在微信群中传播达到一定数量时,自动触发预警,提醒相关专家和辟谣平台关注,并判断其是否属实。最后,要加强预防式科普宣传,全面提升民众识谣、辨谣的素养。加强日常的预防式科普宣传,尤其是针对敏感人群的通俗易懂的谣言传播,加强专业术语的"转译"能力,注意方式的革新和方法的改进,学会讲故事,避免简单的说教和告知,强化辟谣的情绪化引导,改变目前的知识堆砌和过于理性的状况,充分利用传媒的影响和传播渠道[①],注重将信息公开和政策解读同步推出,有效避免谣言的进一步滋生。

2. 区块链、XR、智能算法技术群等带来新可能

随着媒介技术的不断发展,微粒化社会将工业社会组织单位的个体解构为离散化的原子式个体。个体在兴趣、价值观的驱动下,寻找趣缘网络社群作为新的归属,但网络社群所建构的共同体较为松散。我们认为,微粒化的社会结构由传统社会的块状降解为黏稠的粒状,即在无组织的基础上,还存在依托情绪、价值观的松散黏合剂。如今,对传统社会的解构已基本完成,社会关系的"再组织化"成为媒介发展需要解决的主要矛盾。下一代数字媒介的根本任务在于重新架构社会形态,即需要将当前基础性、粗放式的社会联结加深、加厚、加高。在区块链、XR 等新技术范式下,未来社会在继续扁平化、离散化、去中心化发展的同时,将在新技术的作用下自组织化,形成分布式社会。

区块链技术是利用块链式数据结构验证与存储数据,利用分布式节点共识算法生成和更新数据,利用密码学的方式保证数据传输和访问安全,利用由自动化脚本代码组成的智能合约,编程和操作数据的全新的分布式基础架构与计算方式[②]。将区块链技术应用于新闻传播领域,可使所有人共享一块新闻公告板,所有传播主体都可从各自角度就某一事件提供事实、发表观点,自由传播的事实和观点会被记录在共享的新闻公告板上,并且不可篡改。在此基础上,区块链系统具有基于特定数学算法的共识机制,能够实现不同节点之间的信任,从而由技术把关代替微粒化社会的价值把关。基于共识机制,新闻公告板上的新

---

① 刘鸣筝,孔泽鸣. 媒介素养视阈下公众谣言辨别能力及其影响因素的实证研究[J]. 新闻大学,2017(4):102-109+151.

② 百度百科:区块链,https://baike.baidu.com/item/%E5%8C%BA%E5%9D%97%E9%93%BE/13465666?fr=aladdin.

闻事件将自由决定中心，最大限度地减少资本、政治等权力集团自上而下的议程设置，信息消费者可自主决定意见领袖。

借由区块链技术，一个新的技术性权威有可能在未来社会生成。在技术性权威面前，信息消费者能够在一定程度上摒除价值偏见，从各个角度去认知事件全貌。分布式社会的新闻产品从无组织的立体结构转变为有组织的立体结构，新闻事件在各个角度得到复杂解释的同时，不同版本的真相认同分歧将会一定程度上减少。在"无组织的组织力量"下，人们共同作用，形成合力，逼近完整的真相。

除了区块链技术，在 VR/AR/MR 技术的支持下，认知主体能够跨越时空在虚拟现实空间中参与新闻事件。认知主体以"第一人称"直接体验新闻事件发生的情境，并且能够与环境直接交互。这种直观而立体的事件感知和认知能够在一定程度上减少第三方框架效应的引导。XR 技术为网民提供自主发掘真相的自由。在这个过程中，个体的直接经验能够有力地与刻板印象对抗，从当下的所知、所感出发认知事物，而不是根据偏见判断。

智能算法一直是节约信息筛选成本的利器，分布式社会的智能算法应当鼓励用户走出自己价值观的舒适区，适当与人工编辑合作，推送兼具人文关怀和用户需求点的信息，以便用户放下偏见，更加审慎地思考新闻事件。

概言之，区块链、XR、智能算法技术群的相互协同与应用，能够为认知主体营造一个质量有保障、对称性强、维度丰富的信息环境，分布式社会的拟态环境将越发接近现实物理世界。这一环境条件也将为消解后真相所带来的负面影响创造可能。

7.2 平台媒体与流量经济危机

互联网作为一种"高维媒介"，激活了以个人为基本单位的社会传播的全新格局。"个人"被激活之后，媒介生态的重构本质上是一场革命，"平台型媒体"则是"互联网+"时代媒体转型融合发展的一个主流模式。

7.2.1 平台型媒体的定义

关于"平台型媒体"的概念，最早可以追溯至 2014 年。乔纳森·格里克在 2014 年 2 月 7 日发表的《平台型媒体的崛起》一文中构造了"platisher"一词，引起广泛关注。所谓"platisher"是，"platform"（平台商）和"publisher"（出版商）两个字合成后的缩略词。平台型媒体是指既拥有媒体的专业编辑权威性，又拥有面向用户平台所特有开放性的数字内容实体（见图 7-4）。简言之，这种平台性的媒介不是单靠自己的力量做内容生产和传播，而是打造一个良性的平台。平台上有各种规则、服务和平衡的力量，并且向所有的内容提供者、服务提供者开放。无论是大机构还是个人，其独到的价值都能够在上面尽情地体现。

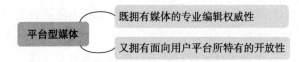

图 7-4 平台型媒体的内涵

"平台型媒体"既是一个平台,也是一个有"把关人"的媒体。这绝不纯粹是一个自媒体平台,比如微博、微信、今日头条或者更早些时候的论坛、博客。除了"作文"必须符合法律法规之外,它还必须符合平台的标准,取得准入资格。并且,平台致力于平衡和多元健康的规则设定,以营造一个具有某种自清功能的传播"生态圈"。在此基础上,平台型媒体的本质是一个开放性和社会性的服务平台,用推特前首席执行官迪克·科斯特罗的话来说:"我们要为我们的用户在组织内容方面提供更好的服务。我们不仅要按照时间顺序提供最快最新的内容,还要按照话题、主题、专题来组织内容。"这样的平台,可以让所有人找到自己的通道,找到能够激发自己活力的资源,这就是平台构造的基本特征。这个平台也将形成一种新的媒介生态,每个人都能各得其所。这里的关键词是开放、激活、整合和服务,也是对互联网基础上未来传播新模式的理解。

在新冠肺炎疫情防控期间,传统媒体及其新媒体平台因信息的权威性再次受到关注,重新获得活力,凸显了非传统安全语境下公众对传统媒体的认可与期待。[①]后起的平台型媒体也成为人们在新冠肺炎疫情防控期间获取信息的重要渠道,其作为社会信息传播大流量平台的地位依旧显著。但与此同时,各类平台型媒体在非传统安全语境下对信息的生产和传播发挥重要推动作用的同时,也暴露出它在非常态社会中面临的结构性问题。

平台型媒体作为未来的一种新兴媒体形态,其自身是传播者,也是服务者,通过协调平台上的各种力量,构建新型传播生态,成为社会资源的整合节点。但在其中,流量经济所带来的"数据至上""认知竞争"等危机仍不容小觑。我们应发挥平台优势,逐渐找到合适的治理之策。

7.2.2 平台型媒体的特征

平台经济学认为平台是市场或者用户导向的,通过建设大型平台系统,开放众多信息接口,汇聚各方资源以满足参与者多样化的需求。据此我们认为,一个功能完善、架构合理的平台型媒体应当具备以下特征(见图7-5)。[②]

---

① 彭兰. 我们需要建构什么样的公共信息传播?——对新冠疫情期间新媒体传播的反思[J]. 新闻界, 2020(5): 36-43.

② 喻国明, 何健, 叶子. 平台型媒体的生成路径与发展战略:基于Web3.0逻辑视角的分析与考察[J]. 新闻与写作, 2016(4): 19-23.

图 7-5　平台型媒体的特征

1. 资源整合型平台

平台型媒体主要是为了满足参与者多样化的需求。总体来看,它以信息超市的特征满足了所有用户的信息需求。从单个人来看,它又能满足用户在社交范围内的私人定制型信息需求。因此,平台型媒体必须整合多种资源,融汇多种传播渠道。

2. 功能型平台

平台型媒体既是服务参与者交互的媒介,又具有服务资源配置与服务运营管理功能。在平台上,信息的传播者、接收者、传播渠道、效果反馈以及信息本身都是海量、巨大的,因此平台需要通过发展与运行规则来管理,形成平台服务的商业生态。平台型媒体既服务于个人,也服务于广告商;既是一个平台,也是一个有"把关人"的媒体组织。

3. 生态型平台

平台型媒体不仅吸引了大量用户,还注重用户的体验,打通传播的"最后一公里",从传统的强关系到互联网的弱连接,使人和人之间的连接有了无限可能,优化性能也得到提升。引入社交关系后,单向传播向交互式传播转变,以人的社会关系和社会关联作为半径来构造传播的生态型平台。

7.2.3　平台型媒体的组织架构

目前,传媒业市场上已经出现了诸多打造平台型媒体的尝试,然而,它们都只是实践探索的雏形。我们设想的平台型媒体有如下组织架构的基本形态。

1. 内容平台:内容生产与整合

平台型媒体首先是一个资源整合型平台,其内容包括传统媒体组织作为机构生产和提供专业性的新闻信息。现在已有这样的尝试,如脸书与众多传统媒体的内容提供商合作,推出 Instant Articles,与世界各国多家传统媒体达成协议,分享新闻。文章在 Instant Articles 上的加载时间更快,用户体验更佳。

其次,平台内容包括用户个人提供的信息。由自由撰稿人(或是用户个人)提供个性化的多元文本也是很好的方式。参考 Quora 为标准而创建的知乎,就是一个主要由用户生产信息的平台,它致力于把高质量信息分享与获取的成本降低到使每个人都能参与其中,把人们大脑里的知识、经验、见解搬上互联网,让彼此更好地连接。新华社还推出了集用户原创、现场报道、解读评论、点题服务于一体的多媒体新闻集成交互平台"我报道",也是个人参与新闻内容生产的一种有效实践。

最后,还应包括平台生产的信息。平台型媒体可以智能化地利用机器人写作生成新闻内容。例如智能平台型媒体 BuzzFeed,使用清单体文章(listicle = list + article),其形式简洁,逻辑清晰,信息含量大,省去了许多冗余部分,易于受众消化和吸收,也便于利用碎片化时间,达到病毒式传播。

2. 渠道平台:信息的精准到达

个人注意力有限,因此,平台型媒体要通过融入关系和营造场景,降低受众获取信息的交易成本,主动为受众定制他需要的信息,使消费者用无所不能的终端通过无处不在的网络获取各自所需的服务。具体来说,平台通过可靠的用户洞察技术,了解用户所需内容有何传播特质,精准地识别和响应用户需求,再把针对性强的内容直接投放到目前最活跃的传播网络中去,充分实现共享和互动。比如,根据用户的年龄、性别、收入等基本确定其身份,通过其所在的圈子、互动的好友、关注的领域等信息更加精确地定位。再加上地理位置和时间等指标,我们可以分析出用户在特定时间、特定地点的身份,在各种强关系和弱关系的连接中掌握用户不同场景的信息需求,打通社交媒体渠道,精准推送定制化信息,提升用户体验。

社交媒体时代成长的一代人的显著特征是更多依靠亲密性而非重要性来理解世界、接收信息。为了抓住这样的受众,我们就必须融入社交关系。BuzzFeed 有一项专利数据技术,名为 POUND(process for optimizing and understanding network diffusion,网络传播的优化与理解流程)。POUND 能追踪内容的传播路径和方式,具体包括谁在分享什么内容给谁,以及这些人之间的脉络是怎么的,等等。POUND 技术也正在被 Buzzfeed 用在广告业务中,让广告主的内容到达更多用户。

3. 营销平台:平台资源变现与增值

营销平台的要素包括广告、公关、促销、活动推广、视频游戏、社交媒体等一切关乎顾客与品牌接触的传播渠道,进行整合营销传播。营销平台也可与内容平台深度合作,整合有价值的内容,多次售卖、深度开发。而且,营销平台所进行的活动多是平台型媒体的营利活动。

从系统论的观点来看,平台的各个要素不是孤立的,而是有机联系的统一整体,平台内部和相互之间都能有机互动。这个平台是能够不断自我强化、自我优化的生态系统,同时实现"从单一传播向整合传播""从单向传播向双向传播""从大众传播向分众传播"三大转变。在信息生产、信息传输和信息消费三大环节上,它实现了从有限到无限、从有序到无序、从整体到碎片的转变。

7.2.4 危机：互联网平台的"任性"与"越界"[①]

互联网平台与生俱来具有寡头独占的特征与属性。在流量经济的背景下，这些平台为追逐利益而放弃承担社会责任的情况愈演愈烈（见图7-6）。所谓"任性"，是指罔顾市场规则和社会公序良俗所采取的追求自身利益最大化的极端利己行为。比如，用户使用协议中的那些显失公平的霸王条款。再比如，近年来巨型互联网平台上时常出现通过智能化用户洞察而采取的"同质不同价"的价格歧视，等等。所谓"越界"，是指超越法律与社会规则的权力行使。比如，2021年1月6日，美国发生史无前例、震惊世界的特朗普支持者冲闯国会事件。该事件发生后，美国影响力最大的几家社交媒体平台，如推特（现X）和脸书等，纷纷以"煽动暴力"为由，对特朗普及其7万多个支持者的账号进行了冻结或限制使用，导致特朗普在社交媒体上的"社会性死亡"。此后，苹果、谷歌等公司纷纷直接将特朗普"全平台下架"。这一事件所引发的思考是全新的：在一个互联网平台足以形成信息传播和意见表达的寡头独占的状况下，平台的权力边界到底在哪里？如果没有这种权界划定，它会对未来社会造成怎样的影响？如果划界，那么由谁来划，应当如何划定？

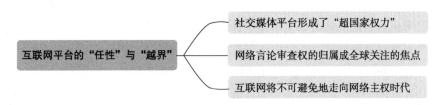

图7-6 互联网平台的"任性"与"越界"

1. 社交媒体平台形成了"超国家权力"

近几年，社交媒体高歌猛进、野蛮生长，改变了舆论生成的传统路径，颠覆了以往以点带面、主流媒体主导的舆论生态。从表面上看，网民可以自由选择社交平台，有了门槛更低的发声渠道。但实际上，平台控制了信源和信息传播路径，利用算法为每个人编织了舒适的"信息茧房"，给个人"投喂"信息。巨头坐拥庞大用户、海量数据、先进算法，全方位垄断了民众信源和网络生活。

面对平台巨头所形成的新型社会组织形式，相关的政策和法规未及时跟进，导致社交媒体成为虚假信息、暴恐思想、网络谣言、煽动性言论泛滥的乐土。平台已经掌握了网络空间话语和规则的定义权、裁量权、解释权，同时身兼运动员、裁判员、审判长、行刑队等多重角色，可以随时放大或压制特定声音，影响政治辩论。这种特权不仅干预了传统意义上公权力所管辖的范围，甚至由于平台的跨国经营，形成了一种"超国家权力"，凌驾于

[①] 喻国明，李彪. 互联网平台的特性、本质、价值与"越界"的社会治理[J]. 全球传媒学刊，2021，8（4）：3-18.

国家主权之上。特朗普及其支持者账号被封禁，相关平台给出的直接理由是帖文缺乏事实根据并可能产生"暴力风险"，但其背后是美国长期以来信奉的所谓的"网络自由"，将网络空间话语表达的日常管理权直接交给网络平台，违法行为则按照法律审判来解决。由于没有对相关界限的明确规定，再加上近年来网络上各类违法行为层出不穷，网络空间，尤其是话语言论范畴的违法行为实际处于平台巨头"自我监管"的状态。如英国大数据专家维克托·迈尔-舍恩伯格等在《大数据时代：生活、工作与思维的大变革》中预言的那样，"大数据权将挑战民主政府的最高权力"。在信息传播大变革背景下，即便是再怎么号称"民主自由"的政府也意识到必须重构相关管理结构和治理体系，建立新的国际国内法律和规范框架。

2. 网络言论审查权的归属成全球关注的焦点

特朗普遭遇"社会性死亡"之时，崇尚网络是法外之地的西方国家如梦初醒，谴责社交媒体对特朗普的超常规惩罚，并不得不正视这些具备"超级裁判权"的互联网平台巨头对"世界第一公权力"的制裁，以及对国家权力的威胁。越来越多的国家领导人开始反思是谁赋予了社交平台"言论审查者"的身份，又是谁给了平台限制国家领导人网络发言的权力。德国总理默克尔认为社交平台自行封号"存在问题"，这一决定应根据法律和立法者定义的框架来执行，而不是由社交媒体平台来拍板。法国数字事务部部长对此事件感到震惊，他说没有想到这些科技巨头可以在没有经过任何民主监督和司法程序的情况下直接封杀了一个拥有 8800 万个粉丝的账号。包括法国在内的欧盟多国，以及墨西哥等国家的官员也公开批评互联网平台，并将其描绘为"数字寡头""硅谷暴君"。硅谷大佬垄断网络世界生杀大权，令很多国家元首坐立不安，实在让人不寒而栗。

其实，2020 年 12 月以来，欧盟多个国家已分别针对美国几大互联网巨头采取措施，对其发起反垄断指控或市场违规处罚。英国数字、文化、媒体和体育部也在计划成立数字市场机构，对主导市场的互联网平台进行规范，其中就包括谷歌和脸书。在这种背景下，欧洲的"数字宪法"呼之欲出。特朗普被"社会性死亡"事件发生后，法国和德国均表示要"加速推动两个法规在欧盟各国落实生效"，以应对随时可能发生的"美国互联网巨头突袭"。

3. 互联网将不可避免地走向网络主权时代

特朗普被"社会性死亡"事件引发了全球尤其是西方国家的群体性震惊与警惕。在他们看来，倚仗垄断力和"自由裁判权"的互联网巨头拥有巨大的政治权力，如果其试图为某个美国政治势力在自己的国家开辟势力范围，或仅仅是打算在异国他乡"任性"一把，都将造成毁灭性后果。那些远比特朗普弱小的个人、机构和组织，更加不具备自卫的能力。因此，包括日本、印度、俄罗斯、英国在内的全球最具影响力的国家，都不约而同地对互联网加大监管力度，给自家互联网市场戴上了不同规格和形状的紧箍。如果说之前针对上述国家网络管理行为的民间非议尚多，那么在此事件后，对国家的网络管理行为表示"充分理解"者明显增多。该事件提醒了各国政府，保证本国话语权是互联网全球化时代紧迫的任务，一旦被卡住脖子，就是特朗普的结局。可以预见，未来各国仍会提高本国互联网市场的进入壁垒，加强本国互联网市场的反垄断规制。

以上只是集中讨论了互联网平台的"任性"与"越界"在社会政治领域的表现。其实，互联网平台在经济和社会生活领域的"任性"与"越界"更加普遍。因此，对于互联网平台的约束与规管便成为互联网发展中全球范围内的一项重大课题。毕竟法国哲学家孟德斯鸠在他著名的《论法的精神》一书中早已指出："一切有权力的人都爱滥用权力，这是亘古不变的经验。防止权力滥用的办法，就是用权力约束权力。权力不受约束必然产生腐败。"

7.2.5 国家治理层

1. 加强顶层制度设计

数字经济的核心是用户流量、生态与数据。网络用户越多，影响力才越能凸显出来，垄断巨头成功的核心是无偿地占用且滥用用户的个人数据。平台价值来源于广大的互联网用户，平台所创造的收益理应归全体用户所有。

首先，应当在政府的主导下，提供用户协议的标准社会格式合同，明确用户协议必须服从于国家的法律法规，不得制定显失公平的协议内容，从而有效避免用户在使用互联网平台服务时不得不接受单方面的"霸王条款"导致的权利受损。这种权利受损的最终结果实际上是由全社会埋单的，政府作为全社会利益的代表人，有责任为建立平台与用户之间公平对称的关系而居间协调。

其次，既然平台具备公共商品属性，其价值是由全体用户创造的，因此政府作为公众的代理人，有必要遵循自然资源税征收的惯例，向平台企业收取合理金额的数字服务税（简称"数字税"）。特别是对于拥有巨大技术力量、大型数据资源和巨大消费者流量的平台机构，有针对性的税收研究应尽快提上日程。全球范围内，法国是最早发起并实施数字税的国家，英国、意大利、奥地利、土耳其等国家紧跟其后也实施了数字税。虽然世界各国对于是否征收数字服务税还存在分歧，但进行征收已是大势所趋。从各国实践来看，数字税的税种主要包括在线广告、中介和用户数据销售三种，税率设定为3%左右。具体到我国，应认真贯彻落实习近平总书记关于数字税的指示精神，密切跟踪与分析数字税国际改革的进展，加强数字税的理论前沿探讨和实践路径尝试，在国际税收规则的制定中提高话语权，并结合我国数字经济发展实际情形，遵循规范、公平、科学、合理的标准，建立和完善数字税制度。以上种种举措不仅仅是加强数字经济治理的必要之举，更是防范税基流失、维护税收主权的应有之义。与此同时，在我国数字经济企业纷纷"扬帆远航，加快出海"的当前，数字税还关系到我国积极参与国际税收治理、为跨国经营企业保驾护航的主动战略实施。

2. 实行公共传播资源和数据资源公有化的国家拍卖制度

近年来，随着垄断性社交媒体平台发展，个别技术资本新贵开始介入社会舆论场，具有越来越强的超国家能力。资本通过话题排序、关键词过滤、网页删除等手段对舆论进行隐性控制的情况数不胜数，每次公共事件发生都能成就几个微信大号，舆论背后是"带血的 10 w+"。目前，针对这类违法成本低的行为的处罚力度小，一直没有有效的方式来治理舆论乱象。

当平台承载的用户达到一定数量后，它就变成了一个公共性平台，不再适合以一种绝对私有化的方式进行管理。私有的管理机构不应该有这么大的权限。因此，有必要对舆论公共资源进行国有化，实行传播资源公有化与拍卖制度。可以考虑借鉴《美国联邦电信法》对无线电广播资源拍卖的制度，将一些垄断性平台掌握的庞大舆论资源收归国有。目前，存在"底层的电信技术—中层的平台—最上层的 App"三个层级的网络生态，可以在电信技术—平台、平台—App 两个层级和环节实行国家垄断与传播资源的分配。中央网信办可以参照美国联邦通信委员会（FCC）的做法，对平台和 App 实行资格审查与认证，在此基础上公开拍卖。

3. 完善相关立法，设立专业部门保障垄断治理政策发挥作用

首先，应清楚界定相关市场的属性与范围，辨别企业的市场份额、市场集中度、市场进入障碍和潜在的竞争等综合因素，在此基础上，提供一个智慧化、系统化的处理工具。这将有利于执法机构采集和固定妨害竞争的各种证据。数据流动对技术进步和社会公平有序竞争均有促进作用。在对大数据相关竞争性案件的认定与受理中，司法实践应遵循客观、审慎、包容的态度。

其次，设立专门的针对互联网平台垄断的执法机构，减少中间环节，确保执法和行政措施明确到具体的机构，对于新颁行的政策也可专门执行，由此提高互联网监管和执法的效率，社会运转也将更高效有序。

4. 明晰平台数据的归属权和使用范围

当前，对互联网数据的归属权和使用权，依旧缺乏具体和明确的规定。作为数据的生产者，广大用户并不能有效掌握数据的使用权，相关分享机制也付之阙如。因此，亟待建立并优化数据的使用和分享机制，使互联网平台的参与者在数据的有效流通中充分享受网络红利。具体措施包括：首先，通过"共票"机制为数据赋能。"共票"是一个区块链经济术语，是指运用区块链技术，将互联网平台中数据的生产者、消费者和管理者连接在同一利益链条中，通过智能合约等方式，明确数据的归属权、使用权、使用条件和收益分配等，使互联网平台的参与者均能在共识基础上获得数据红利，并在前端消除企业与个人在数据相关权益方面的潜在分歧，确保数据市场更顺畅和高效地运转。其次，通过制度确立和保障个人数据的可携带权，在企业和用户之间平衡网络数据的保存和使用权，推动数据健康有序地流转。一旦赋予用户数据的可携带权，并确保个人数据保存的完整性，用户

就不再被锁定和限制在平台上。这将有效促进互联网企业间的竞争和创新。用户在获得更多选择权的同时，也将在平台上获取更加优质的服务，并在数据流通的过程中享受到更多福利。

5. 对数据资产进行标准化评估和定价，约束互联网平台的垄断性影响

当数据交易发生在垄断性平台和中小型平台之间时，后者由于自身市场地位和实力的差距，在谈判中处于绝对劣势。此时，如果没有统一、规范的数据定价标准，垄断性平台就可以肆意提高价格，这样一来，中小型平台成本高，不仅难以获得所需的资源，甚至可能遭受退市危机。在国家层面组织专业机构，设定统一的数据资产评估标准，可以在全社会建立一致、透明的规范，为数据资产和商品的定价提供参考，从而增强竞争性企业面对垄断性平台的话语权，增加数据交易的公平性、市场活力和创新能力。面对这种情境，相关政府部门和行业协会应当发挥规范和引导作用。数据资产是全体用户共同创造的，具备很强的公共产品属性，因此对其资产的评估和确定价格标准，不能完全交由市场主导，以防止互联网平台为维护自身利益利用垄断地位干预评估结果或定价机制。相反，应当充分体现政府机构和公共部门的权威性和公信力，引导形成合理并公认的定价标准。值得注意的是，对垄断性互联网平台的监管要有张有弛，把握好度，在限制其野蛮发展的前提下，也要保持企业创新的活力和积极性。

7.2.6 媒体治理层：重获移动互联网时代的传播主导权

传统主流媒介"压舱石"和"定盘星"的作用不再，使得"群雄逐鹿"式的"社会群殴"逐步蚕食其所留下的"影响力真空"，导致当前社会舆论的撕裂与信任关系的丧失。当社会舆论出现风吹草动时，人们极容易退回自己所在的"小群"，圈层效应由此不断强化，彼此隔绝、各说各话成为舆论常态。一旦圈层之间遭遇互有交集但意见不同的社会话题，极易发生非理性的"贴标签"甚至骂战等网络极化现象。以上种种，造成主流话语在网络阵地舆论主导权的丧失和网络社会族群的分裂与对立。为此，在互联网平台时代重建主流媒体的影响力和话语权，已是迫在眉睫。

1. 重视主流媒体版权保护与版权获益

长期以来，商业网站免费获取主流媒体的新闻资讯，最终养肥的却是垄断性互联网平台。相关研究表明，超过 70%的民众主要通过垄断平台获取新闻。因此，需要重视主流媒体版权保护与版权获益。以前虽然有相关主流媒体尝试组建过版权联盟，但各自为战，无疾而终，为此需要采取两个重要举措。一是从国家层面重视主流媒体的版权资源。比如出台相关规定，无论是社交媒体还是商业媒体，使用主流媒体资源必须付费。这种立法保护行为可以通过区块链等技术实现，很多国家也正在做这件事情。如澳大利亚议会正制定新法律，强制要求脸书与谷歌等美国大型互联网平台，只有向澳大利亚当地媒体公司支付版税，才能展示新闻内容。二是将网络资讯进行分类管理，对主流媒体设置付费墙，如规定看新闻必须去主流媒体，社交活动必须去社交平台，如果社交平台想要展现新闻则必须付费。这样不仅可以治理目前的舆论乱象，也会增强主流媒体的"造血"能力，减少国家财政支出。

2. 主流媒体必须利用和掌控自己分散在各平台的数据资源

虽然根据互联网相关管理条例，商业门户网站必须转载主流媒体报道，但主流媒体的信息源来自社交媒体平台，民众也是从社交媒体获取新闻，主流媒体在用户群体、广告资源、数据资源等方面都遭遇了社交媒体的绑架，尤其在数据资源方面。数据在未来的传播格局中已经成为关键的资源和能量——无论是数据资源本身，还是数据的价值挖掘能力，抑或是基于数据的人工智能应用模式，都是未来传播的核心竞争力，也是未来职业传播工作的重点。为此，首先，社交平台必须无偿、无条件地向主流媒体开放数据资源，尤其是用户数据、位置数据、营销数据等，这些数据可以通过版权资源来交换。其次，主流媒体须转型，除了简单的新闻内容生产外，还需要利用和掌控好数据资源，平衡社会表达中的信息与意见比例，建设传播领域的文化生态。

3. 构建适应国家治理体系创新的主流媒体传播力评估体系

目前，主流媒体建设还存在重量不重质的现象。国内有 1800 多家报纸、3000 多家广播电台等主流媒体，除非自己停办，否则基本上没有退出机制。它们数量虽多，但真正的影响力并不足。因此主流媒体的发展，只能依靠提质增效。另外，媒体融合本质上是改善盈利模式、提高赚钱能力的过程。在媒体融合的初期，传统媒体致力于继续抓住受众谋求生存，而到了现在，很多媒体已经违背初心，转而追求政绩和短暂的"眼球效应"，结果一直在"摸着石头"，却始终无法"过河"。

因此，有必要采取一系列举措，综合评估和考核主流媒体的传播力。首先，需要由中央宣传部门牵头成立主流媒体传播力评估小组，组织相关专家进行专业分析，将政策引导力、民众接触率、盈利能力、国际传播力等方面的指标纳入进来，构建适应国家治理体系创新的主流媒体传播力评估体系。其次，可以借鉴教育部每五年一次的学科评估机制，定期开展主流媒体评估活动，鉴于传播环境的急剧变化，可以考虑三年为一评估周期。最后，应将传播绩效与经济收入挂钩，根据传播力水平辅以相应的财政拨款刺激和政策奖惩，改变目前评估不足的行政运作机制。

7.3　虚拟现实与技术伦理危机

7.3.1　虚拟现实与 VR 新闻

虚拟现实技术（VR），又称虚拟实境或灵境技术，是一种可以创建和体验虚拟世界的计算机仿真系统。它提供一种多源信息融合的交互式三维动态视景，使用户沉浸其中，带给人一种身临其境的感觉。VR 有沉浸感、交互性、想象性三个基本特征。

于新闻传播领域而言，VR 是一种技术支撑下的重要媒介。随着元宇宙的逐步落地，VR 作为一种未来媒介的连接作用将日益主流化。VR 与新闻结合源自美国甘尼特公司旗下的《得梅因纪事报》。2015 年初，他们用 VR 技术向观众交互呈现了美国爱荷华州当地一个农场家庭的变化，此举引发了 VR 技术在新闻界运用的热潮。美国《前线》杂志于 2015 年 9 月发布其第一个新闻短片，通过 VR 技术讲述埃博拉病毒是如何在非洲传播和肆虐的。这一发展中的关键节点是《纽约时报》的推动：2015 年 11 月 7 日，选择送货上门的《纽约时报》订户收到一个名为"谷歌纸板"的谷歌出品的低价 VR 头盔，用户可将之安装在智能手机上，并从应用商店下载所需 App——YTVR，便可以观看《纽约时报》制作的新闻短片《流离失所》("*The Displaced*")。这部短片讲述了来自南苏丹共和国、乌克兰东部、叙利亚的三个孩子的移民故事。不仅因为其体裁，更是因为其是第一个由最具影响力主流媒体力推的新闻呈现形成，自此以后新闻传播业界和学界开始关注和重视 VR 新闻这一新的新闻形态。

自此，VR 新闻便在全球各地呈现爆发式增长。美联社于 2016 年 2 月宣布与硬件厂商 AMD 合作，利用 AMD Radeon 图形技术来创建虚拟环境，重新构建生活环境周围的新闻和纪录片的内容。同时，AMD 将提供硬件平台、软件技术和 VR 专业知识的支持。美联社正与一个总部位于洛杉矶的制作公司合作推出一系列的 VR 电影。《华尔街日报》于 2016 年 4 月发布了美国芭蕾舞剧院一名舞蹈家在林肯中心排练"睡美人"的视频，以 VR 技术呈现。此外，《华尔街日报》曾尝试用 VR 技术和 360°移动播放器来制作纳斯达克股票虚拟现实体验。《卫报》和 BBC 随后推出一些体验短片，其中《卫报》的《6×9：单独监禁牢房的虚拟体验》制作精良，利用 VR 结合音频技术，呈现更为真实。

在国内，不仅腾讯、网易等门户网站在尝试 VR 内容制作，《人民日报》、央视等传统媒体也都在运用 VR 进行新闻报道。如人民日报社在 2019 年国庆 70 周年大阅兵期间推出 VR 全景直播，让用户如同置身壮观、宏大的新闻事件现场；财新传媒与联合国、中国发展研究基金会合作拍摄 VR 纪录片《山村里的幼儿园》，关注贵州山村留守儿童的教育和生活问题。

可想而知，VR 作为一种新技术，在实际应用中，也必然会出现伦理挑战，并对专业媒体人提出了更高的要求。

7.3.2 VR 是具有巨大发展价值空间的未来媒体[①]

1. VR 将成为改变未来互联网应用的关键技术

VR 是一种可以创建和体验虚拟世界的计算机仿真系统。理想的 VR 应该具有一切人所具有的感知功能，因此，它被认为有沉浸感、交互性、想象性三个基本特征（见图 7-7）。

---

① 喻国明. VR：具有巨大发展价值空间的未来媒体[J]. 新闻与写作，2018（7）：52-54.

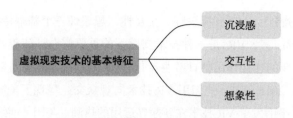

图 7-7　虚拟现实技术的基本特征

所谓沉浸感，是指让人沉浸到虚拟的空间之中，脱离现有的真实环境，获得与真实世界相同或相似的感知，并产生身临其境的感受；所谓交互性，是通过硬件和软件设备进行人机交互，VR 用眼球识别、语音、手势乃至脑电波等多种传感器，与多维信息的环境交互，逐渐趋同于与真实世界的交互；所谓想象性，是指在虚拟世界中，用户根据所获取的多种信息和自身在系统中的行为，通过逻辑判断、推理和联想等思维过程，对其未来进展进行想象的能力。

未来传媒业的发展，很大程度上依赖前沿性技术、颠覆性技术的发展。技术进步不仅形塑了整个传媒业态的面貌，也在微观上重塑着传媒产业的业务链。VR 技术正是这种具有前沿性和颠覆性的新技术。

2. VR 能提供更宽、更密、更深、更厚的社会性连接

网络政务、网络消费、网络社交、网络就业……越来越多的社会生活和社会实践在网上开展，因此，网络社会性连接的数量和质量是决定将线下生活在多大程度上搬到线上的关键。VR 技术能够提供更多、更广的网络社会性连接，并尽可能让更多的人、物从线下转移到线上。因此，研究好、利用好 VR，或许能帮助我们更好地完成政府相关的网络管理与服务工作。

VR 作为一种连接的技术形态，可以比包括微信在内的任何一种连接网络具有更宽、更密、更深、更厚的社会性连接。它不但能够很好地连接人与人、人与信息和知识、连接人与物，形成与环境和对象物连为一体的沉浸式传播的巨大优势，实现场景分享、角色控制等种种新的人类实践连接性和自由度的扩张，而且是一种现实世界与虚拟世界的连接，使人的生命展开形式不仅限于现实维度，还可以在多条虚拟维度上展开，成为人类生命一种特殊的存在形式。

3. VR 技术可以构造出新的高维度连接平台

从市场维度看，我们已经进入互联网发展的"下半场"，而"下半场"的关键性技术逻辑是数据化和智能化，VR 是承载数据化与智能化最好的互联网平台。互联网发展的"下半场"，其实质就是要将互联网发展"上半场"所形成的较为粗放、价值有限的网络化连接进一步加细、加厚、加宽，让越来越多的线下生活和社会实践搬到线上来更好地实现，使网络的价值越来越丰厚。这就需要实现网络的"协同效应"，而协同效应的本质是一种全社会范围内多角色、多层次、数据导引、智能匹配的社会化协同方式所创造的全新价值范式。它要求我们：①信息的分享从串联走向并联；②从一个相对封闭的供应链体系走向未来的、开放协同的分工协作体系；③从传统的自我管理模式走向一个更为高效、快捷的社会化协同模式。

所有这一切的实现都依赖对互联网、云计算、大数据和人工智能的开发和利用，而 VR 技术所构造起来的新型连接平台无疑是比现在任何一种连接平台更具技术升维、平台升维的新型技术平台。因此，VR 是一种具有巨大发展空间和价值的未来媒体。

4. 5G 将成为 VR 爆发式成长的"催生婆"

从技术革新的维度看，5G 技术的普及将成为 VR 技术广泛应用的"催生婆"。随着一系列相关技术的进步与突破，尤其是 5G 技术在若干大城市的先期试验，它对 VR 技术的应用，尤其是媒体化应用给技术瓶颈突破带来了巨大的可能。

5G 带来的更高的传输速度，不但能够使我们未来的硬盘越来越无用，而且所有用户端的应用软件都在云端存储。在众多的新型应用技术中，受益最大的实际上就是需要更高速度、更多大数据和人工智能技术支持的 VR。VR 在 5G 技术的催生之下，可以实现"场景共享"和情感互动，这使我们进入"共情时代"。

7.3.3　VR 的两大媒介品性及其革命性改变的社会效应[①]

1. VR 是一种三维媒介

它与一维的线性媒介不同，无法通过"报与不报"的时间上的适宜性选择来达成传播者影响受众认知与行为的目的；它与二维的平面媒介（报纸与电视等）不同，无法通过"信息不对称"的方式（信息选择、结构化编辑、叙事框架等）来影响和引导受众的认知与行为。VR 构造了一种 360°全方位浸润式的叙事场景，用户是以第一人称的方式自主观察和探究这个对象的。他看什么、关注什么、从哪个角度观察以及按照什么顺序观察和尝试，都是由用户以第一人称的主体自主决定的。而且，从互联网 Web 3.0 的发展逻辑角度看，这种个体的独立地位与自主性是未来互联网世界发展的基础性结构，VR 不过是完成下一代互联网的未来媒介而已。

2. VR 是一种全息媒介

与大众传播时代传播通过"裂变"的方式将人的"五感"（听觉、视觉、触觉、嗅觉和味觉）中的某一感觉通路割裂开来，以"单兵突进"的方式加以放大，突破时空界限，实现某一感知通路抵达的方式不同，VR 作为数字时代的一种全新媒介，以"感知聚合"的方式实现人与环境的全方位连接。美国当代哲学家唐·伊德在其 2002 年出版的《技术中的身

---

① 喻国明. VR 作为一种未来传播的媒介品性与创作要点[J]. 视听理论与实践，2022（6）：5-8.

体》一书中将人区分为"三个身体":物质身体(肉身建构的身体,即具有运动感、知觉性、情绪性的在世身体)、文化身体(文化建构的身体,即人的社会性,文化性如文化、性别、阶层等建构起的社会关系身体)、技术身体(技术建构的身体,即通过技术或者技术化人工物为中介建立起的数字身体)。[①]传统意义上的大众传播媒介由于信道容量的局限,使人与外界的连接更多的是通过物质身体的连接,多为"摆事实讲道理"式的理性沟通与逻辑引导。VR作为一种全息媒介则实现了人与社会、人与环境的全方位连接,文化身体和技术身体成为人际沟通与互动的主体,大量的非逻辑、非理性的文化与环境信息活跃地作用其间,使得文化身体、技术身体在社会认知、社会沟通及社会的再组织中扮演着主导者的角色。"后真相"效应将在未来的 VR 传播中更加凸显,关系认同、情感与情绪共振、"人的关系—信息—场域"三者合一的传播模式或将成为未来传播的主流,传统的传播影响力模式将日渐式微。

7.3.4 危机:VR 新闻在受众接受层面的隐忧

VR 为我们打开了感官体验的新大门,各大媒体都醉心于沉浸感给新闻表达带来的新的可能性。VR 新闻的选题角度也越来越广泛,从战争、地震、难民迁移、监禁牢房这样难以抵达的震撼现场,到总统选举、公园游行等社会大事件,再到私人农场、景区游览等日常化场景,VR 的介入似乎让我们越发感受到现实世界的不同场景触手可及。但是,VR 新闻在受众接受的过程中,仍存在以下不可忽视的隐忧。

1. 信息焦虑感增强

VR 新闻的全景呈现方式使得其在单位时间内释放了巨大的信息量。我们在观看时会有这样的体验:怀着对眼前场景的好奇,试图仔细观看全景范围内的每一个角度,同时又想关注生产者引导我们关注的那些画面,聆听解说者的声音,想要在有限的场景呈现时间中最大化地获取信息。事实上,这样的体验会在无形中增加我们已然严重的信息焦虑感,"得到更多""消化更多"的念头会萦绕不散。一番情感的冲击过后,受众对新闻事件背后的原因能否进行深度思考,新闻生产者能否有效地引导舆论走向,都是有待实证研究的问题。

2. 过分强调虚拟的沉浸感,身体在场的重要性被削弱

约翰·彼得斯在《交流的无奈》一书中强调,"触摸和时间,这两个我们可以共享但不能够再生的东西,是我们真诚的唯一保证"。[②]身体的在场对于交流始终是不可或缺的必要条件,无论未来 VR 技术如何发展,都不可能将受众从"观众"转变为新闻现场的"目击

[①] 杨庆峰. 物质身体、文化身体与技术身体——唐·伊德的"三个身体"理论之简析[J]. 上海大学学报(社会科学版),2007(1):12-17.

[②] 约翰·彼得斯. 交流的无奈[M]. 何道宽,译. 北京:华夏出版社,2002:254.

者"。当前一些论断过分强调 VR 技术沉浸感的优越性,容易遮蔽受众身体在场这一信息获取的基本前提。

3. 导致受众对现实真实的认知偏差

媒体生产自始至终都在塑造着一个"拟态环境",VR 技术将使受众更大可能地适应这种环境。当受众习惯于虚拟现实带来的新奇体验之后,就会毫不犹豫地认可和接受这样的"现实"。对媒介的依赖性越发增强的受众对真实现实的辨别力又有几何?在技术所塑造的媒介化社会中,我们无法排除媒介使用者被媒介营造的信息环境所控制的可能,用 VR 替代了真实现实也绝非凭空臆想。这一点值得我们警惕。

7.3.5 应对:专业媒体人的角色转型[①]

当数字技术为人们赋能赋权,特别是确立了传播场景中用户的主体地位之后,传统媒介的灌输式影响力模式和越俎代庖的信息喂送模式将迅速式微,取而代之的是与用户主体性相匹配的"助手"模式。面对VR 技术可能带来的危机,媒体人必须变被动为主动。这种体验时代用户自主选择和探索、专业媒体人以"伴随式"服务的方式影响用户选择的路径主要有三个。

首先,为每一位进入特定 VR 场景中的用户提供一个关于这一场景的"鸟瞰图",对其场景中的全貌、重点、规则进行概述,以实现对用户在掌握边界、要点与规则上的某种控制,如同公园门口的游览指南。

其次,在伴随过程中针对用户因知识缺乏、分析问题与解决问题能力不足出现的困难及时给予信息与知识上的帮助、逻辑与关联上的提示、工具与方法上的提供等,在协同解决问题的过程中,实现对用户影响力的达成与信任的累积。

最后,人是社会性动物,如何为用户配置有利于其成长和良好合作的团队,是未来媒体人除内容与形式帮助之外发挥影响力的重要方式。所谓"工夫在诗外",影响力的发挥已经超出了传播内容与形式的范畴进入更为广泛的社会联系当中。团队内的协同,可以教会人合作,并在这种合作协同过程中学习社会规则,形成交往信任。团队间的竞争,则可以锻炼人的心智与意志,形成效率意识,发展技能。

概言之,未来的专业传播者要从那种"结论式"的灌输者,转型为用户能力的启蒙者、建构者和助推者。

7.3.6 应对:虚拟现实内容创作的两大要点[②]

VR 作为一种新的媒介技术颠覆了以往的传播系统,内容生产、传播渠道、媒介效果

[①] 喻国明. VR 作为一种未来传播的媒介品性与创作要点[J]. 视听理论与实践,2022(6):5-8.
[②] 同上。

等传播基本环节都将发生重大变革。借助媒介可供性（media affordance）理论，我们得以在"人—环境"互动理论框架下，探讨 VR 作为媒介影响力变现的操作路径。VR 属于"富媒体"，"富媒"之"富"，主要体现在感官通道数量和交互性的增加上。从视觉符号到听觉符号，再到融合了多重感官的 AR、VR 等多种媒介形式，传播要素不同以往的丰富度为人们提供了巨大的操作空间。具体来说，内容创作需要把握以下两个要点。

1. 确保情感性、关系性要素居于内容创作的首要地位

设计"经验性切合"与情感性冲击成为作品传播与用户接触的引爆点。传播影响力的变现是以"触达"为前提的。在信息超载、选择过剩的传播时代，只有那种切合用户的经验、能够引起人们情感共振和关系认同的接触点的设计，才能引发用户的关注、选择与进入。所谓媒介演进的"人性化趋势"，指的是从"信息传播"到"具有温度的信息体验"的发展演变。[①]

2. 以直觉、情感、经验为内容创作的主要动力线及感染力发生的关键路径

格里菲斯（Griffith）等指出，技术的效果不在意见或观念的层次上发挥作用，却逐渐地改变感官作用的比例（sense ratio）或理解的形式。[②]由此引出了著名的"冷热媒介"学说。在麦克卢汉的表述中，"热媒介"具有高清晰度，受众不需要再调动身体各种官能去"参与"，只需要遵照它所规定的方式参与即可。从意义上说，传播表征丰富度的提高使得媒介内容对受众的干预和占有增强，受众只需要沉浸到传播场景中，而无须进行更多的主动认知加工。在这种"沉浸式注视"中，人们可将自己完全交给 VR 创作者所创造的节奏与氛围中，从而产生了较强的使用惯性、观看黏性与内容认可度。VR 本质上是一种热媒介。在新闻报道中运用 VR 技术，能够使读者以第一人称视角"亲历"新闻现场，"参与"事件全程，而不再需要对着文字"脑补"画面，从而有效改变人们对新闻议题的态度和立场。当人们不需要投入过多认知资源时，相应地就更容易调用快系统进行信息的加工处理，为直觉的调用、情感的产生和经验的激发创造条件。以沉浸代替旁观、以感染代替说理的传播效果，将越发起作用。

总而言之，任何一个新的媒介形式的崛起在最开始诞生时都是混乱的，最后在人的参与和社会实践中，会按照人类所确定的目标慢慢形成有序的状态，只是它要求我们必须预先认清相关的规律与法则。因此，在VR传播所构建的未来场景中，理性因素就将会以新的形态回归，逐步协同非理性因素。这需要我们坚持以发展的眼光来看待问题和解决问题。必须指出的是，文明的进步不是自发的自我发展，而是一长串的机缘、事件和决断。能否抓住发展的机缘，要看我们是否具有与其契合的眼光、格局和勇气。

---

① 保罗·莱文森. 数字麦克卢汉：信息化新纪元指南[M]. 何道宽，译. 北京：社会科学文献出版社 2001：73.
② Griffith M, Seidman E & McLuhan M. Understanding Media: The Extension of Man[J]. College Composition and Communication, 1968, 19(1)：69.

 **名词解释**

1. 后真相
2. 圈层化
3. 短链思考
4. 平台型媒体
5. VR

 **论述题**

1. 试论述后真相的成因及治理办法。
2. 试分析如何治理互联网平台的"任性"与"越界"。
3. 试论述 VR 技术如何赋能传媒业。

 **即测即练**

第8章 未来新媒体与传播模式重构

2021年，元宇宙横空出世。元宇宙不是一项技术，不是一个产品，不是一个场景，甚至也不是所有技术的集合体，它是一种数字革命爆发以来所发展起来的全部技术与社会现实融合发展的全新的文明形态。DAO代表以算法作为底层运行和保障逻辑的社会分布交往范式。DAO媒介具备关系连接和算法整合双重逻辑，社会结构也在媒介技术的迭代下从部落式向DAO式演进。智能传播是指将具有自我学习能力的人工智能技术应用在信息生产与流通中的一种新型传播方式。在人工智能技术推进下，传播内容、分发与推送实现全面革新。进入数字时代，传播学的学科体系面临着碎片化、复杂化及难以解释巨量传播现象的危机。如何站在全局与时代发展的高点上对传播学进行统摄性的学科重构，构造适宜未来传播的研究范式，是当前传播学发展面临的关键问题。

8.1 虚拟现实技术推动下的元宇宙

8.1.1 元宇宙的概念

元宇宙是一种数字革命爆发以来所发展起来的全部技术与社会现实融合发展的全新的文明形态。如同原始文明、农耕文明、工业文明一样，数字文明是人类文明发展的全新阶段。它使人类进入一个具有更大自由度、更高灵活性、更多体验性、更强功效性的超现实世界之中。说到底，元宇宙就是互联网发展全要素的集合体，它将一系列断裂的、分隔的社会要素和市场要素通过技术平台重新整合成一整套有序运行的规则范式和组织体系，为未来媒体提供聚合性承载空间，也为社会构建一系列新的发展向度。[1]

具体而言，元宇宙是各种技术成熟到一定程度质变的产物。伴随VR、AR、3D和脑机接口技术不断进步，元宇宙的市场空间广阔。沙盒游戏可能是目前较接近元宇宙的形态，也成为元宇宙的第一战场。2020年，沙盒游戏在全球游戏市场占据最多的份额。在112个不同的子类别中，市场份额接近7%，使用时长同比增长75%。[2]可以说，从产品形态上看，游戏是元宇宙的雏形。游戏作为人们基于现实的模拟、延伸、天马行空的想象而构建的虚拟世界，其产品形态与元宇宙相似。同步和拟真方面，游戏给予每个玩家一个虚拟身份，例如用户名与游戏形象，并可凭借该虚拟身份形成社交关系，在游戏社区中结识新的伙伴；同时，游戏通过丰富的故事线、与玩家的频繁交互、拟真的画面、协调的音效等构成一个

---

[1] 喻国明，杨雅. 传播学研究范式的转型与媒介进化[N]. 中国社会科学报，2022-09-22（003）.
[2] 元宇宙是什么？[EB/OL]. https://wenda.so.com/q/1623980044215920.

对认知要求高的环境,使玩家必须运用大量脑力资源专注于游戏中发生的事,从而产生"沉浸感"。开源和创造方面,玩家在游戏设定的框架与规则内拥有充分的自由度,既可单纯享受游戏画面与音效,也能够追求极致的装备与操作等。经济系统方面,每个游戏都有自己的货币,玩家可以在其中购物、售卖、转账,甚至提现。可见,将元宇宙的几大基本需求融入游戏中,使游戏成为最有可能构建元宇宙雏形的赛道。[1][2]

8.1.2 元宇宙的三大入口[3]

人类要进入元宇宙这个超越现实世界的、更高维度的新型世界中,可以通过三大入口完成:具身、空间与社交。按照未来发展的时间序列逻辑,人类进入元宇宙的方式在这三大入口的近期、中期、远期各阶段会表现出不同特征。

1. 具身入口

唐·伊德在其《技术哲学导论》中也区分了四种"人—技术"关系,分别是具身关系、解释关系、背景关系和他异关系。其中,具身关系是人与技术之间基本的关系,指的是人类借助技术和工具在世界中感知,并且产生人类的知觉和身体体验。进一步来说,技术成为人类知觉的构成要素,其水平决定着知觉的水平。[4]人感知世界是通过眼、耳、鼻、舌、肤 5 种器官与外界进行交互所产生的视觉、听觉、嗅觉、味觉、触觉实现的。人类所从事的所有活动,都必须通过这五种感觉。另外需要强调的是,意念也是人感知世界的重要方式。

随着技术发展的不断深入,元宇宙下的"具身入口"也将在近期、中期、远期各个阶段呈现如下特征。

1)近期:外链式虚拟体验阶段,完成"五感"替代

外链式指在元宇宙起步阶段,研究者通过设计各类头戴或外接虚拟现实感应器来帮助人类完成感官替代和感觉传输。在当下技术发展过程中,"视听"感官的替代已初步呈现雏形,如 Pico、Vive 等品牌不断发布升级的 VR 头显;华为、谷歌、OPPO 等都在涉足研发 AR 眼镜等。"触觉"感官的替代目前集中于手部,尚未实现全身感知。如任天堂旗下 Switch《健身环大冒险游戏》,人们虽然可以配备体感设备参与游戏,但触觉的体验仍局限于手部、腿部、膝盖及其他皮肤无法拥有任何感知。"味觉"和"嗅觉"感官的替代则仅出现小部分科研成果,尚未实现商业化落地。

---

[1] 华安证券. 元宇宙深度研究报告:元宇宙是互联网的终极形态? [EB/OL]. (2021-06-07)【2024-12-01】. https://news.qq.com/rain/a/20210607A06CJV00.

[2] 喻国明. 未来媒介的进化逻辑:"人的连接"的迭代、重组与升维——从"场景时代"到"元宇宙"再到"心世界"的未来[J]. 新闻界,2021(10):54-60.

[3] 喻国明,赵秀丽,谭馨. 具身方式、空间方式与社交方式:元宇宙的三大入口研究——基于传播学逻辑的近期、中期和远期发展分析[J]. 新闻界,2022(9):4-12.

[4] 唐·伊德. 技术与生活世界[M]. 韩连庆,译. 北京:北京大学出版社,2012.

整体来说，这一时期的元宇宙仍处于以肉身存在为基础和前提的虚拟体验阶段。[①]人类通过外链式"五感"替代设备完成元宇宙的进入或退出。现实世界和虚拟世界之间存在明确界限，人类的生活也是以现实世界为主、虚拟世界为辅。这一阶段的元宇宙只能成为现实生活的重要工具，无法大规模影响人类生活。

2）中期：内置化虚实相生阶段，尝试意念交流

内置化指研究者将"五感"感应器高度小型化、细微化后植入人体内部，作为辅助感应外界的设备。人类可以不通过累赘的机械设备，便直接实现在现实世界和虚拟世界的切换。这在当下仍处于零星实验阶段，距离"广泛"实现还需更多条件支撑。

总之，通过内置化芯片，这一时期的元宇宙将开始进入虚拟世界和现实世界自由切换的虚实相生阶段。现实世界和虚拟世界之间的界限开始瓦解，脑机接口等技术开始实现人与信息世界的直接交互，元宇宙进入大规模影响人类社会的蓄力阶段。

3）远期：赛博格后"新人类"阶段，实现终极传播

这个阶段的媒介不再是外在于人的一个工具或者机构，而是转为身体本身，身体成为一个界面。身体的两重性打破实体社会网络与虚拟信息网络的屏障，即时性地穿越在分属不同网络的各种系统中，实现人类基本生存方式的重组。赛博格成为传播的主体，打通实体世界与虚拟世界，并将其融合为一个世界。身体可以从肉体的局限中解放出来并增强自身机能，人与人的交流可以不再借助任何外在符号，而是通过脑与脑之间的连接直接达成思想交换的终极目的。总体来说，远期阶段的元宇宙不再只是一种新媒体工具，而将是内嵌于每个人的日常生活之中，成为人类的一种存在方式。

2. 空间入口

元宇宙是多种高维场景的立体、全面整合，元宇宙时代又称"深度场景化"时代，场景能够"连接一切"并构成元宇宙的空间入口。通过搭建内容渠道、服务平台、体验场所，完善资源配置，场景将促成媒介连接用户范式的革新与不同情境的合并，为进入元宇宙提供次元接口。同时，元宇宙也是对媒介要素和细颗粒度层级的补偿，改善了媒介的价值空间，以"扬弃"的技术迭代方式帮助社会实现过渡，让虚拟世界不仅实现对现实世界的复刻，而且实现对现实世界缺陷和空缺的补足，并通过数字化、虚拟化、智能化以及新一轮产业化创造出连接用户的新方式，对场景及产业实现重构与升维。

结合马斯洛需求层次理论与经济学中的供求关系理论，参考互联网发展阶段与进化历程，根据需求实现与应用落地的通常进程，元宇宙在近期、中期、远期各阶段的典型应用场景、所能覆盖的需求领域与关联产业将沿如下脉络发展。

1）近期：主场景融汇阶段，交融中实现数智化升级

马斯洛需求层次结构模型将人类的需求划分为五级，需求的实现也是个体弥补不足、实现增长的阶段性过程。场景的本质指向对用户在特定场景下不同生理以及心理需求的满

[①] 聂有兵. 虚拟现实：最后的传播[M]. 北京：中国发展出版社，2017：19.

足。元宇宙在近期发展阶段，将以服务用户主导性需求为主，聚焦人类生活中最硬核、最刚需、最高频、最容易实现的需要，以及能在当前技术应用支撑下快速盈利的场景。当前，元宇宙已经被初步应用于电商、游戏娱乐、教育、艺术、医疗健康、图书馆、新闻传播等领域。例如，在娱乐方面，元宇宙最早在虚拟游戏领域初见雏形。《模拟人生》《动物森友会》和Roblox等众多游戏中，用户既是玩家也是创作者、开发者。①在教育方面，技术的发展成熟为创建教育元宇宙提供了便利条件，为教师和学习者提供了沉浸式教育互动场域。②在电影与文艺方面，元宇宙为立体三维电影的制作提供了新的方法与扩展空间，带来丰富细腻、高度浸入的具身观影体验。

总体来看，元宇宙初期，凭借巨大的市场容量和蓝海市场的包容度及容错弹性，部分领域率先展现出庞大的消费潜力与资本热度，现有的主导性、领导性产业将先实现数字化转型与智能化升级，促使相关应用场景的初步落地。可以预见，元宇宙的技术特性与场景应用将连接未来产业的发展方向，以强大的交融性为技术基础特性的元宇宙的构建，将持续推动人类生产与生活在虚拟与现实场景间的融汇，并带动配套硬件设备制造业和软件技术开发产业的发展。

2）中期：多场景覆盖阶段，满足多元领域垂直需求

从保罗·莱文森的补偿性媒介理论出发，媒介进化的逻辑是新媒介对旧媒介缺失部分与局限性的补偿。③场景的开发过程也是用户需求的满足过程，遵循从核心向边缘扩散的路径，即在满足主导性需求之后向实现更多领域、更多场景的细分需求与深度需求的路径探索。元宇宙中期阶段，随着初期阶段产业与技术基础设施的搭建、技术应用的初步调试与经验累积、技术商业化的加快，元宇宙的进入成本将不断下降，所覆盖的人群规模、整体体量将不断扩大。产业发展模式将实现从"规模经济"向"范围经济"的转变，需求端更好地引导供给端。企业转变为追求最大化生产规模、市场份额与经济效益的利益驱动模式，从对头部需求的红海竞争转向深耕尾部蓝海市场④；开拓由小微利润、不断延展的长尾空间组成的个性化需求市场。同时，作为这一目标核心技术支撑的算法也将进一步升级。其将基于智能推荐机制、用户可获取的全方位数据信息，实现在不同时空环境、特定场景、行为模式、社交氛围、生理及心理状态中人、物、空间等各要素的深度链接与精准匹配。这不仅可为用户外显的、可视的需求提供解决方案，准确触达用户个性化、细分化、多维度需求，更能洞察用户高层次精神、深层心理与情感需求。

总之，元宇宙中期，上一阶段享受到技术红利的主导性产业将进一步迭代升级，其高度数字化、智能化的潜力将继续释放。基于数字技术的定制化、差异化生产以及智慧化制

---

① 赵红勋，王飞. 技术拟真·感知沉浸·关系再造："元宇宙"视域下媒介生态的变革逻辑[J]. 三峡大学学报（人文社会科学版），2022，44（4）：83-88.

② 华子荀，黄慕雄. 教育元宇宙的教学场域架构、关键技术与实验研究[J]. 现代远程教育研究，2021（6）：23-31.

③ 保罗·莱文森. 人类历程回放：媒介进化论[M]. 邬建中，译. 重庆：西南师范大学出版社，2016：149-150.

④ Yang H X. Targeted Search and the Long Tail Effect[J]. The RAND Journal of Economics, 2013, 44(4): 733-756.

造，将对促进产品创新与产业迭代发挥关键性作用，形成数字经济发展的强势动力源。[①]此前产业链复杂或环节缺失、技术瓶颈等多重因素限制导致的场景空缺将被继续补全，模块化、粗放式的场景将被进一步分割和细化，基于算法与智能终端技术，个性化、小众化、分散化、垂直化、差异化的长尾需求，以及消费性、享受性需求和更高层次的精神需求都将被更好满足。

3）远期：全场景升维阶段，全产业协同带来全方位变革

元宇宙远期所指向的全场景时代，从微观层面来看，将是一个真正实现以用户为本，充分尊重人的价值，深度满足人的自我实现需要，为个体核心诉求的回归、更多社会性需求及价值的衍生提供可想象场景的时代；从宏观层面来看，全场景时代的到来将从底部重塑全产业发展逻辑，带来整个社会形态的再造与产业结构的转型，为多产业协同发展提供动力源与融合剂，进而带来整体性、全方位的联动式变革。[②]

例如，被认为是未来超级媒介的智能网联汽车[③]，不仅仅是把人从现实世界或虚拟世界的某一点送往另一点的交通工具，更是能够让人在现实世界和虚拟世界中随时转运的载体。智能网联汽车具有在现实性场景、虚拟性场景和现实增强场景中任意穿行并连接彼此的功能。当越来越多的信息和服务依赖于由网联汽车塑造或关联的场景，使其成为集场景、关系和服务于一体的要素连接纽带，即元宇宙新入口，便实现了帮助人们在任何场景下做任何事的突破。届时，人们可以在更多样的状态下进入和体验基于"场景"的服务，以"在场"的方式具身参与到任意实践中，从而实现媒介作为"人的关系连接"在现实世界中的最高形式。[④]

3. 社交入口

元宇宙不仅是整合多种数字技术而产生的互联网技术应用，其本质更是人类生产、互动并建构的人造世界[⑤]，是人以数字身份参与实践的、虚实相融的数字化社会形态[⑥]。马克思曾指出："人的本质是一切社会关系的总和。"元宇宙互动性、交融性、系统性的技术特征将进一步形塑和凸显未来社会关系网络中人的社会属性，以及个体社会存在、社会交往、社会关系的重要性。为了融入元宇宙世界，人们需要依托虚拟数字分身，而分散数字分身的集聚将形成虚拟社群。社会群体的集结会带来崭新的赛博文化，一定时间内文化的生成发展、多元文化的交流碰撞会积淀出特定时间与空间下的社会文明，带来社会系统架构的

---

① 郭晗. 数字经济与实体经济融合促进高质量发展的路径[J]. 西安财经大学学报，2020（2）：20-24.
② 方凌智，沈煌南. 技术和文明的变迁：元宇宙的概念研究[J]. 产业经济评论，2022（1）：5-19.
③ 郭婧一，喻国明. 元宇宙新"入口"：智能网联汽车作为未来媒体的新样态[J]. 传媒观察，2022（6）：17-21.
④ 喻国明. 有的放矢：论未来媒体的核心价值逻辑：以内容服务为"本"，以关系构建为"矢"，以社会的媒介化为"的"[J]. 新闻界，2021（4）：13-17+36.
⑤ 谢新水. 作为"人造物"的元宇宙：建构动力、弱公共性及增强策略[J]. 电子政务，2022（5）：44-55.
⑥ 吴江，曹喆，陈佩，等. 元宇宙视域下的用户信息行为：框架与展望[J]. 信息资源管理学报，2022，12（1）：4-20.

调整及社会运行规则的重组。①

社交是元宇宙的重要入口之一，以下将从个体社会化与社会发展、时间递进、文明演进的逻辑出发，研究元宇宙时代社交入口在近期、中期、远期各阶段的表现。

1）近期：创建数字分身阶段，第二身份的定制与身心映射的实现

数字分身，是现实社会的人在虚拟世界中的数字身份标识，是人们现实身份在虚拟世界的延伸和映射。②元宇宙初期阶段，实体人以虚拟化的数字分身形式存在：一方面，用户可以让自己的肉身与虚拟身份相融，将与现实中相似的自我投射到虚拟环境中，制造出观照本体、相互映射的数字孪生体；另一方面，数字分身的高度虚拟性、沉浸交互性、符号身份的多义性、虚拟人格多样性与定制性、随时可脱嵌/嵌入环境的灵活性，又赋予了用户利用数字分身生成具有颠覆性反差的全新自我，从而延展现实生活或弥补物理世界缺憾的理想自我的权利。例如《模拟人生》《第二人生》等元宇宙雏形游戏中，玩家可通过捏脸创立角色，与其他游戏玩家聊天互动，并规划角色的人生走向等。用户通过自我定义性别、外貌、角色、阶层、职业等完成多样身份的创建与多元社交线索的编织，在虚拟空间中按照自主意愿克隆肉身，将现实中的自我投射入虚拟世界，亦可重塑人格与角色，构建定制化的"第二身份"③，从而实现更高程度上的时空解放、个体解放、社会解放。

总体来说，元宇宙初阶的数字分身，是实体化的人参与数字活动、探索虚拟世界、进入元宇宙社交场景的入场券，更是人类数字化实践拓展至"心世界"后存在于元宇宙场景中的基本要素。元宇宙时代的虚拟社交网络被想象为一种为数字分身跨越空间、实现面对面交流并建立新社交关系创造连接可能性的网络。④

2）中期：凝聚虚拟社群阶段，精神空间的再造与赛博文化的形成

植根于技术变革的元宇宙不仅指引着技术创新的方向，同时也将带来传播及连接的转型，引发社会组成要素、关键节点、社会结构与社会关系的变革，并对社会组织形态、社会文化等产生重要影响。元宇宙中期，个体在高度赋权下可以利用自己的数字分身，与虚拟世界中的其他群体进行多模态的信息生产与参与式互动，跨越空间距离与传统人际关系网络，实现随时社交、游戏等行为状态，构建起人与人、人与机器、人与物、人与场景之间超时空和超圈层的虚拟社交关系，并在数字交往中形成多样态的虚拟社群，随之衍生出多元流动的赛博数字文化。这一阶段的元宇宙还将致力于满足现实社会中无法满足的社交需求，解决社交问题，通过智能化技术与互动性媒介如数字藏品等更好实现趣缘与趣缘的连接、灵魂与灵魂的匹配、心与心的碰撞。具体来说，用户可以在元宇宙中构建起更符合

---

① 方凌智，翁智澄，吴笑悦. 元宇宙研究：虚拟世界的再升级[J]. 未来传播，2022，29（1）：10-18.

② 刘革平，王星，高楠，等. 从虚拟现实到元宇宙：在线教育的新方向[J]. 现代远程教育研究，2021，33（6）：12-22.

③ Paul A. et al. Virtual Worlds—Past, Present, and Future: New Directions in Social Computing[J]. Decision Support Systems, 2009, 47(3): 204-228.

④ 王競一，张洪忠，斗维红. 想象的可供性：人与元宇宙场景关系的分析与反思[J]. 新闻与写作，2022（4）：70-78.

自我需要、更贴近真实需求、突破圈层限制、基于趣缘与个体精神及人格的更"直接"的交往关系。社交在场景化定向交往的基础上,更好地解决过往人际传播中社交线索局限、各类交流要素与符号不便的问题,并减少传播中的误读,让传播真正走向不同数字人之间情感的探索与信任的构建之中。

总之,元宇宙时代的社会交往在本质上可理解为一种精神交往、数字交往的过程。[①]关系的虚拟性,以及交往的自由性、灵活性、深入性,为交往主体认知彼此、交换意识、投射情感、寻求共鸣提供了中介性场域。低延迟、高沉浸感、多元化、去中心化的元宇宙世界具备独特的关系构建及互动模式,它将在重塑社交场域的基础上,在虚实相间中凝聚出集技术具身、特有自我想象于一体的多元复杂数字分身,构建虚拟社群,形成更即时、多元、平等、交互的数字文化。

3)远期:积淀社会文明阶段,社会系统的架构与运行规则的制定

随着元宇宙软硬件等底层技术条件的升级、元宇宙中数字分身社会交往的升级与深化、虚拟社会中数字文化的形成与迭代,技术实践与社会实践的发展将推动元宇宙自身社会化程度不断提高,演化出起源并依托现实但又相对独立于现实的高度成熟且发达的虚拟社会文明。这一由新一轮技术创新与网络整合构建的聚合化社会,将具备稳定的货币体系、多元的文化体系、自由开放的社交环境、沉浸式的用户参与[②]等社会系统运行的基础框架,开源性、交互性、去中心、再媒介化、自组织、数字参与、协同共治将成为未来社会运行的规则与逻辑,更稳固的组织架构与更强烈的人文属性将在发展中逐渐凸显。

元宇宙的社交入口指向通往人类文明的新路口,元宇宙的本质属性是数字文明属性,这套虚拟文明仍是现实文明的附属,是为现实文明服务的文明系统。元宇宙的最终价值与根本准则,仍然是通过虚实相融,最大限度地摆脱追求自然人对客观条件与物质环境的依赖,让人成为技术之主体,让技术及其文化更好地服务于人类社会,在更广阔、丰富、和谐的社会中实现人类的自我价值与社会价值,实现全面、自主的发展与从必然王国向自由王国的飞跃。[③]

4. 元宇宙入口设施:虚拟数字人

虚拟数字人(virtual digital human/avatar)是指具有数字化外形的虚拟人物,通常是为特定内容的对话而训练的人工智能角色,具有一定的形象能力、感知能力、表达能力和娱乐互动能力。在包括人物形象生成、语音生成、动画生成、音视频合成以及交互技术五大模块的通用系统框架内,目前虚拟数字人主要分为非交互性虚拟数字人与交互性虚拟数字人,其中交互性虚拟数字人又分为真人驱动型与智能驱动型。在市场应用上,虚拟数字人主要有身份型与服务型两大类,替代真人服务的虚拟主播和虚拟 IP 中的虚拟偶像是目前国

---

① 杜骏飞. 数字交往论(1):一种面向未来的传播学[J]. 新闻界,2021(12):79-87+94.
② 彭国超,吴思远. 元宇宙:城市智慧治理场景探索的新途径[J]. 图书馆论坛,2023,3(3):86-92.
③ 张新新,丁靖佳,韦青. 元宇宙与出版(上):元宇宙本体论与出版远景展望[J]. 科技与出版,2022(5):47-59.

内市场的热点，特定场景下的多模态助手，如医疗顾问、日常陪伴、购物客服等是国外虚拟数字人发展的重点。①

8.1.3　元宇宙的本质

毫无疑问，元宇宙是集成与融合现在和未来全部数字技术的终极数字媒介，它将实现现实世界和虚拟世界的连接革命，进而成为超越现实世界的、更高维度的新型世界。本质上，它描绘和构造着未来社会的愿景形态。

具体地说，元宇宙对于社会的升维重构表现在其传播逻辑是要实现现实世界与虚拟世界的连接革命。

从人类文明发展的历史可以看到，传播技术的发展不断带来"新的媒介"。这些新媒介表征着新的社会连接方式、尺度与标准，使人们能够探索更多的实践空间，拥有更多的资源和领地，去展示和安放我们的价值、个性以及生活状态。互联网发展的"上半场"完成了"内容网络""人际网络"和"物联网络"的建设，实现了信息沟通意义上的"任何人、在任何时间、任何地点"的互联互通。我们正面临的互联网发展的"下半场"则要在此基础上完成"场景化社会"的构建，实现现实社会全要素意义上的"任何人、在任何时间、任何地点做任何事"的智能化社会的构建。其中，5G/6G通信提供高速度、高容量与低时延的技术支撑，大数据、量子计算、算法将现实世界所有要素激活、调动、协同及整合的人工智能技术。概言之，在这个永远在线的"场景时代"，以场景服务和场景分享为人的社会连接的基本范式，可以实现人的具身以"在场"的方式参与到"任意"的现实实践中。这是媒介作为"人的关系连接"在现实世界的最高形式。

但是，媒介的进化并不会止步于此，于是，"元宇宙"来了。元宇宙打破了既有的社会性实践疆界。主要有二：一是它突破了人类社会实践现实空间"亘古不变"的限制，人可以选择性地自由进入不受现实因素限制的虚拟空间，拥有一重甚至多重虚拟空间中的生命体验，实现自己人生中的价值创造。这是对于人类受困于现实世界限制的一种巨大解放。二是它将实现人类在虚拟世界中感官的全方位"连接"。目前的互联网技术只是实现了部分信息流的线上化，人类感官在虚拟世界的连接中，听觉与视觉率先实现突破，而嗅觉、味觉及触觉等感官效应还只能在线下实现和满足，而元宇宙在未来发展中的关键突破就是将致力于实现人的嗅觉、味觉及触觉等感官效应的线上化。虽然实现这些突破还有很长的路要走，但是当人的感官全方位地线上化时，元宇宙作为人类生活全新空间的魅力将全方位地超越现实世界。②

在元宇宙的未来图景中，人始终处于"本位"的核心。从人与技术的关系角度，探讨"人"在元宇宙中呈现出的新特征和新变化，主要包括四个方面：一是人的实践状态从"定

---

① 程思琪，喻国明，杨嘉仪，等. 虚拟数字人：一种体验性媒介——试析虚拟数字人的连接机制与媒介属性[J]. 新闻界，2022（7）：12-23.
② 喻国明. 元宇宙：以人为本、虚实相融的未来双栖社会生态[J]. 上海管理科学，2022，44（1）：24-29.

居"到"游牧",能够以漂移的自由度游走于不同的场景之间,成为多角色、多潜能发挥的"游牧主体";二是人与技术的新范式从"中介"到"互构",产生了新型传播主体——"赛博人",实现人与技术的融合共生;三是人的身体从"缺席"到"在场",从视觉中心到多重感官,由分裂感官到整体知觉,重新回归主体地位;四是人与社会的关系从"脱嵌"到"再嵌入",借助元宇宙技术实现共创、共享和共治,积极融入社群,重塑社会关系。一言以蔽之,元宇宙实现了人的角色升维和版图扩张,恢复了身体的"在场"和行动性,重新确立了人的主体性。[①]

在现代社会,无论我们身处何时何地,从事什么样的工作,我们的活动,甚至每一个动作、社会性诉求,几乎都被媒介所浸透。媒介的连接作用无时不有,无处不在。这就是我们通常所指的"媒介化"。所谓"媒介化",就是由于媒介影响的增长,社会方方面面和各行各业发生了按照传播逻辑重组的全新变化。

过去我们一提到传播,一提到媒介,指的是对内容资讯的传播、连接、沟通等。事实上,从互联网作为数字媒介开始出现后,跟过去大众媒介不同的是,它的这种连接不仅仅作用于内容资讯的连接、传播和彼此之间的沟通,在更大程度上,远远超越了内容的范畴,开始作用于整个社会的连接、整个社会的结构性重组和基本运作。社会运作的方方面面已经发生或者正在发生按照传播逻辑、传播模式、传播机制进行重新建构的变化。这就是所谓的"媒介化"时代。媒介作为连接人类的"中介物",已经不仅仅是作为内容资讯的中介者,而是成为新社会形态的建构者。我们今天看到的各种直播带货,其实注重的不是过去传统商业所说的地块、客流等,更大程度上,它注重的是传播机制的流量、文化、趣缘、连接、关系属性等因子。

从传播的角度,我们把元宇宙理解为人类社会的"深度媒介化"。元宇宙所代表的"深度媒介化"是不同于"媒介化"理论与社会发展的一种全新范式。它以互联网和智能算法为代表的数字媒介作为一种新的结构社会的力量。过去我们讲到的媒介化是分门别类的,政务的媒介化、商业的媒介化、教育的媒介化;而未来的深度媒介化,是它们连网成片聚合在一起,形成一个人类实践的、人类生活的真正平台级的场景。这种全新的人类文明的平台、实践的平台作用于社会的方式,跟以往任何一种旧媒介不同,下沉为整个社会的"操作系统"。它所引发的是根本性和颠覆性的社会形态变迁。因此,从"媒介化"到"深度媒介化"的范式变革,意味着互联网等数字媒介所引发的传播革命,正在史无前例地改变社会的基本形态。新传播所要构建的新型关系,将在很大程度上重构以往各种各样的社会关系。

元宇宙描绘了一个互联网全要素联结融合的发展愿景,激活了人们对于未来社会架构重组的想象力,而数字资产的流行正是将这种想象进行初步落地化。数字资产是算法基础上的具体媒介形态。如果说算法是未来社会底层架构的媒介的话,那么它则需要一个与社会关系及社会场景实现价值联合的中介物,这个中介物就是数字资产。从功能上看,数字

---

① 喻国明,姜桐桐.元宇宙时代:人的角色升维与版图扩张[J].新闻与传播评论,2022,75(4):5-12.

资产是一种带有关系属性的非实体文化价值物，在流通的过程中释放了结构性的社会需求，通过与用户在心城场景中产生共鸣共振的"心流体验"的方式实现技术对人们内心世界的反向建构，促进了多元化场景与人的主体性之间的耦合，并在此基础上创造了不同行动者之间的新连接枢纽。这正是媒介作为"人的关系连接"在现实世界的最高形式。因此，从本质上看，数字资产是算法基础上的具体媒介形态。①

8.2 去中心化技术推动下的DAO媒体

8.2.1 DAO的概念及DAO媒介

DAO是一个基于区块链的系统，通过部署在公共区块链上的一组自动执行规则，使人们能够在独立于中央控制的、去中心化的系统中协调和治理自己。②喻国明等将其总结为，在区块链技术支撑上，分布式存在的个体、内容和智能技术物通过算法聚拢，在智能合约和代币等公开透明的数字代码保障下自主生产、互动、流转价值的组织模式。这类组织具备超越第三方干预的自演化、自运转和自治理能力。简单来说，DAO代表以算法作为底层运行和保障逻辑的社会分布交往范式。③

互联网赋权在动态延展中内蕴"分散"与"聚集"的双重逻辑，"去中心化"是互联网赋权的一种逻辑。这既保证了信息的流通，又将所有权还给用户。DAO构建了一个激励相容的开放式环境。在这样的环境中，众多相互不认识的用户通过"无组织"的分布式协同作业进行内容生产与交换。用户共创共建、共享共治，他们既是网络的参与者和建设者，也是网络的投资者、拥有者以及价值分享者。④

综上，DAO媒介具备关系连接和算法整合的双重逻辑，社会结构也在媒介技术的迭代下从部落式向DAO式演进。⑤

8.2.2 DAO与用户确权

Web 3.0技术在DAO的组织架构上，运用区块链技术实现了用户确权。在Web 2.0解决了信息传输的"效率"问题之后，新自由主义与监视资本主义观点的支持者认为，技术

---

① 喻国明，陈雪娇. 数字资产：元宇宙时代的全新媒介——数字资产对传播价值链的激活、整合与再连接[J]. 出版发行研究，2022（7）：21-29.
② Hassan S. Filippi P D. Decentralized Autonomous Organization[J]. Internet Policy Review, 2021, 10(2): 1-10.
③ 刘彧晗，喻国明. 游戏作为DAO媒介：数字文明时代社会的"再组织"方式——兼论媒介与人类存在方式的演进[J]. 新闻界，2022（12）：25-36.
④ 喻国明，滕文强，苏芳. "以人为本"：深度媒介化视域下社会治理的逻辑再造[J]. 新闻与写作，2022（11）：51-60.
⑤ 刘彧晗，喻国明. 游戏作为DAO媒介：数字文明时代社会的"再组织"方式——兼论媒介与人类存在方式的演进[J]. 新闻界，2022（12）：25-36.

某种程度上湮没了人的自由选择,将个体的自由、劳动、数据和资产让渡给平台和资本方,形成人性的"异化"。为解决这一困境,Web 3.0 应运而生,主要目的是解决信息生产分配中的公平问题,即价值归属问题。DAO 通过去中心化的组织形式和以通证比例来确定成员的组织权益,有望解决价值归属问题,进一步创造价值。

Web 3.0 时代的用户确权,具体包括身份模式、用户角色、用户数据形态和收益分配几个方面。在身份模式方面,用户享有个人自主的数据身份,摆脱了平台对用户账户与密码的限制,可以通过钱包登录解锁权限,保障身份隐私。虚拟世界中的用户身份问题是用户参与其中的首要条件,Web 2.0 时代身份冒用所导致的信息泄露和财产损失将大幅度减少。

在用户角色方面,用户作为内容生产者、消费者的同时,也是内容的控制者。Web 3.0 通过代币(token)将资产数据化,并进行跨网络流通、交换。比如,NFT 作为独特资产的数据单位,具有稀缺性、独特性和不可替代性。

在数据形态方面,Web 3.0 助力实现用户数据自主和算法用户自主。去中心化的机制使得传统中心化平台和机构的连接,被用户与智能终端之间的连接所取代。过去用户所产生的资产,如个人数据、内容产出、注意力分配都由平台所有。Web 3.0 在区块链基础上使用户掌握了自身网络数据的使用权和所有权,保障用户的内容隐私。此外,智能终端与物联网的加入使得算法推送更加精准,用户可以自主定义算法推荐机制,实现算法自主。

在收益分配方面,通过链上协议进行分配。去中心化存储实现数据多节点分布,基于智能合约存储数据进行点对点分发,运用代币的激励机制和 DAO 的组织形式实现价值公平分配。这就突破了 Web 2.0 时代平台分配用户收益的中心化组织机制,使用户从免费的数字劳工转变为信息与价值的实践主体,真正参与到传播过程中来。[1]

8.2.3 作为 DAO 媒介的游戏

游戏的自由与规则特性使其能够被解释为一种在结构性规则框架上赋予用户愉悦体验与自由行动的活动。游戏规则被编码在固定程序中,由技术程序和玩家共同守护。在游戏中的用户可以出于主观目的自由参与并掌握游戏主动权。例如,玩家可以根据游戏场景自主加入,自行决定何时玩、如何玩以及与谁玩等问题。

在数字文明时代,游戏尤其是大型多人在线游戏的社会性、文化性、经济性乃至政治性意义被不断强调,在未来社会不再只是文化内容,更是居间于人类与世界的媒介。随着游戏与媒介的耦合越发深入,数字媒介的功能结构日益展现出游戏品性,赋能方式也将逐渐类游戏化。借用简·麦戈尼格尔的话来说,游戏将会是"21 世纪最重要的媒介",成为塑造未来的主要平台。[2]

---

[1] 喻国明学术工作室. 元宇宙视域下 Web3.0 重塑媒介发展新生态[J]. 江淮论坛,2022(5):128-133.
[2] 简·麦戈尼格尔. 游戏改变世界:游戏化如何让现实变得更美好[M]. 闾佳,译. 杭州:浙江人民出版社,2012:13.

这种耦合一方面体现在数字媒介赋予用户个性和自主性的功能暗合游戏的自由特性。数字媒介代表的是用户被充分赋权的"超级个体"时代，用户从简单均质的"平均大众"转变为具有复杂性、主观性和非线性的"独立个体"，那些曾在短缺时代被隐没的乐趣需求及被压抑的行动轨迹得以通过大数据和算法技术洞察与捕捉，数字媒介真正成为由用户自己定义的私人媒介。譬如游戏《恋与制作人》中，随着用户的操作，人们创作出私人化的、定制化的游戏剧情。

另一方面体现在结构层面，即数字媒介对其他所有"旧"媒介的聚拢模式与游戏建构结构性规则的品性相同。数字媒介不是某一媒介技术的指称，而是基于智能算法对至今散落的各种媒介技术的聚拢整合，且作为媒介下沉为更基础的社会建构力量，为社会提供结构性框架。游戏就是这样一种升维意义上的技术形式。它基于现实又超越现实，不仅可以为玩家提供虚实空间的"穿行"通道；更重要的是，游戏的底层规则性决定了它可以作为容器媒介成为所有技术的"收纳箱"和所有关系的"聚拢集"。换言之，一项技术形式只要能服务于玩家体验，就能被游戏吸纳成为游戏组件；一种关系形式只要有利于玩家交往，游戏就能通过规则设置得以建立和保持。从结构的角度来看，未来游戏将是具有一切媒介性质的全功能、全要素媒介。

由是观之，游戏是一种兼具人性化关系连接与智能化算法整合双重价值面向的 DAO 媒介——它能在充分释放用户本性的基础上拓展人、物、智能机器的连接维度，又能通过规则算法作为底层逻辑深化和聚拢这些关系，真正建立起具备高度自运转、自组织、自演化能力的分布式自组织。[①]

8.2.4 DAO 的应用展望

元宇宙深度媒介化社会中，媒介化的逻辑影响着社会发展的逻辑。DAO 的逻辑为元宇宙提供了技术基础和组织形式，由此演化出基于去中心化的各类经济活动、社会活动和文化娱乐活动。

在经济活动方面，去中心化金融（decentralized finance，DeFi）通过去中心化区块链平台和智能合约，创建透明化的金融协议，用户可以自主办理并签订智能合约。DeFi 为元宇宙的经济系统提供了基础服务，衍生了借贷、交易所、聚合器、保险、稳定币等金融服务。同时，经济活动中的 NFT 通过数字资产的形式为元宇宙中的物提供了价值确权，如 OpenSea 为用户创建、展示和交易 NFT 提供了平台。

在社会活动方面，DAO 将治理权下放至每个成员。成员在其中讨论并决议，治理主要通过治理代币在链上投票完成，持有者投票权重与代币数量成正比，通过代币机制激励社会参与，以及网络一致意见的达成。由于链上身份的确权，"网络水军"和舆论极化的现象

---

① 刘毓晗，喻国明. 游戏作为 DAO 媒介：数字文明时代社会的"再组织"方式——兼论媒介与人类存在方式的演进[J]. 新闻界，2022（12）：25-36.

将极大减少。

在文化娱乐活动方面，Web 3.0 激励了内容产出，提供了游戏的新模式。Web 3.0 将 Web 2.0 的内容升级为包含内容、关系、用户、智能终端的经济集合体，实现虚拟世界与现实世界的双向浸透，同时鼓励了优质内容的生成，维护互联网内容的生态环境。在游戏化机制方面，游戏因其沉浸性、虚拟性与社交性，成为当前元宇宙的入口，在 Web 3.0 去中心化的基础上有望形成全新的游戏模式 GameFi，即 DeFi+NFT+Game 的聚合模式。这种模式是指去中心化金融产品以游戏的形式呈现，游戏当中的道具和衍生物以 NFT 的方式运行。这种去中心化的游戏管理方式与传统游戏最大的差别在于，玩家可以充分掌控自己的游戏资产，并能够自主决定游戏发展的方向。玩家也可以投票参与游戏运维，并在游戏当中"边玩边赚"（play to earn）。如 DeFi Kingdoms 就不仅是一款游戏，更是一个去中心化的资产交易所。[1]

8.3 人工智能技术推动下的智能传播

智能传播是指将具有自我学习能力的人工智能技术应用在信息生产与流通中的一种新型传播方式。[2]

8.3.1 内容层面

从传播内容的供给侧来考察，人工智能技术全面革新了新闻采编环节，还以"拟人化"的呈现形式创新了内容与生产者之间的交互形态。[3]

人工智能实现了内容生产自动化、分发形态多样化，专业媒体人参与的采编生产发生变革。随着算法在新闻来源环节中的应用，社会相继出现了机器人新闻、传感器新闻。人工智能时代无人机普及，各种环境中摄像头、传感器无所不在，都将进一步超越传统媒体的时空局限与感官局限进行丰富多彩、立体多维的信息采集，而其中某些具有社会价值的信息则可能经智能系统自动加工后直接发送给多元用户。随着社交网络迅速"占领"人们的全部生活，新闻的生产与传播过程逐渐由先前的集中式趋向分布式，即多重主体在某种模式下共同介入某一个话题的报道、评论、分析、信息加工和进一步阐释中。这种范式的转变与普及得益于人工智能技术。在技术的作用下，分布式新闻生产过程的参与主体甚至扩展到了物体。概言之，数字技术带来的"泛众化"的传播供给侧，致使多元传播弥漫在人们各类日常生活的场景中。[4]直接的内容生产将不再是专业传播工作者未来的专业价值和

---

[1] 喻国明学术工作室. 元宇宙视域下 Web 3.0 重塑媒介发展新生态[J]. 江淮论坛，2022（5）：128-133.

[2] 张洪忠，兰朵，武沛颖. 2019 年智能传播的八个研究领域分析[J]. 全球传媒学刊，2020（1）：37-52.

[3] 喻国明学术工作室，杨雅，陈雪娇，等. 类脑、具身与共情：如何研究人工智能对于传播学与后人类的影响——基于国际三大刊 Science、Nature 和 PNAS 人工智能相关议题的分析[J]. 学术界，2021（8）：108-117.

[4] 喻国明. 人工智能带来重大传播变革[J]. 前线，2022（10）：56-57.

工作重心所在。技术所导致的万物互联和全时在线的结果之一，就是无所不在的传感器所生成的海量数据的泉涌。这些海量、多维度数据（位置数据、行为数据、关系数据等）一方面成为传播驱动最为关键性的资源和能量，服务于未来传播的掌控者，另一方面进一步稀释了专业传播者生产内容在整体内容格局中所占的比例。因此，专业传播者开始从直接参与新闻采编环节向未来专业传播的关键和重心转型：一是要学会关于数据的采集与分析技术、数据的价值挖掘、人工智能的数据处理与内容生产的深度神经学习；二是掌握社会内容生产的组织与协调能力，新传播模式的创新与技术支撑能力，传播场景的发现、设计与应用能力，以及社会信息流动的平衡与引领能力。

亚马逊的"Alexa"、苹果的"Siri"、微软"小冰"以及虚拟偶像"洛天依"等机器智能体，以"语音交流者"的形式实现人机传播以及社会嵌入。从行为上来看，人们使用语音信息查询、听新闻或是视频聊天，是在用语音或者视频的介质替代文字；从本质上看，这其实是从"人机界面交互"向"人机感官对话"方式的转变。一方面，在人工智能合成语音方面，机器合成语音与真人语音相比，并不会显著降低用户对内容的信任度以及喜爱度；另一方面，在人工智能的虚拟形象方面，应用于商业领域的虚拟偶像以及专注于新闻生产的 AI 合成主播，创新了与用户的交互形式，并且能够依托后台大数据为用户提供个性化产品，如央视网 AI 主播"小智"、新华社 3D 版合成主播"新小微"、人民网"小晴"以及澎湃新闻"小菲"等。不过，人工智能的信息内容生产并非全然带来正面效果，也给内容的真实性带来挑战，如借助深度合成伪造（deep fake），视频或者图片中的传播者面孔可以被替换成任意对象，管理者对这类虚假信息的防范和治理难度也大幅度提升。[①]

8.3.2 分发与推送层面

信息过载影响个体决策和判断，也激化了个体有限的认知能力和无限的信息资源之间的矛盾。面对媒介生产和用户端的赋能赋权，内容传播的精准化已成为互联网发展"下半场"传播转型的重点。

一方面，算法实现了"千人千面"的个性化内容分发，让社会信息实现了整体—群体—个体三个层面的传播变化，满足了分众化个体的信息需求。[②]传统媒体中的新闻推送是以传播者的价值考量为本位的。今天，信息空前爆炸，人们的信息需求版图也全方位、多层次地扩张，用户无法仅仅依赖媒体完成全部的信息过滤，于是原先交给媒体的权力实际上被人们部分地收回了。这一权力有两个主要的去处：一是让渡给社交关系，社交推荐和信息分发成为今天人们获取信息的主要来源之一，如微博和微信；二是让渡给算法，让算法来识别用户的喜好，推荐用户可能感兴趣的内容，如今日头条、一点资讯等。Blossomblot 是《纽约时报》数字部门研发的一款数据分析机器人，它通过对社交平台上所推送文章的分

[①] 喻国明学术工作室，杨雅、陈雪娇，等. 类脑、具身与共情：如何研究人工智能对于传播学与后人类的影响——基于国际三大刊 Science、Nature 和 PNAS 人工智能相关议题的分析[J]. 学术界，2021（8）：108-117.

[②] 喻国明. 人工智能与算法推荐下的网络治理之道[J]. 新闻与写作，2019（1）：61-64.

析，能够预测适宜在社交平台上传播的信息，帮助社交媒体网站打造爆款。《纽约时报》内部数据显示，由 Blossomblot 预测具有社交推广效应的文章的点击量是未经预测文章的 38 倍。在我国，用户在使用今日头条等算法型媒体平台时，他们的每一次点击、评论或其他行为都会被系统记录，与他们所读文章的特点，如作者、关键词、DOM 标签等，共同作为用户画像的数据资料，被系统用于刻画用户的特征，以便在下一次阅读中能够为其精准推送。整个过程中，用户的行为都是自然发生的。

另一方面，技术虽然还不具备人类的情绪与思想，但并非毫无意识、完全中立的主体。定制化的信息也会因为算法架构者的主观因素而让传播的内容带有某种"内生性偏见"[①]，导致错误信息与虚假信息的产生。前者被认为是错误的、具有误导性的内容，后者是传播者为获得利润或者追求政治目标而恶意制造的内容。[②]在机器的信息分发机制之下，不管是无意为之的错误信息或是隐含编码者偏见的恶意内容，都有可能在潜移默化之间触达并影响用户；用户在接收和传播的过程中，也越来越难以对其察觉和分辨。[③]

在社会化媒体时期，社会化分享和算法是信息分发的主要形式。算法的应用较为单一，主要体现在个性化分发上，典型的代表便是今日头条。同时，由于当下网络时延长、链路连接间歇等限制，网络中任何两个节点之间不存在持久连接，数据传输通常采用"存储—携带—转发"的通信模式。

与 4G 不同，5G 强大的连接力将会把万事万物连接在一起，并为万物之间的信息交换提供渠道支撑。随着物联网与传感器不断提供大量全范围的实时交互数据，未来的算法将拥有更加庞大的数据源来进行分析。根据保罗·莱文森的媒介演化"人性化趋势"理论，技术发展的趋势是越来越人性化，技术在模仿甚至复制人体的某些功能，是在模仿或复制人的感知模式和认知模式。在 5G 时代，用户的更多行为数据将得到分析，海量数据将会使算法更加精准与智能，算法将更加智能化、人性化，甚至可能具有"人性"。

首先，以算法和数据为基础的人工智能将向下一等级发展，变得更加有温度，可以深刻地洞察与理解人的实时需求和当时场景中不同个体的实时社交氛围数据，并为其提供适配的精准服务。在此种情况下，算法已经不仅仅是信息分发的工具，也是洞悉用户需求、为用户提供适配场景的重要工具。

其次，算法将创新和深化人们当今的连接方式。目前，人们的连接方式主要是血缘、业缘、地缘的强关系，而在网上的虚拟关系很多是脆弱的弱关系。在 5G 时代，随着海量实时数据的产生与运输、大数据与人工智能技术的深度融合，算法在洞察人们需求的同时也将承担连接用户的角色，将相同需求、相同兴趣的用户群体从全社会的范围内连接起来

---

① Greenwald A G. An AI Stereotype Catcher[J]. Science, 2017, 356(6334): 133-134.
② Scheufele D A, Krause N M. Science Audiences, Misinformation, and Fake News[J]. Proceedings of the National Academy of Sciences (PNAS), 2019, 16(16): 7662-7669.
③ 喻国明学术工作室，杨雅，陈雪娇，等. 类脑、具身与共情：如何研究人工智能对于传播学与后人类的影响——基于国际三大刊 Science、Nature 和 Proceedings of the National Academy of Sciences 人工智能相关议题的分析[J]. 学术界，2021（8）：108-117.

形成新的社群。

最后，未来可能会形成以算法为主导的社交场景，形成算法构建的社交氛围，甚至出现新的媒介社交形态。目前，有一些社交软件已经尝试用算法连接用户的模式。如社交软件 Soul，其通过用户的测试数据分析出用户的特点以及性格趋势，再通过智能算法为其匹配与自己适合度更高、更相似或者更默契的用户。在 5G 时代，通过对海量用户数据的分析，智能算法能够更全面地抓取用户的网络行径与认知态度。算法将在全网络以及全社会中以兴趣、爱好、实时需求等将人们划分为不同的社群，为其提供适宜的社交场景与氛围。在此层面上，未来将形成以智能算法为核心逻辑连接的社交氛围与社会结构。

在前互联网时代，社会的信息资源配置权是一种自上而下的组织形式，大部分依附在传统媒体之上。在互联网发展的"下半场"，在整个社会的媒介化重构中，传播权力实现了自下而上的转移，权力主体可以是组织，也可以是个人。技术不仅能够赋能、赋权、赋义，其本身就意味着对传统权力模式的替代。在一个媒体和代码无处不在的社会，权力越来越多地存在于算法之中。[1]算法作为"非人类行动者"，与人类的社会活动共同编织成新型关系网络，让社会权力进一步下移到微粒个体，也为传播学研究增加了新的议题。因此，在大数据算法为行动者赋能赋权的社会结构下，传播要素之间形成了怎样的权力格局、对社会连接模式产生了何种影响、这种影响应该如何进一步精确测量，也是未来要重点研究的问题。

技术的迭代对社会结构变迁的影响已经成为业界和学界必须面对的重大议题。它以全新的架构模式树立了传播领域的里程碑，不仅带来了全新的信息革命，也拓展了传播学研究的议题，助推研究范式迭代升级。从口语传播时代到文字传播，再到电子传播以及智媒时代，信息传播方式的革新塑造了媒介新形态，给予人类多重感官通道的新补偿，也对传播效果的测量提出了新的要求。综观传播学发展历程，其融合了心理学、社会学、系统科学以及人类学等交叉学科的知识。在元宇宙时代，以 XR 为形式的新型媒介平台的崛起、人脑感知的瞬时效果以及大数据算法所带来的复杂网络连接，也是传播学亟待关注的议题。

8.4 传播学研究范式的转型

进入数字时代，传播学学科体系面临着碎片化、复杂化及难以解释巨量传播现象的危机。如何站在全局与时代发展的制高点对传播学进行统摄性的学科重构，构造适宜未来传播的研究范式，是当前传播学发展面临的关键问题。[2]所谓行为，指代"除心智活动外人类其他活动的总和"，是人类外化的集中表达并对人具有长期塑造作用，是人类与全部环境产生关系的根本性中介，是洞悉人类生存样态和社会文明变迁的本源性窗口。面向未来媒介

---

[1] Lash S. Power after Hegemony: Cultural Studies in Mutation?[J]. Theory, Culture & Society, 2007, 24(3): 55-78.
[2] 喻国明，苏健威，杨雅. 行为传播学：未来传播学学科构型的核心范式[J]. 武汉大学学报（哲学社会科学版），2023，76（2）：32-44.

时代，传播学研究必须给予行为要素以更高关注，并通过与行为科学等多学科要素整合，形成更适宜未来传播研究的学术体系。

8.4.1 行为传播学的理论基础

"行为"概念，指涉范围既包括无意识、无目标的行为和有意识、有目的的行动，也包括基于心智和认知的社会实践；既包括微观现象，也包括宏观模式。换言之，行为指的是心智以外人类所有活动的总和。

从理论的角度看，传播学对行为的关注最早可追溯至 20 世纪 30 年代，即"魔弹论"时期。由于当时理论研究手段的局限，行为主义传播学把行为从社会要素和心理要素的关联当中剥离出来，以孤立的视角展开研究，使其谬误、缺陷逐渐凸显，"魔弹论"逐渐式微。随后兴起的适度效果论用认知塑造代替行为塑造，击溃传播无用论，使传播学走出了徘徊的几十年，但也让它从此失去了坚实的分析基点，越来越陷入流动且难以预测的状态。

相较盛行于 20 世纪 30 年代的行为主义传播学，如今传播学语境下行为概念的内涵已然发生巨大变化。行为主义传播学所秉持的"刺激—反应"假设已经被公认为一种粗糙的理论模式，丧失了生命力。时下我们有能力掌握系统科学、大数据科学与认知神经科学发展带来的技术工具和理论内涵，已能够对行为做出细致和高效度的解读。因此，我们需要重新审视行为对于传播研究的价值，本书拟提出当代传播学科语境中关于行为的三个基本认识论。

第一个认识论是：传播与行为不可分离，行为也不可脱离传播和心智成为一种孤立、反射式的实在。脱离行为和心智的传播是流动的、不可捉摸的，脱离心智和传播的行为是非社会性的、无生产意义的。因此，"传播—心智—行为"需要成为除了环境、人类本体外的第三种概念——一种协同式概念，即行为传播学视野下的行为应当主要是媒介或传播中介的、交互的、有意识的实践形态。这也是行为传播学区别于行为科学的关键要义。正如国际传播学会前任主席克劳斯·克里彭多夫所指出，语言使得社会便于组织，但仅仅用于言说的语言其实没有太多生产意义，所以语言要与行动连接，即人们需要在语言的基础上加以行动。在人们使用语言的过程中，个人会描述所见所为，或者依言行事，这样主体行动与语言就结合在一起。因此，语言连接着行动、所见及所述，发挥着重要作用。这种语言不仅仅是句子，而是行动中的话语（discourse in action）。[①]

第二个认识论是：传播、行为均可作为研究的自变量与因变量。首先，传播本身就是一种行为，媒介中介的行为则是新的传播内容，有望成为继文字、图像、视频、音频等之后的新的内容维度。其次，传播效果可以表现在认知、态度、情感等心智层面，同

---

① 陈静茜，吴卉. 传播之于社会的意义：建构主义取向的传播学研究——克劳斯·克里彭多夫（Klaus Krippendorff）教授学术访谈录[J]. 新闻记者，2021（4）：87-96.

样也应该表现在行为方面，即行为可以作为认知、情绪、态度之外有更广泛意义的效果维度。最后，传播可以影响行为，行为同样可以影响传播，二者均可成为传播结果的解释变量。

第三个认识论是：行为是一种重要的表征和分析指标，即行为表征了受众的特征、媒体的特征等，也表征了群体或社会中的关系结构和文化样态。这一认识论是行为可以被传播学诠释范式所纳入研究的重要基础。

8.4.2 行为传播学的研究路径与基本范式

行为要素的引入对于传播学发展具有重要的推动作用，那么在具体操作中，传播研究如何与行为相结合？如何开展行为传播研究？本书认为主要存在以下三种基本路径。

一是创新概念视角，即通过行为模式对用户、媒介形态、社会关系与结构进行定义和分类，以行为作为指标去透视人类文明的时代特征和发展方向。这一认知导向应当体现在传播学研究的各种范式中，通过行为的新视点解读，为传播研究构筑微观、中观、宏观的传播认识论，为传播学建构出新的研究视野。此外，在传播到行为逻辑推演的基础上，进一步整合行为科学、社会学、心理学、人类学等理论范式，构建具有预测能力和实践价值的理论体系，使传播学作为社会科学的独特价值得以彰显，并进一步助益生产实践与社会治理。

二是提升诠释视点，即通过对行为的引入和把握，将诠释范式的视点跃升至更高层次，以行为作为洞悉人类文明的关键抓手，关注社会系统的运行和能量的流转，关注社会生态的选择与进化，并能够从人类实践总体意义上把握传播的内涵与意义，在纷繁复杂的传播技术现象中把握历史逻辑，彰显传播学的理论价值。此外，在行为对概念创新的基础上，诠释范式得以通过行为和传播共同建构意义，共同锚定价值，并通过行为这一支点与传播效果研究对接，使传播学不同范式的理论相互论证，实现传播理论的内在聚合和思想聚变，突破传播研究的困局。

三是细化效果分层，即以更细粒度的方法开展传播效果研究。从效应的时间跨度来看，传播效果研究至少应该裂变为四个层面：一是传播的瞬时效果。这一效果主要体现在心智层面和反射性行为层面。理论成果应对短认知逻辑、非理性场景尤其是瞬时的人机交互的传播实践具有较强的解释力，比如何种信息将导致何种反射性行为。二是传播的短期效果。这一效果同时体现在心智层面和行为（指经过完整信息加工产生的行为）层面。需关注信息、关系等在较短时间内对心智和行为的改变，尝试建构从传播到心智再到行为的效果推演。三是传播的中期效果，主要体现在时间作用下心智样态和行为习惯的改变。在中期效果里，强关系、圈层、场景等要素应当成为更重要的影响变量。四是传播的长期效果。主要体现在长期作用下文化样态和行为模式的改变，需要通过系统理论的视角予以把握，即社会系统发生了什么改变，人类族群的行为模式发生什么变化，社会文明进入什么样的阶段，可以用哪些关键特征予以表述。在长期效果里，弱关系、算法、生态位等要素应当成为更为重要的影响变量。

8.4.3 行为传播学的研究旨趣与未来探索

在传播逻辑剧变、传媒理论出现危机之际，行为传播学作为一种新学科范式承载着两项重要使命：对内破解学科发展困境、对外回应学科核心问题。

一是破解、革新学科发展困境。当下的传播研究主要驻留于人的心智层面，而非将传播视作一种外化的社会实践。这种认识上的缺位导致传播研究长期倚重难以外化和预测的心智效果，进而难以作为一种显学得以应用。这也是传播效果研究或社会科学范式难以继续取得突破性创新的根本性原因之一。行为范式可以网罗人类社会传播动态过程中的全要素连接形态，将传播效果更多倚重行为，我们才能在越来越复杂的媒介技术场景中把握关键要义。需要注意的是，这并不意味着我们要摒弃对传播心智性影响的关注，而要认识到传播的信息有限性和不确定性，并通过分析行为实践来补偿这种不确定性，使传播可感、可知、可控。另外，行为传播学有望为传播研究的社会科学范式和诠释范式搭建桥梁，构建超模式。诠释范式对行为的讨论比较普遍，诸多诠释性理论不乏对行为的关注。将传播学科研究范式的关注对象从信息、心智转向行为，某种程度上能够实现克雷格对于学科"超模式"的愿景，即形成不同范式可以共同争论的话题，并在这个基点研究的基础上进一步阐明其他模式，实现传播学内在的理论聚合。

二是回应传播学主要的问题，即传播如何使用其独有的方式组织和影响社会。在建构行为传播学这一理论范畴时，我们必须认识到，它不仅要对传播学话语、理论和范式起到优化或聚合的作用，更关键的是要助益传播学更好回答"传播如何影响社会构造"这一时代的核心命题。在人类文明的演化中，人类社会不断涌现出新的变异，社会的自组织机制对涌现出的变异进行调试和选择，使其能够适应新社会构造的变异得以留存。传播在这个过程的关键作用在于：赋予这些不确定的变异以意义，使得不确定性能够被赋予意义并进一步分化为信号和噪声；使系统能对更好的变异进行选择，并使这种演化模式得以运行。尽管传播具有十分重要的意义赋予作用，但其并不能完全实现社会系统的进化操作。只有行为的参与才能构造社会的自组织机制，并实现社会的选择和进化。传播和行为均是社会进化的操作元素，它们承担着系统中不同且不可分割的功能，共同推动着整个社会文明的演进。因此，我们可以推论，要回答传播如何构造社会，行为是必不可少的关键要素。脱离行为的传播分析往往会陷入对空言说的窘境，只有将传播与行为结合，才能更好地发挥传播对社会的构造作用。

 名词解释

1. 元宇宙
2. 具身传播
3. 虚拟数字人

4. 深度媒介化
5. NFT
6. 行为传播学

1. 简述随着技术发展的不断深入，元宇宙下的"具身入口"在近期、中期、远期各阶段呈现的特征。
2. 谈谈你对互联网发展的"下半场"的理解。
3. 简述人工智能技术推动下的传播有哪些嬗变。

参 考 文 献

中文参考文献

[1] 埃里克·麦克卢汉、弗兰克·秦格龙. 麦克卢汉精粹[M]. 何道宽, 译. 南京：南京大学出版社, 2000.

[2] 安德鲁·芬博格. 海德格尔和马尔库塞：历史的灾难与救赎[M]. 文成伟, 译. 上海：上海社会科学院出版社, 2010.

[3] 安东尼·吉登斯. 现代性的后果[M]. 田禾, 译, 南京：译林出版社, 2000.

[4] 奥利维耶·西博尼. 偏差：人类决策中的陷阱[M]. 贾拥民, 译：北京：中国财政经济出版社, 2022.

[5] 保罗·莱文森. 人类历程回放：媒介进化论[M]. 邬建中, 译. 重庆：西南师范大学出版社, 2017.

[6] 保罗·莱文森. 数字麦克卢汉：信息化新纪元指南[M]. 何道宽, 译. 北京：社会科学文献出版社, 2001.

[7] 贝尔纳·斯蒂格勒. 技术与时间 3：电影的视角与存在之痛[M]. 方尔平, 译. 南京：译林出版社, 2015.

[8] 伯纳多·胡伯曼. 万维网的定律：透视网络信息生态中的模式与机制[M]. 李晓明, 译. 北京：北京大学出版社, 2009.

[9] 查尔斯·泰勒. 现代社会想象[M]. 林曼红, 译. 南京：译林出版社, 2014.

[10] 陈崇山. 受众本位论[M]. 北京：社会科学文献出版社, 2008.

[11] 大卫·伊斯利, 乔恩·克莱因伯格. 网络、群体与市场：揭示高度互联世界的行为原理与效应机制[M]. 李晓明, 王卫红, 杨韫利, 译. 北京：清华大学出版社, 2017： 178.

[12] 丹尼斯·麦奎尔. 受众分析[M]. 刘燕南, 等译. 北京：中国人民大学出版社, 2006.

[13] 德内拉·梅多斯. 系统之类：决策者的系统思考[M]. 邱昭良, 译. 杭州：浙江大学出版社, 2012.

[14] 环境传播与公共领域[M]. 北京：北京大学出版社, 2015.

[15] 贾明. 现代性语境中的大众文化[M]. 上海：上海人民出版社, 2007.

[16] 简·梵·迪克. 网络社会：新媒体的社会层面[M]. 蔡静, 译. 北京：清华大学出版社, 2014.

[17] 简·麦戈尼格尔. 游戏改变世界：游戏化如何让现实变得更美好[M]. 闾佳, 译. 杭州：浙江人民出版社, 2012.

[18] 景天魁, 等. 时空社会学：拓展和创新[M]. 北京：北京师范大学出版社, 2017.

[19] 凯文·凯利. 科技想要什么[M]. 熊祥, 译. 北京：中信出版社, 2011.

[20] 克里斯·安德森. 长尾理论[M]. 乔江涛, 等译. 北京：中信出版社, 2006.

[21] 雷吉斯·德布雷. 普通媒介学教程[M]. 陈卫星, 王杨, 译. 北京：清华大学出版社, 2014.

[22] 卢希悦. 中国文化经济学——思维的醒悟与经济的崛起[M]. 北京：经济科学出版社, 2009.

[23] 罗伯特·斯考伯, 谢尔·伊斯雷. 即将到来的场景时代[M]. 赵乾坤, 周宝曜, 译. 北京：北

京联合出版公司，2014.

[24] 马歇尔·麦克卢汉. 理解媒介：论人的延伸[M]. 何道宽，译. 北京：商务印书馆，2000.

[25] 尼古拉斯·尼葛洛庞帝. 数字化生存[M]. 胡泳，范海燕，译. 海口：海南出版社，1997.

[26] 聂有兵. 虚拟现实：最后的传播[M]. 北京：中国发展出版社，2017.

[27] 欧文·戈夫曼. 日常生活中的自我呈现[M]. 北京：商务印书馆，2014.

[28] 彭聃玲. 普通心理学[M]. 北京：北京师范大学出版社，2001.

[29] 彭兰. 新媒体用户研究[M]. 北京：中国人民大学出版社：新闻传播学文库，2020.

[30] 齐格蒙特·鲍曼. 流动的生活[M]. 谷蕾，武媛媛，译. 南京：江苏人民出版社，2012.

[31] 唐·伊德. 技术与生活世界[M]. 韩连庆，译. 北京：北京大学出版社，2012.

[32] 图丽丝，艾伯特. 用户体验度量：收集、分析与呈现[M]. 周荣刚，秦宪刚，译. 北京：电子工业出版社，2016.

[33] 汪丁丁, 行为经济学要义[M]. 上海：上海人民出版社，2015.

[34] 吴飞，王学成. 传媒·文化·社会[M]. 济南：山东人民出版社，2006.

[35] 杨孝荣. 传播社会学[M]. 台北：台湾商务印书馆，1979.

[36] 于光远. 自然辩证法百科全书[M]. 北京：中国大百科全书出版社，1995.

[37] 约翰·彼得斯：交流的无奈[M]. 何道宽，译. 北京：华夏出版社，2002.

[38] 约翰·杜翰姆·彼得斯. 对空言说：传播的观念史[M]. 邓建国，译. 上海译文出版社，2017.

[39] 约翰·穆勒. 论自由[M]. 顾肃，译. 北京：译林出版社，2011.

[40] 约书亚·梅罗维茨. 消失的地域：电子媒介对社会行为的影响[M]. 肖志军，译. 北京：清华大学出版社，2002.

[41] 宗益祥. 游戏人、Q方法与传播学——威廉·斯蒂芬森的传播游戏理论研究[M]. 北京：中国政法大学出版社，2017.

[42] 卜卫. 传播学思辨研究论[J]. 国际新闻界，1996（5）：31-35.

[43] 蔡朝林. 共享经济的兴起与政府监管创新[J]. 南方经济，2017（3）：99-105.

[44] 郑联盛. 共享经济：本质、机制、模式与风险[J]. 国际经济评论，2017（6）：45-69+5.

[45] 曹家荣. 混杂主体：科技哲学中的"后人类"[J]. 政治与社会哲学评论（台湾），2016（6）.

[46] 曹锦丹，程文英，兰雪，王崇梁. 信息用户研究的认知需求视角分析[J]. 情报科学，2015（5）：3-7.

[47] 陈静茜，吴卉. 传播之于社会的意义：建构主义取向的传播学研究——克劳斯·克里彭多夫教授学术访谈录[J]. 新闻记者，2021（4）：87-96.

[48] 陈力丹，霍仟. 互联网传播中的长尾理论与小众传播[J]. 西南民族大学学报（人文社会科学版），2013，34（4）：148-152+246.

[49] 陈霖. 新媒介空间与青年亚文化传播[J]. 江苏社会科学，2016，No.287（4）：199-205.

[50] 陈默. 媒介文化重构人类生存新环境[J]. 解放军艺术学院学报，2005（1）.

[51] 陈潭，胡项连. 网络公共领域的成长[J]. 华南师范大学学报（社会科学版），2014（4）：23-28+181.

[52] 陈潭，刘建义. 网络时代的"扒粪运动"——网络反腐的政治社会学分析[J]. 理论探讨，2013（4）：11-16.

[53] 程思琪，喻国明，杨嘉仪，陈雪娇. 虚拟数字人：一种体验性媒介——试析虚拟数字人的连

接机制与媒介属性[J]. 新闻界，2022（7）：12-23.

[54] 仇筠茜，陈昌凤. 基于人工智能与算法新闻透明度的"黑箱"打开方式选择[J]. 郑州大学学报（哲学社会科学版），2018，51（5）：84-88+159.

[55] 戴宇辰. 传播研究与STS如何相遇：以"技术的社会建构"路径为核心的讨论[J]. 新闻大学，2021（4）：15-27+119.

[56] 邓铸. 眼动心理学的理论、技术及应用研究[J]. 南京师大学报（社会科学版），2005（1）：90-95.

[57] 杜骏飞. 数字交往论（1）：一种面向未来的传播学[J]. 新闻界，2021（12）：79-87+94.

[58] 方凌智，沈煌南. 技术和文明的变迁——元宇宙的概念研究[J]. 产业经济评论，2022（1）：5-19.

[59] 方凌智，翁智澄，吴笑悦. 元宇宙研究：虚拟世界的再升级[J]. 未来传播，2022，29（1）：10-18.

[60] 方正证券. 传媒行业七大角度看全球游戏产业：从"常识"到"启示"[R]. 2019.

[61] 封彬. 新媒体环境下信息安全保护策略研究[D]. 保定：河北大学，2013.

[62] 弓伟波. 网络公共领域多元主体的角色定位及功能发挥[J]. 青年记者，2020（29）：4-5.

[63] 郭晗. 数字经济与实体经济融合促进高质量发展的路径[J]. 西安财经大学学报，2020（2）：20-24.

[64] 郭婧一，喻国明. 元宇宙新"入口"：智能网联汽车作为未来媒体的新样态[J]. 传媒观察，2022（6）：17-21.

[65] 郭晓媛. 大数据时代面临的信息安全机遇和挑战探讨[J]. 电子世界，2019（24）：52-53.

[66] 何威. 网众与网众传播——关于一种传播理论新视角的探讨[J]. 新闻与传播研究，2010（5）.

[67] 侯巧红. 国外新媒体文化发展的现状及启示[J]. 中州学刊，2014（6）：173-176.

[68] 胡翼青，杨馨. 媒介化社会理论的缘起：传播学视野中的"第二个芝加哥学派"[J]. 新闻大学，2017（6）：96-103+154.

[69] 胡翼青. 为媒介技术决定论正名：兼论传播思想史的新视角[J]. 现代传播（中国传媒大学学报），2017，39（1）：51-56.

[70] 胡翼青. 显现的实体抑或关系的隐喻：传播学媒介观的两条脉络[J]. 中国地质大学学报（社会科学版），2018（2）：147-154.

[71] 华子荀，黄慕雄. 教育元宇宙的教学场域架构、关键技术与实验研究[J]. 现代远程教育研究，2021（6）：23-31.

[72] 姬广绪. 关系型消费的建构——"网红经济"的文化解释进路研究[J]. 学习与探索，2018（10）：53-58.

[73] 蒋晓丽，贾瑞琪. 游戏化：正在凸显的传播基因——以媒介演进的人性化趋势理论为视角[J]. 中国编辑，2017（8）：8-13.

[74] 匡文波. "美丽"作为隐喻美妆网红与消费文化的批判性解读[J]. 人民论坛，2020（19）：133-135.

[75] 李彪，喻国明. "后真相"时代网络谣言的话语空间与传播场域研究——基于微信朋友圈4160条谣言的分析[J]. 新闻大学，2018，No.148（2）：103-112+121+153.

[76] 李恒威，肖家燕. 认知的具身观[J]. 自然辩证法通讯，2006（1）：29-34.

[77] 李红革, 黄家康. 弹幕文化对主流意识形态的风险挑战及其应对策略[J]. 湖南社会科学, 2022, 214（6）: 52-57.

[78] 李沁. 沉浸传播的形态特征研究[J]. 现代传播, 2013（2）.

[79] 李晓静, 付思琪. 智能时代传播学受众与效果研究：理论、方法与展望——与香港城市大学祝建华教授、斯坦福大学杰佛瑞·汉考克教授对谈[J]. 国际新闻界, 2020（3）: 108-128.

[80] 廖圣清, 黄文森, 等. 媒介的碎片化使用：媒介使用概念与测量的再思考[J]. 新闻大学, 2015（6）: 61-73.

[81] 刘革平, 王星, 高楠, 等. 从虚拟现实到元宇宙：在线教育的新方向[J]. 现代远程教育研究, 2021, 33（6）: 12-22.

[82] 刘衡宇, 褚志亮. 新媒体文化的多重面相审视[J]. 理论与改革, 2013（2）: 149-151.

[83] 刘璐, 谢耘耕. 当前网络社会心态的新态势与引导研究[J]. 新闻界, 2018（10）: 75-81+100.

[84] 刘敏. 基于福格行为模型的数字出版产品设计——以《中国地方历史文献数据库》为例[J]. 现代出版, 2019（5）: 64-67.

[85] 刘鸣筝, 孔泽鸣. 媒介素养视阈下公众谣言辨别能力及其影响因素的实证研究[J]. 新闻大学, 2017, 144（4）: 102-109+151.

[86] 刘永芳. 有限理性的本质辨析与价值之争[J]. 心理学报, 2022, 54（11）: 1293-1309.

[87] 刘彧晗, 喻国明. 游戏作为DAO媒介：数字文明时代社会的"再组织"方式——兼论媒介与人类存在方式的演进[J]. 新闻界, 2022（12）: 25-36.

[88] 罗自文. 网络趣缘群体的基本特征与传播模式研究[J]. 新闻与传播研究, 2013（4）: 117-180.

[89] 马广奇, 陈静. 基于互联网的共享经济：理念、实践与出路[J]. 电子政务, 2017（3）: 16-24.

[90] 梅楠. 基于社交网络的"网红经济"营销模式分析[J]. 现代传播, 2017, 39（3）: 164-165.

[91] 孟建, 赵元珂. 媒介融合：粘聚并造就新型的媒介化社会[J]. 国际新闻界, 2006（7）: 24-27+54.

[92] 孟威. 网络亚文化圈层中的青年群体引导策略[J]. 人民论坛, 2022, 730（3）: 98-101.

[93] 穆苣晔. 算法舆论的公共性[J]. 当代传播, 2021（4）: 97-99.

[94] 牛政凯, 王保卫. 心理学与经济学的分割与融合——从"心理人"到"经济文化人"[J]. 甘肃社会科学, 2020（5）.

[95] 彭国超, 吴思远. 元宇宙：城市智慧治理场景探索的新途径[J/OL].（2022-06-11）【2023-12-01】.

[96] 彭兰. 媒介融合时代的合与分[J]. 中国记者, 2007（2）: 87-88.

[97] 彭兰. 我们需要建构什么样的公共信息传播？——对新冠疫情期间新媒体传播的反思[J]. 新闻界, 2020（5）: 36-43.

[98] 彭兰. "数据化生存"：被量化、外化的人与人生[J]. 苏州大学学报（哲学社会科学版）, 2022, 43（2）: 154-163.

[99] 彭兰. 表情包:密码、标签与面具[J]. 西安交通大学学报(社会科学版), 2019, 39(1): 104-110+153.

[100] 钱佳湧. "行动的场域"："媒介"意义的非现代阐释[J]. 新闻与传播研究, 2018, 25（3）: 26-40+126.

[101] 曲慧, 喻国明. 超级个体与利基时空：一个媒介消费研究的新视角[J]. 新闻与传播研究, 2017, 24（12）: 51-61+127.

[102] 曲慧, 喻国明. 信息"新穷人"与媒介产业结构的公共危机——基于阿玛蒂亚·森"权利理

论"视角的分析[J]. 东岳论丛, 2019, 40（8）: 150-157.

[103] 任延涛, 孟凡骞. 眼动指标的认知含义与测谎价值[J]. 心理技术与应用, 2015（7）: 26-29.

[104] 申建林, 邱雨. 论网络空间公共领域命运的争议[J]. 社会科学文摘, 2020（9）: 33-35.

[105] 孙玮. 赛博人: 后人类时代的媒介融合[J]. 新闻记者, 2018（6）: 4-11.

[106] 唐吉云, 刘燕, 伍蓉. 医患共同叙事及其传播在健康公共领域中的价值[J]. 中国医学伦理学, 2022（9）: 955-958.

[107] 田疆. 新闻传播学视域下的我国公共领域研究[J]. 传媒论坛, 2021, 4（4）: 7-8.

[108] 汪行福. "后真相"本质上是后共识[J]. 探索与争鸣, 2017（4）.

[109] 王兢一, 张洪忠, 斗维红. 想象的可供性: 人与元宇宙场景关系的分析与反思[J]. 新闻与写作, 2022（4）: 70-78.

[110] 王晓田. 如何用行为经济学应对不确定性: 拓展有效助推的范围[J]. 心理学报, 2019（4）.

[111] 王雪珍. 论 Web 2.0 技术对文献利用率长尾的提升[J]. 现代情报, 2009, 29（2）: 4-7.

[112] 吴斌, 郑毅, 傅伟鹏, 等. 一种基于群体智能的客户行为分析算法[J]. 计算机学报, 2003（8）: 18-23.

[113] 吴江, 曹喆, 陈佩, 等. 元宇宙视域下的用户信息行为: 框架与展望[J]. 信息资源管理学报, 2022, 12（1）: 4-20.

[114] 吴智敏, 翟敏. 社交媒体中公共舆论的情感表达与引导[J]. 传媒论坛, 2022, 5（19）: 48-50.

[115] 夏德元. 数字时代电子媒介人的崛起与出版新视界[J]. 学术月刊, 2009（9）.

[116] 项赠. 后真相时代网络空间的伦理失范与秩序重建[J]. 社会科学, 2022（2）.

[117] 谢新水. 作为"人造物"的元宇宙: 建构动力、弱公共性及增强策略[J]. 电子政务, 2022（5）: 44-55.

[118] 徐敬宏, 黄惠, 游鑫洋. 微博作为性别议题公共领域的理想与现实——基于"男性气质"微博话题的计算机辅助内容分析[J]. 国际新闻界, 2021, 43（5）: 106-124.

[119] 徐梓淇, 刘钢. 从媒介的发展看技术与社会的关系——兼论技术决定论与社会建构论的贫困[J]. 社科纵横（新理论版）, 2010, 25（1）: 225-226.

[120] 杨洸, 李东阳, 宋旭. 浅析大数据技术在公共信息安全领域的应用与发展趋势[J]. 信息安全与通信保密, 2020（12）: 93-102.

[121] 杨军, 叶林. "饭圈文化"衍生的意识形态风险与化解[J]. 中国青年社会科学, 2022, 41（5）: 45-51.

[122] 杨庆峰. 物质身体、文化身体与技术身体——唐·伊德的"三个身体"理论之简析[J]. 上海大学学报（社会科学版）, 2007（1）: 14.

[123] 营立成. "物"的逻辑 VS "人"的逻辑——论鲍德里亚与鲍曼消费社会理论范式之差异[J]. 社会学评论, 2016（9）.

[124] 于良芝. "个人信息世界"——一个信息不平等概念的发现及阐释[J]. 中国图书馆学报, 2013（1）: 4-12.

[125] 于全, 张平. 5G 时代的物联网变局、短视频红利与智能传播渗透[J]. 浙江传媒学院学报, 2018（6）.

[126] 余慧佳, 刘奕群, 张敏, 等. 基于大规模日志分析的搜索引擎用户行为分析[J]. 中文信息学报, 2007, 21（1）: 109-114.

[127] 喻丰,彭凯平,郑先隽. 大数据背景下的心理学:中国心理学的学科体系重构及特征[J]. 科学通报, 2015, 60 (z1): 520.

[128] 喻国明,陈雪娇. 数字资产:元宇宙时代的全新媒介——数字资产对传播价值链的激活、整合与再连接[J]. 出版发行研究, 2022 (7): 21-29.

[129] 喻国明,陈雪娇. 元宇宙:未来媒体的集成模式[J]. 编辑之友, 2022, 306 (2): 5-12.

[130] 喻国明,丁汉青,刘彧晗. 媒介何往:媒介演进的逻辑、机制与未来可能——从5G时代到元宇宙的嬗变[J]. 新闻大学, 2022 (1): 96-104+124.

[131] 喻国明,耿晓梦. 元宇宙:媒介化社会的未来生态图景[J]. 新疆师范大学学报(哲学社会科学版), 2022, 43 (3): 110-118+2.

[132] 喻国明,耿晓梦. 新中国的舆论调查研究:从议题变迁、意见样态到范式转向[J]. 编辑之友, 2019 (9): 61-68.

[133] 喻国明,何健,叶子. 平台型媒体的生成路径与发展战略——基于Web 3.0逻辑视角的分析与考察[J]. 新闻与写作, 2016, 382 (4): 19-23.

[134] 喻国明,侯颗,郭超凯. 舆论场转向与政策松绑[J]. 教育传媒研究, 2017 (2): 6-8.

[135] 喻国明,姜桐桐. 元宇宙时代:人的角色升维与版图扩张[J]. 新闻与传播评论, 2022, 75 (4): 5-12.

[136] 喻国明,李彪. 互联网平台的特性、本质、价值与"越界"的社会治理[J]. 全球传媒学刊, 2021, 8 (4): 3-18.

[137] 喻国明,李钒. 内容范式的革命:生成式AI浪潮下内容生产的生态级演进[J]. 新闻界, 2023 (7): 23-30.

[138] 喻国明,李钒. ChatGPT浪潮与智能互联时代的全新开启[J]. 教育传媒研究, 2023 (3): 47-52.

[139] 喻国明,马慧. 互联网时代的新权力范式:"关系赋权"——"连接一切"场景下的社会关系的重组与权力格局的变迁[J]. 国际新闻界, 2016, 38 (10): 6-27.

[140] 喻国明,钱绯璠,陈瑶,等. "后真相"的发生机制:情绪化文本的传播效果——基于脑电技术范式的研究[J]. 西安交通大学学报(社会科学版), 2019, 39 (4): 73-78+82.

[141] 喻国明,曲慧. 边界、要素与结构:论5G时代新闻传播学科的系统重构[J]. 新闻与传播研究, 2019, 26 (8): 62-70+127.

[142] 喻国明,曲慧. 简论网络新媒体的场景范式[J]. 教育传媒研究, 2021 (4): 10-12.

[143] 喻国明,苏健威,杨雅. 行为传播学:未来传播学学科构型的核心范式[J]. 武汉大学学报(哲学社会科学版), 2023, 76 (2): 32-44.

[144] 喻国明,滕文强,苏芳. "以人为本":深度媒介化视域下社会治理的逻辑再造[J]. 新闻与写作, 2022 (11): 51-60.

[145] 喻国明,杨嘉仪. 理解直播:按照传播逻辑的社会重构——试析媒介化视角下直播的价值与影响[J]. 新闻记者, 2020 (8): 12-19.

[146] 喻国明,杨雅,陈雪娇. 元宇宙时代传播学研究范式的转型——理论逻辑、内在机制与操作路径[J]. 西安交通大学学报(社会科学版), 2023 (3): 1-11.

[147] 喻国明,杨雅,曲慧,等. 5G时代的视频行业:发展趋势及总体影响[J]. 青年记者, 2020 (22): 38-41.

[148] 喻国明,杨雅. 传播学研究范式的转型与媒介进化[N]. 中国社会科学报, 2022-09-22 (003).

[149] 喻国明, 张剑峰, 朱翔. 后真相时代: 真相认同与社会共识的可能——行为经济学视角下个体认知的类型与效用机制[J]. 教育传媒研究, 2022, 40 (5): 6-10.

[150] 喻国明, 赵秀丽, 谭馨. 具身方式、空间方式与社交方式: 元宇宙的三大入口研究——基于传播学逻辑的近期、中期和远期发展分析[J]. 新闻界, 2022 (9): 4-12.

[151] 喻国明, 耿晓梦. 未来传播视野下内容范式的三个价值维度——对于传播学一个元概念的探析[J]. 新闻大学, 2020 (3): 61-70+119.

[152] 喻国明. 传播学的未来学科建设: 核心逻辑与范式再造[J]. 新闻与写作, 2021 (9): 5-11.

[153] 喻国明. 有的放矢: 论未来媒体的核心价值逻辑——以内容服务为"本", 以关系构建为"矢", 以社会的媒介化为"的"[J]. 新闻界, 2021 (4): 13-17+36.

[154] 喻国明. 元宇宙: 社会的深度媒介化[J]. 现代视听, 2022 (6): 32-40.

[155] 喻国明. VR: 具有巨大发展价值空间的未来媒体[J]. 新闻与写作, 2018 (7): 52-54.

[156] 喻国明. VR作为一种未来传播的媒介品性与创作要点[J]. 视听理论与实践, 2022 (6): 5-8.

[157] 喻国明. 当前社会舆情场: 结构性特点及演进趋势[J]. 前线, 2015 (12): 35-37.

[158] 喻国明. 互联网是一种"高维"媒介——兼论"平台型媒体"是未来媒介发展的主流模式[J]. 新闻与写作, 2015 (2): 41-44.

[159] 喻国明. 人工智能带来重大传播变革[J]. 前线, 2022 (10): 56-57.

[160] 喻国明. 社交网络时代话语表达的特点与逻辑[J]. 新闻与写作, 2017 (7): 41-43.

[161] 喻国明. 网络舆论的"后真相"辨析——以2018年年度争议新闻事件为例[J]. 新闻与写作, 2019 (5): 57-60.

[162] 喻国明. 未来媒介的进化逻辑: "人的连接"的迭代、重组与升维——从"场景时代"到"元宇宙"再到"心世界"的未来[J]. 新闻界, 2021 (10): 54-60.

[163] 喻国明. 元宇宙: 以人为本、虚实相融的未来双栖社会生态[J]. 上海管理科学, 2022 (1): 24-29.

[164] 喻国明. 5G: 一项深刻改变传播与社会的革命性技术[J]. 新闻战线, 2019 (15): 48-49.

[165] 喻国明. 人工智能与算法推荐下的网络治理之道[J]. 新闻与写作, 2019 (1): 61-64.

[166] 喻国明. 理解未来传播: 生存法则与发展逻辑[J]. 新闻与写作, 2020 (12): 61-64.

[167] 喻国明. 未来传播的三大关键转型——站在未来已来节点上的思考与展望[J]. 新闻与写作, 2020 (1): 54-57.

[168] 喻国明学术工作室, 杨雅, 陈雪娇, 等. 类脑、具身与共情: 如何研究人工智能对于传播学与后人类的影响——基于国际三大刊 *Science*、*Nature* 和 PNAS 人工智能相关议题的分析[J]. 学术界, 2021 (8): 108-117.

[169] 喻国明学术工作室. 元宇宙视域下 Web 3.0 重塑媒介发展新生态[J]. 江淮论坛, 2022 (5): 128-133.

[170] 袁光锋. 政治算法、"幻影公众"与大数据的政治逻辑[J]. 学海, 2015 (4): 49.

[171] 张洪忠, 兰朵, 武沛颖. 2019年智能传播的八个研究领域分析[J]. 全球传媒学刊, 2020, 7 (1): 37-52.

[172] 张华. "后真相"时代的中国新闻业[J]. 新闻大学, 2017 (3): 28-33+61+147-148.

[173] 张蓝姗, 黄高原. 算法推荐给媒介公共领域带来的挑战[J]. 当代传播, 2019 (3): 31-33.

[174] 张明新, 方飞. 媒介、关系与互动: 理解互联网"公众"[J]. 现代传播 (中国传媒大学学报),

2021，43（12）：144-148.

[175] 张瑞兰. 新媒体文化：人类交往的伟大革命[J]. 新闻爱好者，2016（4）：26-29.

[176] 张晓锋. 论媒介化社会形成的三重逻辑[J]. 现代传播（中国传媒大学学报），2010（7）：15-18.

[177] 张新新，丁靖佳，韦青. 元宇宙与出版（上）：元宇宙本体论与出版远景展望[J]. 科技与出版 2022（6）：1-13.

[178] 赵红勋，王飞. 技术拟真·感知沉浸·关系再造："元宇宙"视域下媒介生态的变革逻辑[J]. 三峡大学学报（人文社会科学版），2022，44（4）：83-88.

[179] 赵立兵，熊礼洋. 从"沉默的螺旋"到"意见的长尾"：社会结构变迁与舆论形态重构[J]. 新闻界，2017（6）：11-17.

[180] 赵云泽，项甜甜. 社交媒体中健康争议性话题传播研究[J]. 新闻春秋，2022（5）：30-37.

[181] 郑联盛. 共享经济：本质、机制、模式与风险[J]. 国际经济评论，2017（6）：45-69+5.

[182] 周军. 健康传播：建构社会健康议题的公共领域[J]. 医学与社会，2018，31（8）：44-46.

[183] 周明睿. 虚拟公共领域的把控："网络水军"的作用机制与治理[J]. 声屏世界，2020（6）：103-104.

[184] 朱高建. 试论主体的自由度[J]. 重庆邮电大学学报（社会科学版），1993（2）：1-4.

[185] 朱庆好. 媒介形态变化及其文化意义迁移——兼评麦克卢汉的"媒介即讯息"观[J]. 新闻知识，2014（6）：18-19+22.

[186] 祝建华，黄煜，张昕之. 对谈计算传播学：起源、理论、方法与研究问题[J]. 传播与社会学刊，2018（44）：1-24.

英文参考文献

[1] Bauman Z. Liquid Modernity[M]. Oxford: Blackwell, 2000.

[2] Bijker W E, Hughes T P, Pinch T J. The Social Construction of Technological Systems: New Directions in the Sociology and History of Technology[M]. London: The MIT Press, 2012.

[3] Castells M. Communication Power[M]. Oxford: Oxford University Press, 2009.

[4] Deuze, M. Media Life[M]. Cambridge: Polity Press, 2015.

[5] Fenn J, Raskino M. Mastering the Hype Cycle: How to Choose the Right Innovation at the Right Time[M]. Boston: Harvard Business Press, 2008.

[6] MacKenzie D, Wajcman J. The Social Shaping of Technology[M]. London: Open University Press, 1999.

[7] Silverstone R, Mansell R. The Politics of Information and Communication Technologies[M]. Oxford: Oxford University Press, 1996.

[8] Winner L. Autonomous Technology: Technics-out-of-control as a Theme in Political Thought[M]. Cambridge: MIT Press, 1978.

[9] Best K. Redefining the Technology of Media: Actor, World, Relation[J]. Techné: Research in Philosophy and Technology, 2010, 14(2), 140-157.

[10] Bijker W E. International Encyclopedia of the Social & Behavioral Sciences[M]//The Social Construction of Technology, Oxford: Elsevier, 2001.

[11] Bruns A. (2014). Beyond the Producer/Consumer divide: Key Principles of Produsage and oppor-

tunities for innovation. in M. A. Peters, T. Besley& d. Araya, (Eds.), The New Development Paradigm: Education, Knowledge Economy, and Digital Futures. New York: Peter Lang.

[12] Bruns A. (2015). Working the Story: news Curation in Social Media as a Second Wave of Citizen Journalism. in C. Atton (Ed.), The Routledge Companion to Alternative and Community Media. London: Routledge.

[13] Haythornthwaite C. Strong, Weak, and Latent Ties and the Impact of New Media. The Information Society, 2002, 18(5): 385-401.

[14] Crisci A, Grasso V, Nesi P, et al. Predicting TV program audience by using Twitter-based metrics[J]. Multimedia Tools and Applications, 2018, 77(10), 12203-12232.

[15] De Zúñiga H G, Copeland L, Bimber B. Political Consumerism: Civic Engagement and the Social Media Connection[J]. New Media & Society, 2014, 16(3), 488-506.

[16] Festinger L. A Theory of Social Comparison Processes, "Human Relations, 1954. 7, (7): 117-140.

[17] Granovetter, M. The Strength of Weak Ties: A Network Theory Revisited[J]. Sociological Theory, 1983, 1(6): 201-233.

[18] Greenwald A G. Ego task analysis: An integration of research on ego-involvement and self-awareness. In A. H. Hastorf & A. M. Isen (Eds.), *Cognitive Social Psychology*. New York: Elsevier North Holland, 1982:109-147.

[19] Greenwald A G. An AI Stereotype Catcher[J]. Science, 2017, 356(6334): 133-134.

[20] Hermida A. The Mediatization of Religion: A Theory of the Media as Agents of Religious Change[J]. Northern Lights: Film & Media Studies Yearbook, 2005, 6(1): 9-26.

[21] Inkeles A. Making Men Modern: On the Causes and Consequences of Individual Change in Six Developing Countries[J]. American Journal of Sociology.1969, 75(2): 208-225.

[22] Jung J Y, Qiu J L, Kim Y C. Internet Connectedness and Inequality Beyond the "Divide"[J]. Communication Research, 2020, 28(4): 507-535.

[23] Leslie R C. How Change Happens: Why Some Social Movements Succeed While Others Don't[J]. John Wiley & Sons Inc., 2018: 16-35.

[24] Lievrouw L A. New Media, Mediation, and Communication Study[J]. Information, Communication & Society, 2009, 12(3): 303-325.

[25] Maslow A H. Theory of Human Motivation[J]. DPs Ethological Review, 1943(50): 370-396.

[26] Maffesoli M. The Time of the Tribes: The Decline of Individualism[M]. Sage Publications Ltd., 1996.

[27] Moran E, Gossieaux F. Marketing in a hyper-social world: The tribalization of business study and characteristics of successful online communities[J]. Journal of Advertising Research, 2010, 50(3): 232-239.

[28] Mukerjee S, Majovazquez S, González-Bailón S. Networks of audience overlap in the consumption of digital news[J]. Social Science Electronic Publishing, 2018.

[29] Nieuwenburg P. The agony of choice: Isaiah Berlin and the phenomenology of conflict[J]. Administration & Society, 2004, 35(6).

[30] Paul A, et al. Virtual worlds-past, present, and future: New directions in social computing[J]. Deci-

sion Support Systems, 2009, 47(3): 204-228.

[31] Peter Vorderer, Matthias Kohring. Permanently Online: A Challenge for Media and Communication Research[J]. International Journal of Communication, 2013, 7(1): 188-196.

[32] Philip M N. Audience evolution: new technologies and the transformation of media audiences[M]. New York: Columbia University Press, 2011: 5.

[33] Prensky M. Digital natives, digital immigrants. part 1[J]. On the horizon, 2001, 9(5): 1-6.

[34] Rauch S. Understanding the holocaust through film: audience reception between preconceptions and media effects[J]. History & Memory, 2018, 30(1), 151.

[35] Richard Thaler. Mental Accounting and Consumer Choice[J]. Marketing Science, 1985: 199-214.

[36] Samer Hassan, Primavera D F. Decentralized Autonomous Organization[J]. Internet Policy, 2021, 10(2), 1-10.

[37] Scheufele D A, et al. Science Audiences, Misinformation, and FakeNews[J]. Proceedings of the National Academy of Sciences (PNAS), 2019, 116(16), 7662-7669.

[38] Simon H A. Administrative Behavior: A Study of Decision: Making Process in Administrative Organization[M]. New York: Free Press, 1947: 210-211.

[39] The Social Construction of Facts and Artifacts. How the Sociology of Science and the Sociology of Technology might benefit Each Other[M]. Cambridge, MA: The MIT Press, 1989: 17-50.

[40] Toffler A. The Third Wave[M]. London: Pan Books, 2012: 281-283.

[41] Turkle S. Always-on/Always-on-you: The tethered self. In J. E. Katz (Ed.), Handbook of communication studies[M]. Cambridge, MA: The MIT Press, 2008.

[42] Vorderer, P., Hefner, D., Reinecke, L., & Klimmt, C. (Eds.). Permanently online, connected: living and communicating in a POPC world. New York: Routledge, 2018.

[43] Routledge W S, Ding W, Li J, et al. Decentralized Autonomous Organizations: Concept, Model, and Applications[J]. IEEE Transactions on Computational Social Systems, 2019, 5: 870-878.

[44] Winner L. Upon Opening the Black Box and Finding it Empty: Social Constructivism and the Philosophy of Technology[J]. Science, Technology, & Human Values, 1993, 18(3): 362-378.

[45] Yang H. Targeted search and the long tail effect[J]. The Journal of Economics, 2013, 44(4): 733-756.

教师服务

感谢您选用清华大学出版社的教材！为了更好地服务教学，我们为授课教师提供本书的教学辅助资源，以及本学科重点教材信息。请您扫码获取。

》 教辅获取

本书教辅资源，授课教师扫码获取

》 样书赠送

新闻传播学类重点教材，教师扫码获取样书

清华大学出版社

E-mail: tupfuwu@163.com　　　　网址: https://www.tup.com.cn/
电话: 010-83470332 / 83470142　　传真: 8610-83470107
地址: 北京市海淀区双清路学研大厦 B 座 509　　邮编: 100084